I

I/1 – Là dove il Ticino riprende forma di fiume e si avvia a confluire nel Po, si rivela in piena maestà il monte Rosa, nume che ascòndito veglia sul Verbano, lesinando sugli scorci concessi alle rive.

I/2 – Non sempre è quieto il respiro dell'onda: talvolta schiuma giocosa, talaltra minaccia torvamente il navigante improvvido. Sul fondo Baveno, qualche anno fa.

I/3 – L'alba nuvolosa non spolvera la patina d'oro antico sul manto regale del golfo Borromeo, serrato dall'Isola Madre.

I/4-5-6 – La diramazione occidentale, verso Mergozzo. Un braccio di lago fu scisso dalle ghiaie nei secoli trascinate dal Toce, la *Tosa*, come si dice sul posto (qui si predilige spesso, dei fiumi, l'aspetto materno: la *fiümm*, la *Maggia*, la *Tresa*, la *Margorabbia*...). Il Fondotoce si stende in un'ampia tessitura di prati, boscaglie, canneti. Al n. 4 la veduta è ripresa dal monte Faié, una antica faggeta, giusto come il nome tramanda. Al centro il cono del Montorfano, poderosa massa di *miaròlo*, il pregiato granito bianco con cui furono tornite le colonne per il nuovo S. Paolo fuori le mura di Roma.

I/7 – Le nubi dissimulano l'Isola Madre in un'ombra rosata, preludio di temporale.

I/8 – In volo sopra Pizzo d'Omo: i laghi splendono come lamine di metallo lucente.

I/9 – La luce purpurea del tramonto si riflette dal cielo all'acqua, alone per gemme posate a fior d'onda: l'Isola dei Pescatori e l'Isola Bella.

I/10 – La sera isola compatte masse di colore: il monte Rosso, il profilo di Intra, l'ultima luce sul lago.

I/11 – Dalla sponda orientale, Cannobio si perde nell'opacità del tramonto, lasciando al lago un'ultima opalescenza.

I/12 – Nel pieno meriggio le nubi convogliano sul lago ombre serali. Resta nella bruma, in primo piano, Miazzina; una visione che sarebbe piaciuta al pittore Grubicy de Dragon, sensibile nei suoi dipinti a codeste atmosfere.

I/13-14-15 – Batuffoli di nubi, il cui silenzio s'avverte turbato dal ronzio dell'aereo, lasciano trapelare lembi di paesaggio; su tutto, da un'infinita distanza, domina la cerchia delle Alpi; il limite delle nevi separa con taglio netto candori invernali e pennellate di colore.

I/16-17 – Dalle cime del Mottarone e del Morissolo masse filanti di vapori sembrano additare il corso dell'acqua verso il Ticino.

I/18-19 – Quando il lago scompare sotto un morbido velario, affiorano, isole effimere, lo spuntone solitario del Montorfano o la cresta del Sasso di Ferro e del Monte Nudo, sopra Laveno.

I/20-21 – Lo sbocco del Lago, da Arona sino al Ticino; a Sesto Calende il fiume par godere gli ultimi momenti di pace, prima di far fronte ai doveri di lombarda industriosità, e distribuire benefico l'acqua al Naviglio e ai canali d'irrigazione.

I/22-23 – All'estremo opposto, verso nord, il delta della Maggia riserva uno specchio d'acqua appartato a Locarno e Magadino. Nella prima immagine Locarno è sullo sfondo; in evidenza i resti delle fortificazioni sul Morissolo, parte della linea di difesa che negli anni 1916-17 il generale Cadorna volle si costruisse, dall'Ossola alla Valtellina, per sbarrare una temuta via d'invasione tedesca, attraverso la Svizzera.

I/24 – Ancora il bacino locarnese, dall'aereo; sulla sponda lombarda, a sinistra i piccoli abitati di Tronzano e Bassano. Al centro il «bernoccolo» del monte Borgna (questo il senso dialettale del nome). A destra il lago Delio, laghetto alpino la cui estensione e profondità sono stati accresciuti da un doppio sbarramento. Il bacino funge da serbatoio di compenso: di giorno alimenta le turbine d'una grandiosa centrale idroelettrica, nascosta nella roccia, a Ronco Valgrande fra Maccagno e Tronzano; di notte l'acqua vien ripompata in alto, sfruttando l'energia esuberante disponibile in rete; l'indomani si ricomincia daccapo. In tal modo si equilibrano le disparità di consumo. Sullo sfondo la riva del Canton Ticino, da Ronco sopra Ascona a Locarno.

I/25-26 – Il lago si perde in lontananza e, vicino, umili testimonianze richiamano ad una passata esistenza di laboriosità e religione: il tronco incavato dell'abbeveratoio all'alpe Cardada presso Locarno, la colonna portacroce sul sagrato di S. Agata sopra Cannobio.

II

II/1 – Isola Bella: dall'aereo si coglie appieno il mirabile disegno dei giardini. In una delle due torri, che serrano la gradinata centrale, era alloggiata la «noria», con la quale si traeva acqua dal lago.

II/2 – Isola dei Pescatori: il campanile dell'antico S. Vittore (X secolo), con la cuspide aguzza, sovrasta le case ormai avvolte nell'ombra infiammata del tramonto.

II/3 – Ancora l'Isola Bella in un'immagine che meglio illustra il rapporto fra l'esiguo villaggio, il gran palazzo e i giardini che l'autore barocco paragonò a quelli mitici delle Esperidi. Sul fondo la costa, da Fondotoce alla punta della Castagnola di Pallanza.

II/4-5-6 – L'arcipelago Borromeo; il lago d'estate pullula di scafi che vanno e vengono fra la riva di Stresa e le isole.

II/7 – L'Isola dei Pescatori, parte orientale; nella sfilata di case fa da cerniera un arcone di portico, in antico gremito di reti stese ad asciugare.

II/8-9 – Ancora l'Isola dei Pescatori: vista da occidente e, da est, sullo sfondo ravvicinato del Pedun e della Laurasca. Nella sagoma frastagliata del Pedun si suole riconoscere uno dei tanti profili di Napoleone disseminati sulle Alpi.

II/10-11 – L'Isola Bella ripresa prima da riva, presso le antiche scuderie borromee, e poi dalla barca; nella seconda immagine ben si riconosce la chiesa dei Ss. Vittore e Carlo, opera di Francesco Castelli e, a destra, l'albergo del Delfino, evocato in *Piccolo mondo antico*.

II/12-13 – Isola Bella: particolari dei giardini. Obelischi e statue si inseriscono in una fiorita d'oleandri, rotta dai coni ben torniti dei tassi. Sulla balaustra più alta una statua regge l'insegna borromea della *Humilitas coronata*.

II/14 – La diruta rocca Vitaliana, sugli isolotti di Cannero, «turris in undis edita...» come vuole l'epigrafe dedicatoria. Il tetto del mastio centrale è crollato e si corona di verzura. Sono sommersi dal lago i moli che rinchiudevano fra le due isole il porticciolo d'approdo. A sinistra il torrione detto «delle prigioni», che oggi guarda benigno ai bagnanti approdati sulla piaggia rocciosa.

II/15 – L'isola di S. Giovanni o Isolino, pur esso di proprietà borromea; vi soggiornarono, nel nostro secolo, la principessa Vittoria Colonna Caetani e Arturo Toscanini.

II/16 – Le isole di Brissago ospitano un pregiato orto botanico. In primo piano l'abitato di Ronco sopra Ascona; sullo sfondo la riviera del Gambarogno con gli abitati di Gerra e Ranzo, dominati dal monte Paglione.

III

III/1 – La rutilante fioritura di rododendri (e azalee) è ormai legata all'immagine stessa del lago.

III/2 – Stresa: villa Pallavicino. Tra la fontana e il gazebo, avvolto dalle rose rampicanti, si alternano in sapienti combinazioni fiori e arbusti di diversa sorta (dalie, begonie, zinnie, salvia *splendens, celosia plumosa, lantana camara*...).

III/3-4 – Di maggio le rive rinnovano i colori: le azalee fioriscono bianche, rosa, vermiglie e, una specie rara, anche viola (sopra: villa Maria, ora Branca, a Baveno).

III/5 – Verbania-Pallanza: la classicheggiante terrazza di villa San

Remigio si affaccia al cuore del lago e richiama composte atmosfere di nobiltà *fin de siècle*, dei Della Valle di Casanova e dei Browne che la costruirono.

III/6 – Ancora Stresa, villa Pallavicino: un disteso tappeto di *tagetes* prepara alla pausa di fontana e gazebo, già gustata in una precedente immagine.

III/7 – Stresa, villa Ducale. Verso gli scuri cedri del Libano si apre il portico ottocentesco della villa che fu della duchessa di Genova e ospita ora il centro di studi rosminiani, così collegando due incorporee presenze: di una aristocrazia sobria e discreta e del grande pensatore che a Stresa visse e morì.

III/8-9 – Non meno dei giardini le rocce della montagna celano fioriture affascinanti; fedele al suo nome la sassifraga penetra in scabri anfratti e vi porta un segno di delicata beltà.

III/10 – Alla conoscenza d'una flora alpina, sorprendente per varietà di forme e di colori, è destinato il giardino botanico Alpinia, nei pressi di Gignese; chiunque abbia cuor di montagna dovrebbe visitarlo, per rimeritare una iniziativa pubblica, *rara avis*, da elogiare senza riserve (e non mancherà il premio d'una vista impagabile sul golfo Borromeo, tra Verbania e Stresa, in un brano di territorio sottratto al dissennato sfruttamento edilizio).

III/11-12 – Ogni giardino è tentato ad evocare presenze esotiche; ci riesce magistralmente quello di Villa Taranto, con le ninfee e i rari esemplari di *victoria cruziana*.

III/13 – Un'accorta arte dei giardini equilibra sapientemente gli accordi dei colori; qui l'erubescenza delle azalee è incorniciata e temperata dal solenne scuro filare di *chamaecyparis*.

III/14-15-16 – Verbania-Pallanza, villa Taranto. La rubea cortina di *salvia splendens* prepara alla diverse gradazioni di verde del prato e di abeti, calicanti, frassini. La villa, dalle piacevoli linee francesizzanti, si ritrae con discrezione dal suo parco. Ne prepara l'accesso un tocco di giardino all'italiana, nella generale cornice «inglese» o per dir meglio «scozzese», come la patria del suo creatore.

III/17 – Isole di Brissago: sulla bassa riva un'arborea grata sorge dall'acqua per graduare, lo sguardo come la siepe leopardiana, verso eteree lontananze.

III/18 – Verbania-Pallanza: in contemplazione del lago, il portico del Kursaal, già villa Branca, poi effimero casinò, ora centro convegni; nel parco guarda all'Isolino il busto di Toscanini, effigiato da Paul Troubetzkoy.

III/19 – Solo dall'aereo si avverte la complessità di concezione per il gran parco di villa Taranto.

III/20 – Isole di Brissago: nell'orto botanico confederale la grande palma *phoenix* domina azalee e ciliegi da fiore: sentore di tropici e di morbide atmosfere nipponiche si saldano in unità ormai tutta verbanica.

III/21-22-23 – In molti parchi fu introdotta una fauna di pregio: pavoni, fagiani dorati, germani reali... Da tempo più clementi leggi di caccia hanno consentito anche la ricomparsa dei selvatici sulle rive; a parte gabbiani e gabbianelli (*sgarìtt*), sono frequenti anatre e folaghe; il cigno è ormai ospite fisso, così di rive selvatiche come di specchi portuali.

III/24 – Luino possiede il più bel viale d'alto fusto del lago.
La secolare doppia fila di platani è insidiata da un fungo micidiale ma resiste a ricordare una geniale idea di lungolago, escogitata a fine '800, nei tempi dei fasti ferroviari, quando Luvino si avviava a diventare città (per l'occasione mutando nome in Luino).

III/25 – Verbania-Pallanza: villa S. Remigio. Le branche del glicine, avvolte intorno a un palo di sostegno, danno luogo a pianta da deserto siderale.

III/26 – Un policromo intarsio di «cinerarie». Negli ultimi anni si è incrementato, nei giardini pubblici e privati, l'impiego del fiore, con varietà un tempo note soltanto a ristrette aiuole domestiche.

IV

IV/1 – Veglia sul lago il simulacro di Carlo Borromeo, il «santo del Verbano». Il Sancarlone fu costruito in lastra di rame sopra un'anima di muratura e di ferrei tralicci (in qualche modo precorrendo l'idea di Eiffel per l'americana statua della Libertà). Voluto dal cugino cardinale Federico, il Cerano ne diede il disegno, ma l'idea d'un sacro monte dedicato al grande arcivescovo ebbe stentato sviluppo. Solo alcune delle previste cappelle furono costruite, e poi distrutte o abbandonate. Alla fine del '600 si diede mano alla statua, che doveva concludere l'itinerario sul monte e che resta oggi come solitario monumento, dividendo i pareri fra chi ne ammira la contenuta magniloquenza e chi lo ritiene estremo esito dell'artificio barocco.

IV/2 – La chiesa dei Ss. Felino e Gratiniano ad Arona tramanda il ricordo d'un famoso monastero che, fondato ancor prima dell'anno Mille, ebbe dominio su Arona e varie terre del lago. Fu poi sede d'un collegio di Gesuiti e a quel tempo risale lo scenografico ribaltamento della facciata, a dominare la salita dalla antica piazza del mercato.

IV/3-4 – Arona, chiesa collegiata di S. Maria Nascente: lunetta di facciata con il bel bassorilievo della *Natività* (fine '400) e particolare del polittico dal medesimo titolo, insigne opera di Gaudenzio Ferrari (1511).

IV/5 – Lesa, chiesa di S. Sebastiano (prima metà del sec. XII): uno dei molti oratori romanici della regione; ciottoli di fiume e pietre squadrate si integrano in armoniosa tessitura.

IV/6-7 – Belgirate, chiesa «vecchia» della Purificazione di Maria; il campanile mostra le origini romaniche del tempio. All'interno la cappella della Crocifissione conserva nella volta affreschi del tardo Cinquecento, ispirati alla Passione.

IV/8-9 – Baveno conserva una delle più antiche chiese battesimali del lago. Il battistero ottagonale, a lato della chiesa romanica, è stato attibuito al V secolo (e sarebbe quindi il più antico edificio cristiano del lago). Anche notevole il portico che avvolge il sagrato e sottolinea l'unità del sagrato.

IV/10 – Il Montorfano con ogni probabilità ospitò in antico un castello, corredato da chiesa e battistero altomedievali, di cui sono stati ritrovati i resti. Della attuale chiesa tardo-romanica di S. Giovanni Battista è qui illustrato il tiburio.

IV/11 – Verbania-Pallanza: la Madonna di Campagna conserva il campanile romanico della chiesa primitiva. L'attuale sorse a cominciare dal 1511 e s'incoronò poi dello splendido tiburio, attribuito a Giovanni Beretta.

IV/12-13 – Affreschi e sculture di età romanica decorano la bella chiesa di S. Remigio presso Pallanza, che conserva nell'abside e nelle fiancate le testimonianze della sua origine, intorno all'XI secolo.

IV/14 – Verbania-Pallanza, chiesa della Madonna di Campagna: la grandiosa visione della cupola e del catino absidale introduce ai sontuosi cicli di affreschi cui posero mano Bernardino Lanino, Boniforte Oldoni e Aurelio Luini, nella seconda metà del '500.

IV/15 – Verbania-Intra: il bel campaniletto di S. Marta risale agli anni fra 1608 e 1641, e mostra un'intatta maestria nel lavorare l'ostica pietra delle nostre valli.

IV/16 – Verbania-Intra: la cupola ellittica del S. Vittore, pensata già nel '700 ma completata solo nel secolo successivo (la chiesa vide sovrapporsi progetti di F. Cagnola, F. Pessina, G. Zanoia), domina i tetti di Intra e, da lontano, ne colora il profilo. A lato, meno riuscito, il campanile ottocentesco degli Aluvisetti-Caramora (1841–1876).

IV/17 – Il cimitero di Vignone, sopra Intra, si impernia su una geniale «rotonda» ottocentesca, sacra all'Addolorata, il cui interno, insieme alla *Via crucis* del portico, furono affrescati intorno al 1813 dal vigezzino Lorenzo Peretti.

IV/18 – Mai completato, il sacro monte della Trinità sopra Ghiffa, conserva tuttavia qualche cappella, una bella chiesa e un vasto porticato, destinato ad accogliere i pellegrini. La convalle manifesta appieno il fascino che hanno in montagna le pause sacrali, non immemori del culto che l'umanità preistorica prestava a boschi, acque, rocce (altro esempio memorabile è quello di S. Bartolomeo in Monte nel Piaggio di Cannobio). La zona è oggi provvidamente vincolata a parco regionale.

IV/19 – Straordinario lampo d'oro fra i monti è l'altare ligneo nella chiesa di S. Materno, ad Orasso in Valle Cannobina.

IV/20 – La trecentesca chiesa di S. Gottardo a Carmine e il sagrato affacciato sul lago; il villaggio è un ragguardevole esempio di urbanistica montana.

IV/21 – La chiesa di S. Ambrogio a Cannobio mantiene il ricordo del convento cappuccino che san Carlo volle fosse insediato nel borgo.

IV/22 – Il santuario della Pietà a Cannobio, eretto per celebrare il miracolo della «sacra costa» (1522), conserva una preziosa pala d'altare con la *Crocifissione* di Gaudenzio Ferrari, di cui è qui riprodotto un particolare.

IV/23 – La chiesa della Madonna di Loreto, oggi più nota come S. Anna, domina l'orrido formato dal torrente Cannobino che, dopo aver vorticato fra le rocce della stretta gola, si placa in una lanca tranquilla, meta di bagnanti e pescatori.

IV/24 – Il centro di Cannobio si svolge attorno al campanile (completato agli inizi del '200), di sobria e possente architettura. Alle spalle si intravvede il *Paràsi*, palazzo del popolo, luogo di giustizia e delle assemblee comunali, costruito a fine '200.

IV/25 – A Brissago, in patria, Giovanni Beretta ha lasciato testimonianza della sua arte nel tiburio della Madonna di Ponte, gemello di quello pallanzese per la Madonna di Campagna.

IV/26 – La chiesa parrocchiale di Ascona conserva una pala (1633) del grande pittore che vi era nato, Giovanni Serodine: qui la straordinaria figura di san Carlo, la cotta vibrante di luce, il viso estatico levato alla *Incoronazione della Vergine*.

IV/27 – Il chiostro del Collegio Papio fu progettato da Pellegrino Tibaldi, su incarico di Carlo Borromeo, esecutore pontificio delle volontà testamentarie manifestate da Bartolomeo Papio, asconese salito in ricchezza nella Roma del '500. Il collegio esercitò in tutto il Sopraceneri un'ampia funzione educatrice e, più latamente, culturale.

IV/28 – Il massiccio campanile del S. Quirico di Minusio, forse ricavato da una torre di vedetta.

IV/29 – Muralto: chiesa di S. Vittore, veduta absidale. L'insigne collegiata romanica è sorta sui resti d'una basilica paleocristiana, e questa nel luogo di una villa romana. Tutto il Locarnese è dovizioso di resti preistorici e romani, fra cui gli splendidi vetri, conservati al castello visconteo.

IV/30-31 – La Madonna del Sasso sopra Locarno, ancora sede d'un convento cappuccino, era destinata a coronare un sacro monte, fra i più antichi che fossero ideati e però mai completato. La chiesa conserva una *Deposizione* di Antonio Ciseri, pittore che nella seconda metà dell'Ottocento salì in gran fama a Firenze, dove la sua famiglia si trasferiva da generazioni, esercitando l'arte del «quadraturista».

IV/32 – Fosano di Vira Gambarogno: l'attonita Madonna del Latte può ben additarsi ad esempio delle popolaresche fortune che l'affresco ebbe fra noi, in particolar modo fra XV e XVI secolo.

IV/33 – Luino, campanile della chiesa di S. Pietro *in campanea*, antica parrocchiale del borgo; attribuito al 1075 c.ca è esemplare per la scabra ed essenziale lavorazione della pietra ferrigna.

IV/34 – Maccagno, chiesa mariana *della Punta*; costruita alla fine del '500, *ex voto* per la peste, l'oratorio sembra proiettato sul lago da una oscura matrice di boschi (ma sino al secolo scorso le rive erano terrazzate e folte di viti).

IV/35-36 – L'arte religiosa moderna non ha molto da esibire sul Lago: felice eccezione le vetrate che Carlo Rapp ha istoriato per la chiesa di Mesenzana. Nel turbine di luci e di colori si riconoscono le allusioni ai temi tradizionali della Purificazione di Maria, cui la chiesa è dedicata.

IV/37-38-39 – L'appartata Valtravaglia conserva due preziose testimonianze romaniche: il piccolo oratorio di S. Giorgio a Sarigo (n. 37: particolare dell'abside) e la grande collegiata di S. Vittore a Bedero, eretta intorno alla metà del sec. XII (n. 39: vista absidale). Quest'ultima conserva anche pregevoli affreschi (n. 38: particolare del *Martirio di S. Vittore*, del primo Cinquecento).

IV/40 – Germignaga, chiesa di S. Rocco: sostituì nel '600 la vecchia parrocchiale (ora relegata alla funzione di chiesa cimiteriale), aggregandosi il titolo di S. Giovanni Battista. La mossa facciata si inquadra scenograficamente allo sbocco della contrada principale.

IV/41-42 – S. Caterina del Sasso. Il monastero sorse nel XIII secolo e si ampliò in varie riprese sino al '600. I nuclei più antichi si riconoscono all'interno della chiesa odierna e nel «conventino» al centro del complesso. Se ne fa risalire la fondazione al beato Alberto Besozzi, che nell'eremo si era ritirato in espiazione delle sue colpe. Da quando se ne conosce la storia, nel cenobio risultano insediati dapprima frati senza regola precisa, poi i padri di S. Ambrogio *ad Nemus*, e infine i Carmelitani.

IV/43 – Leggiuno: chiesa dei Ss. Primo e Feliciano. Fu fondata da Eremberto, vasso regio, nella prima metà del IX secolo. Conserva preziose reliquie marmoree di età romana; nell'immagine una colonna appartenuta al tempio primitivo.

IV/44 – Ceresolo di Laveno; la chiesetta di S. Defendente, dal delizioso campaniletto romanico.

IV/45-46 – Una panoramica completa degli affreschi sacri richiederebbe più pagine. Prima di lasciare la sponda lombarda riprendiamo due affreschi di inizio Cinquecento, periodo di massima fioritura del genere: un'*Ultima cena* attribuita ad Antonio da Tradate (Maccagno, chiesa di S. Antonio), e un curioso particolare del *San Nicola da Bari* (la risurrezione di tre giovanetti dal tino della salamoia) nel S. Donato di Sesto Calende.

IV/47 – Altra bella chiesetta romanica è quella di S. Vincenzo presso Sesto Calende.

IV/48 – Il santuario della Madonna di Riva, ad Angera, avrebbe dovuto estendersi, secondo il progetto seicentesco di Gerolamo Quadrio, sino a gran parte del porto che gli fu poi costruito davanti; il solo presbiterio fu completato e poi concluso da una mediocre facciata moderna. Sullo sfondo la rocca borromea.

V

V/1 – Uno dei cinque traghetti in funzione tra Laveno ed Intra (gli altri han nome *S. Cristoforo*, *S. Gottardo*, *S. Carlo* e *Sempione*).

V/2 – Il vecchio porto di Laveno, un tempo più esteso e frequentato dai grandi barconi donde bracci di gru sollevavano carichi di calce e di legna per il trasbordo sul treno.

V/3-4-5 – Album della Navigazione: il vecchio *Piemonte* (ammodernato per gite collettive: non più a pale, non più a vapore); il *Verbania* (grande motonave per convegni, usufruibile anche come traghetto); il *Sempione* (traghetto a doppio ponte, capace di novanta automobili, al cui trasporto è riservato).

V/6 – Il delizioso porticciolo di Cannero.

V/7-8-9 – I battelli cedono il posto, per i collegamenti veloci, ai nuovi mezzi: il catamarano fa ora concorrenza agli aliscafi che, primi, sovvertirono il modo di navigare, riducendo grandemente i tempi delle traversate.

V/10-11 – Pontile di Villa Taranto e approdo dell'Isola Pescatori:

orizzonti a cui torna sempre il ricordo di chi vi ha scambiato un sorriso o un abbraccio.

V/12 – L'antico ponte di Lavertezzo in valle Maggia che il popolo esagera a qualificare come «romano» ma che non è meno rilevante per sapienza costruttiva e felice inserimento nell'ambiente.

V/13 – Il ponte «strallato» fra Luino e Germignaga, compone sullo sfondo di fabbrica, un quadro di astratta perfezione. La sapienza tecnica sa talora, anche oggi, coniugarsi con immagini di inusuale bellezza.

V/14 – A Intragna due concezioni di ponte: metallico il primo, della prima metà del secolo, per la ferrovia delle Centovalli (da qui usano gettarsi nel vuoto gli animosi cultori del salto con il cordone elastico); assai più recente il secondo, stradale e in cemento armato. Sul fondovalle corre la Melezza; si intravvedono la chiesa di Golino e le cime nevose che separano le valli Maggia e Verzasca.

V/15 – Altro ponte «romano» (in realtà medievale), un tempo detto dell'Agostana, sull'orrido di S. Anna, presso Traffiume.
Nel baratro fu precipitata più d'una vittima dei Mazzarditi.

V/16 – La seggiovia di Cardada, sopra Locarno; il mezzo meccanico scavalca un sentiero a mezza costa, dove l'andirivieni degli armenti è ormai sostituita dall'incedere paziente dell'escursionista.

V/17-18 – «Bidonvia» da Laveno al Sasso di Ferro (974 m slm); la «cabinovia» da Stresa al Mottarone (1491 m slm). Le funivie portano in breve dal livello del lago alle cime più elevate: la salita offre un'emozionante progressivo ampliarsi del panorama.

V/19 – Il traliccio della cabinovia Stresa-Mottarone inserisce un tocco di tecnologia nella distesa veduta panoramica, senza oltrepassare la soglia della lesione ambientale.

V/20 – Il «quadrifoglio» dello svincolo autostradale a Gravellona Toce, ripreso da un anfratto della strada militare sul versante meridionale del Montorfano. Sullo sfondo, il lago d'Orta.

V/21 – Più volte nei secoli il ponte sul torrente S. Giovanni, a Intra, ha sofferto per piene e alluvioni. L'ultima, del 1991, ha travolto due campate ma risparmiato la lapide con l'epigrafe dedicatoria del conte Teodoro Besozzi (1666).

V/22 – La linea Locarno-Domodossola (ferrovia Centovallina), scavalca a Ponte Brolla il greto lapideo della Maggia, incavato dall'acqua in plastici meandri.

V/23-24-25 – La grande stagione ottocentesca delle ferrovie ha lasciato testimonianza di una ancor felice compatibilità fra esigenze del progresso tecnico e senso della forma. Ingenuamente memori della civiltà classica le colonnine in ghisa della più antica stazione verbanese, ad Arona; raffinato il raccordo «liberty» fra pilastro e travi dell'abbandonata stazione per il trenino a cremagliera fra Stresa e il Mottarone; di dilatata luminosità (in anticipo su odierne invenzioni architettoniche) lo spazio del salone per le visite doganali a Luino.

VI

VI/1 – La riva di Castello Valtravaglia era costellata di fornaci che traevano la materia prima dalla rupe della rocca Travaglia, producendo calcina già esportata nel Medioevo per i castelli arcivescovili e poi per le fabbriche di Pavia e di Milano (principalmente per quella del Duomo). Il bianco sperone calcareo porta evidenti i segni della secolare erosione praticata dall'uomo. Sulla riva rimboscata spuntano ancora le torri dei forni, rimasti attivi sino ai nostri anni '60.

VI/2 – La lenta spola dei barconi da trasporto ha lasciato posto alla corsa fugace dei motoscafi. Ne è derivato lo sviluppo dell'attività cantieristica e il moltiplicarsi dei ricoveri per imbarcazioni: qui un cantiere di Baveno.

VI/3-4 – La pesca, risorsa antica, promette ripresa a mano a mano che si completeranno i programmi di depurazione. Qui sono ritratti pescatori di anni passati, presso la Vitaliana e l'Isola Superiore

VI/5 – Il mestiere del barcaiolo (qui con il *burcéll*, la tipica barca a fondo piatto) era un tempo diffuso, indispensabile per i trasporti da riva a riva.

VI/6 – Ancora un pescatore, dell'Isola Superiore, intento a rammendare le reti.

VI/7 – Non è scomparsa l'antica arte dei mastri d'ascia: qui un cantiere di Angera dove ancora si foggiano barche come quelle d'un tempo.

VI/8 – Il mestiere dello scalpellino è tradizionale sul tratto di riva da Baveno e Suna, dove si cavano i graniti e si trasportano altri marmi per la lavorazione. La macchina non ha del tutto sostituito la mano sensibile dell'uomo.

VI/9 – D'una scomparsa vita agreste sono testimoni i cicli dei «mesi» in alcune chiese nostrane. Qui «dicembre», con l'uccisione del maiale: affresco di Antonio da Tradate nella chiesa di S. Martino a Ronco sopra Ascona.

VI/10 – A Ceresolo di Laveno un moderno e curioso montaggio di affreschi e tralicci lignei, ricorda uno degli ultimi barcaioli e pescatori: evocando tempi in cui storia e leggenda si tramandavano a viva voce.

VI/11 – Evadendo per una volta dalla contemporaneità, questa immagine d'anni passati rende conto d'una antica vocazione manifatturiera del Verbano e in ispecie della riva intrese. Sul lago era posto il cappellificio Panizza, oggi adattato a residenza turistica, e sino agli anni '60 famoso nel mondo per l'alta qualità dei prodotti.

VI/12 – La produzione floro-vivaistica (nell'immagine un'azienda di Fondotoce) promette il ricupero di ampie aree ad uso agreste.

VI/13 – Nuovi barconi a motore ancor oggi solcano il Verbano, trasportando sabbia e ghiaia, necessarie all'edilizia e drenate alla foce dei fiumi o scavate sul fianco delle colline.

VI/14 – Le cave di materiali inerti sono guardate con tremore da chi ha a cuore la conservazione del paesaggio; vivace il commercio con il Canton Ticino che, da parte sua, ha ristretto le possibilità d'estrazione.

VI/15 – La diga della Verzasca, presso Locarno, ha sostituito alla libera corsa del torrente nel fondovalle una barriera vertiginosa di cemento, non priva d'un fascino allucinato.

VI/16 – Lo sci d'acqua è sport elettivamente associato alle acque del lago.

VI/17 – Gli appassionati di canoa («kaiak») trovano nelle acque turbinose delle valli una sfida alla loro abilità nel guizzare fra roccia e roccia.

VI/18 – La vela resta lo sport che meglio si associa alla nobiltà del lago: «presto la vela freschissima di maggio / ritornerà sulle acque dove infinita trema Luino...» (V. Sereni).

VI/19-20-21 – Forme di diporto in diverso modo legate all'ambiente verbanese. Fondotoce: fra canneti e boschetti si snodano percorsi adatti all'equitazione mentre, sulla riva, il pescatore della domenica si ritempra nella quiete diffusa. Sul Mottarone, come su altre montagne, è sempre più avvertita la presenza di escursionisti su due ruote.

VI/22 – I praticanti del paracadutismo «da pendìo» e del volo con deltaplano trovano campo ideale negli scoscesi dirupi intorno al lago.

VI/23 – Prue affilate e tesa vigoria del remo sfiorano appena il tappeto turchese dell'acqua.

VI/24-25-26-27-28 – Gli ampi dossi dei monti offrono sedi ideali per i campi da golf, rinnovando il felice equilibrio fra distese prative e macchie boscate che fu proprio dei «corti» pascolivi. Qui i golf di Stresa, l'Alpino (n. 24) e il Borromeo (nn. 25-28), e di Premeno-Pian di Sole (nn. 26-27).

VI/29 – Una processione di creste nevate scende dal dentato profilo del Rosa sino alle colme rotonde del Mottarone, palestra sterminata per sciatori e alpinisti.

VII

VII/1 – Quadretto *ex-voto* dedicato alla Madonna di Re, universale protettrice dell'Alto Verbano, da due valligiane scampate alla frana (dipinto di G. Antonio Vanoni, conservato nella chiesa di S. Maria di Campagna a Maggia). La donna di destra porta la *sciüéra* o *civéra*; l'altra il *barghèi* e, sopra di questo, la *cadra*: contenitori diversificati per materie minute, sacchi e fieno, pietre e bauli.

VII/2 – Alpe La Foppa, sul monte Tamaro. L'evoluzione dei sistemi d'allevamento ha ridotto il patrimonio bovino montano. Ne consegue il degrado dei pascoli, contaminati da ginestre, felci e rovi.

VII/3 – Donna di Orasso in Valcannobina con il *barghèi* (altrove detto anche *resòtt*) e il *sidelìn* del latte.

VII/4 – Rustico prospetto ad Intragna, in valle Intrasca. La sobrietà dei materiali (pietra, legno, poco intonaco) e l'essenzialità delle forme distinguono l'architettura montana e rendono tanto più dolorose le recenti lesioni, l'incongruo uso di materiali estranei e colori vistosi (ivi compreso il bianco).

VII/5 – Vignone sopra Verbania, sullo sfondo del monte Massone. I paesi di mezza costa si ornarono sullo scorcio del secolo scorso con ville signorili e parchi, per la villeggiatura o – simbolo di condizione raggiunta – per il riposo dei terrieri che avevano fatto fortuna emigrando.

VII/6-7 – All'estremo della valle Veddasca, sulla sponda orientale, sorgono, a cavallo di confine due villaggi di singolare attrattiva.
Le compatte «pigne» di pietra sono ormai abitacolo di pochi anziani; ma le animano i molti appassionati della montagna che vi hanno eletto dimora. Monteviasco è l'unico abitato della provincia di Varese non raggiungibile da strada carrozzabile; oggi è collegato al fondovalle con funivia. Indemini non ha diviso le sorti della sua valle, gravitando verso Gambarogno e Luganese, di diocesi, e poi nazione, diverse.

VII/8 – Le gole della Maggia, presso Ponte Brolla; l'acqua ha scavato e arrotondato la roccia in forme levigate che si direbbe abbiano fornito ispirazione alle sculture astratte di Jean Arp, francese trapiantato ad Ascona.

VII/9 – Bosco Gurin: nell'unico villaggio *walser* del Canton Ticino, sopravvivono le ultime «torbe», granai pensili su sostegni foggiati a forma di fungo per impedire la risalita dei roditori.

VII/10 – Lungo la vecchia mulattiera da Due Cossani a Curiglia, in valle Dumentina, la pietà montana volle innalzare un monumento a san Carlo che, primo fra i presuli ambrosiani, aveva personalmente visitato quelle estreme terre dell'archidiocesi. La statua, forse seicentesca, e l'alta colonna sono state riportate a fianco della più recente carrozzabile.

VII/11 – Presso la bella baita montana, nel cuore delle Centovalli (sullo sfondo si scorge il corso arginato della Melezza), una mano gentile ha impiantato il fiore del lago, la camelia.

VII/12-13 – Palagnedra nelle Centovalli, chiesa di S. Michele: colpiscono come un'inattesa e lussureggiante fioritura gli affreschi del locarnese Antonio da Tradate (*Madonna* «di Re» e *Cristo nella mistica mandorla*, affiancato dai simboli degli Evangelisti).

VII/14 – Lozzo in Valle Veddasca. I tetti in «piode», ahimé via via sostituiti da quelli in tegole, hanno aspetto rude e severo ma grandi virtualità di modellazione nel morbido raccordo delle falde.

VII/15 – Orasso in Valcannobina. Tipico della montagna il dialogo-contrasto fra le rustiche tessiture dei muri in pietra, l'ornato della chiesa seicentesca, il tono «civile» delle residenze più recenti, costruite dagli emigranti con l'intento di staccarsi dall'edilizia «povera» della loro gioventù.

VII/16 – Premeno è da oltre un secolo stazione turistica di impronta signorile; negli anni '20 fu collegata con Intra da una ferrovia elettrica, sul cui sedime si svolge oggi la strada carrozzabile.

I

I/1 – Dort, wo der Ticino seinen Lauf zum Po wieder aufnimmt, zeigt sich der Monte Rosa in seiner ganzen Majestät, ein Numen und stiller Wächter, der sich vom Ufer aus meist nur erahnen läßt.

I/2 – Die sonst so sanften Wellen des Sees tragen zuweilen Schaumkronen, zuweilen sind sie wild bewegt.

I/3 – Selbst bei bedecktem Morgenhimmel trägt der See ein gold- schimmerndes Gewand, gehalten von einer Fibel: der Isola Madre.

I/4-5-6 – Der östliche Ausläufer des Sees in Richtung Mergozzo. Im Laufe der Zeit wurde durch die vom Toce mitgeführten Geröllmassen dieser Seitenarm vom See abgeschnitten. (Im hiesigen Sprachgebrauch heißt der Toce übrigens die *Tosa;* die lebensspendenden Wasser haben bei uns meist weibliche Namen: die *Maggia*, die *Tresa*, die *Margorabbia*). Die Deltamündung des Toce ist eine weite Flußlandschaft mit Wiesen, Gebüsch und Röhricht. Zu Bild Nr.4: vom Monte *Faié*, dem «Buchenberg» aus aufgenommen. In der Mitte das wuchtige Granitmassiv des Montorfano; aus diesem Stein wurden im XIX. Jahrhundert die Säulen von S. Paolo fuori le mura in Rom gemacht.

I/7 – Die Isola Madre im rötlichen Widerschein der von Wolken verdeckten Sonne: ein Gewitter kündigt sich an.

I/8 – Vom Pizzo d'Omo aus gesehen, bilden die Seen einen einzigen gleißenden Spiegel.

I/9 – Im Widerschein des Abendrots liegen die Isola dei Pescatori und die Isola Bella wie Träume auf dem Wasser.

I/10 – Der See im letzten Licht des Tages: die Silhouette von Intra und der Monte Rosso.

I/11 – Vom östlichen Ufer aus gesehen: Cannobio im Zwielicht.

I/12 – Heller Mittag. Wolken legen Schatten auf den See; im Vordergrund, in Schatten getaucht: Miazzina; eine Naturstimmung, die an Grubicy de Dragons Gemälde erinnert.

I/13-14-15 – Die dicken Wattebäusche der Wolken geben hie und da den Blick auf die Landschaft frei; in der Ferne die Alpenkette; die weißen Schneegipfel bilden einen deutlichen Kontrast zum bunten Kleid der Landschaft.

I/16-17 – Unterhalb der Gipfel des Mottarone und des Morissolo zeichnet ein Nebelband den Wasserlauf nach.

I/18-19 – Aus dem Dunstschleier, der über dem See liegt, tauchen schemenhaft die Inseln auf; darüber der Sasso di Ferro, der Monte Nudo über Laveno und die Spitze des Montorfano.

I/20-21 – Die Südspitze des Sees von Arona bis Sesto Calende; hier tritt der Ticino wieder aus dem See aus und fließt ein Stück weit gemächlich dahin, bevor er dann mit lombardischer Geschäftigkeit den Naviglio und die kleineren Bewässerungskanäle mit Wasser speist.

I/22-23 – Die Bucht von Locarno und Magadino vor dem Maggia-Delta am Nordende des Sees. Die erste Aufnahme zeigt vor dem Hintergrund Locarnos die Überreste der Befestigungsanlage auf dem Morissolo. Diese von Domodossola bis ins Veltlin reichende Verteidigungsanlage hatte General Cadorna in den Jahren 1916-17 zur Abwehr einer befürchteten deutschen Offensive gegen Italien errichten lassen.

I/24 – Luftaufnahme der Bucht von Locarno; auf der linken Seite des lombardischen Ufers die Weiler Tronzano und Bassano. In der Mitte die «Beule» des Monte Borgna. Rechts der kleine Bergsee Delio, dessen Wasserspiegel durch eine Staumauer angehoben wurde. Der See ist ein Ausgleichsbecken des zwischen Maccagno und Tronzano gelegenen Spitzenkraftwerks von Ronco Valtravaglia. Im Hintergrund das Tessiner Ufer von Ronco bis Locarno.

I/25-26 – Der See verliert sich in der Ferne; im Vordergrund die schlichten Zeugnisse einer bäuerlich-religiösen Kultur: auf der Cardada-Alp dient ein ausgehöhlter Stamm als Brunnentrog; die Kreuzsäule steht auf dem Kirchenvorplatz von S. Agata in Cannobio.

II

II/1 – Die Isola Bella: aus der Vogelschau erkennt man deutlich die architektonische Gartengestaltung. In einem der beiden Türme am Fuße der Pyramide befand sich ein Schöpfbrunnen, aus dem man das für die Wasserspiele und zum Begießen der Pflanzen benötigte Wasser aus dem See heraufzog.

II/2 – Isola dei Pescatori: der spitze Campanile von S. Vittore (X. Jahrhundert) überragt die in rötliches Abendlicht getauchten Häuser.

II/3 – Die Isola Bella stellt die geglückte Symbiose eines bescheidenen Dorfes, eines imposanten Palazzos und eines der Hesperiden würdigen Gartens dar. Im Hintergrund die Uferseite von Fondotoce bis zur Punta della Campagnola von Pallanza.

II/4-5-6 – Die Borromäischen Inseln; im Sommer wimmelt der See von Booten, die zwischen Stresa und den Inseln hin und her pendeln.

II/7 – Die Isola dei Pescatori von Osten gesehen; die Häuser reihen sich um das weite Hafenrund, wo einst unzählige Fangnetze zum Trocknen ausgebreitet lagen.

II/8-9 – Die «Fischerinsel» von Westen gesehen, mit dem Bootsstrand, dem Pedun und der Laurasca im Hintergrund. Manche wollen im gezackten Profil des Pedun Napoleons Gesichtszüge erkennen.

II/10-11 – Die Isola Bella, einmal von den ehemaligen Pferdeställen der Familie Borromeo aus, dann vom Schiff aus aufgenommen; auf der zweiten Aufnahme erkennt man die Kirche Ss. Vittore e Carlo, ein Werk Francesco Castellis, sowie rechts das Albergo del Delfino, das durch den Roman A. Fogazzaros, *Piccolo mondo antico* *(Die Kleinwelt unserer Väter)* Berühmtheit erlangte.

II/12-13 – Isola Bella: Detailaufnahme des Gartens. Obelisken und Statuen inmitten von blühendem Oleander, dazwischen die dunklen Säulen der Eiben. Eine Staue auf der obersten Balustrade trägt das Motto der Familie Borromeo: *Humilitas coronata.*

II/14 – Auf den Felsenklippen unweit von Cannero, die Burgruine Vitaliana, mit der Inschrift: «turris in undis edita». Das eingestürzte Dach des Hauptturms wird von üppigem Grün überwuchert. Die Molen des kleinen Hafens sind im See untergetaucht. Links, der Wartturm, das einstige «Verlies»; darunter der felsige Badestrand.

II/15 – Die kleine Insel; der Isolino S. Giovanni (im Besitz der Fam. Borromeo); hier weilten Toscanini und die Fürstin Vittoria Colonna Caetani.

II/16 – Auf den Brissago-Inseln befindet sich ein einzigartiger exotischer Naturpark; im Vordergrund Ronco ob Ascona; im Hintergrund die Riviera del Gambarogno mit den Gemeinden Gerra und Ranzo, überragt vom Monte Paglione.

III

III/1 – Die leuchtendrote Blütenpracht der Rhododendren (und Azaleen) ist aus dem Landschaftsbild des Sees nicht mehr wegzudenken.

III/2 – Stresa, Villa Pallavicino: zwischen dem Brunnen und dem von Kletterrosen überrankten Pavillon, ein mannigfaltiges Blumen- und Sträucherarrangement: Dahlien, Begonien, Zinien, Salvia splendens, celosia plumosa, lantana camara, um nur einige zu nennen.

III/3-4 – Im Mai bestimmen die Farben der Azaleen das Blütenkleid der Ufer: weiß, rosa, zinnoberrot, dann und wann auch violett (oben: die Villa Maria, heute Villa Branca, in Baveno).

III/5 – Verbania-Pallanza: die auf den See hinausgehende Terrasse der Villa Remigio erinnert an die *fin de siècle* Welt ihrer Erbauer, der Della Valle di Casanova und der Browne.

III/6 – Stresa, Villa Pallavicino: Parkidylle mit Tagetesteppich, Brunnen und Pavillon.

III/7 – Stresa, Villa Ducale. Die Villa gehörte einst der Herzogin von Genua und beherbergt heute das Collegio Rosmini, eine Erziehungsanstalt der Rosminianer; der Gründer dieser Kongregation, der Philosoph und Theologe Graf A. Rosmini wirkte viele Jahre in Stresa und fand hier auch seine letzte Ruhestätte.

III/8-9 – Der Blumenflor der Bergwelt: die zierlichen, felsenspaltenden Steinbrechblüten machen ihrem Namen alle Ehre.

III/10 – Im botanischen Garten Alpinia, unweit Gignese, kann man fast das gesamte Spektrum der Pflanzenarten der südlichen Alpenregion kennenlernen und wird obendrein mit einer herrlichen Ausssicht auf den See belohnt.

III/11-12 – Eine Fülle seltener (u.a. *victoria cruziana*) und exotischer Pflanzen verleiht dem paradiesischen Park der Villa Taranto seinen besonderen Charme.

III/13 – Harmonisch komponierte Farbwirkungen: die dunkelgrünen *chamaecyparis* geben dem leuchtenden Rot der Azaleen einen würdevollen Rahmen.

III/14-15-16 – Verbania-Pallanza, Villa Taranto. Vor dem roten Grund des *salvia splendens* entfaltet sich die Palette der Grüntöne von Tannen, Gewürzsträuchern und Eschen; die Villa, mit französisierenden Stilelementen, hält sich diskret im Hintergrund des Parks. In dem von einem schottischen Edelmann angelegten englischen Garten finden sich auch Anklänge an die italienische Gartenkunst.

III/17 – Das am unteren Ufer der Brissago-Inseln aus dem Wasser ragende Zweiggeflecht der Bäume verwehrt, wie in Leopardis berühmten Gedicht, dem Blick «die letzten Fernen».

III/18 – Verbania-Pallanza: der Portikus des Kursaals, der heute als Kongreßhaus dient; im Park die von P. Troubetzkoy geschaffene Büste Toscaninis, der unverwandt zur Insel San Giovanni hinübersieht.

III/19 – Der Park der Villa Taranto aus der Vogelperspektive.

III/20 – Die Brissago-Inseln, Botanischer Garten des Kantons Tessin: Azaleen und blühende Kirschbäume, überragt von Dattelpalmen; subtropische Vegetation und japanische Zierpflanzen gingen hier eine geglückte Verbindung ein.

III/21-22-23 – In vielen Parks finden sich farbenprächtige Vögel wie Pfauen, Goldfasane und Stockenten. Dank neuer Jagdbestimmungen haben sich auch die heimischen Vögel wieder vermehrt: Möwen, Zwermöwen (*sgaritt*), Enten und Wasserhühner; der Schwan ist in der freien Natur wie auch auf Parkteichen Dauergast.

III/24 – Luino kann sich der wohl schönsten Allee am See rühmen. Noch behaupten sich die jahrhundertealten Platanen gegen den Schädlingsbefall und erinnern an die im XIX. Jahrhundert aufgekommene Gestaltung der Uferpromenaden; damals schickte sich Luvino eben erst an, zur Stadt Luino zu werden.

III/25 – Verbania-Pallanza, im Park der Villa S. Remigio.

III/26 – Bunte Aschenkrautintarsien; die zahlreichen Zinerarienarten, die früher als Topfpflanzen kultiviert wurden, erfreuen sich in Stadt- und Privatparks zunehmender Beliebtheit.

IV

IV/1 – Das Standbild Karl Borromäus', des großen Heiligen des Verbano, wacht, weithin sichtbar, über den See. Die gewaltige Statue, der «Colosso di San Carlone», ist ein mit Kupfer verkleidetes Eisengerüst (in der Konstruktion der Freiheitsstatue von New York vergleichbar). Kardinal Friedrich Borromäus, ein Vetter des Mailänder Erzbischofs, hatte sie bei dem Baumeister G.B. Crespi, gen. il Cerano, in Auftrag gegeben. Das Standbild sollte Mittelpunkt einer Sacro Monte-Wallfahrtsstätte werden, die freilich im Planungsstadium stecken blieb. Die Statue, über deren künstlerischen Wert sich heute die Geister scheiden, wurde Ende des XVII. Jahrhunderts errichtet.

IV/2 – Die Stiftskirche Ss. Felino e Gratiniano in Arona gehörte zu einem einst berühmten, auf das Jahr tausend zurückgehenden Kloster, das damals auch die weltliche Herrschaft über Arona und verschiedene andere Orte am See inne hatte. Später war es Sitz eines Jesuitenkollegs; aus jener Zeit stammt die Barockfassade, die den Aufstieg vom alten Marktplatz beherrscht.

IV/3-4 – Arona, Kollegiatkirche S. Maria Nascente: Lunette an der Frontseite mit einem die Geburt Mariens darstellenden Flachrelief (spätes XV. Jahrhundert); daneben eine Teilansicht des Flügelaltars, ein Werk Gaudenzio Ferraris (1511).

IV/5 – Lesa, S. Sebastiano (aus der ersten Hälfte des XII. Jahrhunderts), eine der zahlreichen romanischen Kirchen dieser Gegend; Flußkies und Quadersteine bilden ein harmonisches Mauerwerk.

IV/6-7 – Belgirate, die «alte» Mariä Lichtmeß Kirche; der Campanile weist auf den romanischen Ursprung der Kirche; die Kuppelfresken der Kreuzigungskapelle im Innern stammen aus dem XVI. Jahrhundert und stellen Motive aus der Leidensgeschichte Christi dar.

IV/8-9 – In Baveno steht eine der ältesten Taufkirchen des Verbano. Das oktogonale Baptisterium neben der romanischen Kirche soll aus dem V. Jahrhundert stammen und wäre somit der älteste Sakralbau der Region. Beachtenswert auch der Portikus, der den Vorplatz umgibt und der Kirchenanlage eine harmonische Geschlossenheit verleiht.

IV/10 – Die auf dem Montorfano gefundenen Überreste lassen vermuten, daß es im Mittelalter hier eine Burganlage mit Kirche und Baptisterium gab. Unser Bild zeigt die Vierungskuppel der erhaltengebliebenen spätromanischen Kirche S. Giovanni.

IV/11 – Verbania-Pallanza: der Glockenturm von Madonna di Campagna gehörte zur romanischen Vorgängerkirche. Die Kuppel der 1511 umgebauten Kirche wird dem aus Brissago stammenden Architekten Giovanni Beretta zugeschrieben.

IV/12-13 – Fresken und Skulpturen aus romanischer Zeit schmücken das kleine, unweit von Pallanza gelegene Kirchlein S. Remigio; Apsis und Seitenwände weisen auf das XI. Jahrhundert zurück.

IV/14 – Verbania-Pallanza: die Kuppelkirche Madonna di Campagna ist mit Fresken von Bernardino Lanino, Boniforte Oldoni und Aurelio Luini ausgestattet (XVI. Jahrhundert).

IV/15 – Verbania-Intra: das 1608-1641 erbaute Glockentürmchen ist ein schönes Beispiel für die handwerkliche Meisterschaft seiner Erbauer, die es verstanden, den harten einheimischen Stein kunstvoll zu bearbeiten.

IV/16 – Verbania-Intra: die schon aus weiter Ferne erkennbare Ellipsoid-Kuppel von S. Vittore (entworfen im XVII. Jahrhundert, wurde sie erst hundert Jahre später vollendet) beherrscht das Stadtbild von Intra. Daneben der aus dem vorigen Jahrhundert stammende, künstlerisch weniger geglückte Glockenturm der Aluvisetti-Caramora (1841-1876).

I/17 – Der Friedhof von Vignone über Intra umgibt die der

Schmerzensmutter («Addolorata») geweihte «Rotunde», die ebenso wie der Kreuzweg des Portikus von Lorenzo Peretti, einem aus dem Vigezzo-Tal gebürtigen Künstler, um 1813 mit Fresken ausgeschmückt wurde.

IV/18 – Als einziger Bestand des nie vollendeten «Heiligen Berges» der Dreifaltigkeit über Ghiffa blieben einige Kapellen, eine schöne Kirche sowie eine große Säulenhalle (zur Aufnahme der Wallfahrer) erhalten. Dem Bergtal eignet die anheimelnde Atmosphäre, die Kult- und Andachtsstätten unter freiem Himmel vermitteln, und gemahnt uns unwillkürlich an die Verehrung, die vorgeschichtliche Kulturen den Naturerscheinungen entgegenbrachten; S. Bartolomeo in Monte auf dem Piaggio bei Cannobio übt eine ähnliche Wirkung auf den Besucher aus.

IV/19 – Der Holzaltar von S. Materno in Orasso – ein wahres Kleinod im Cannobiner Tal.

IV/20 – Die aus dem XIII. Jahrhundert stammende Kirche S. Gottardo in Carmine; das Dorf ist ein ansehnliches Beispiel alpiner Baukultur.

IV/21 – Die Kirche S. Ambrogio in Cannobio bewahrt noch das Andenken an den Kapuzinerorden, den der heilige Karl Borromäus hier angesiedelt sehen wollte.

IV/22 – Die Renaissance Wallfahrtskirche der Pietà in Cannobio wurde anläßlich des Wunders der «Heiligen Seite» (1522) errichtet; am Hochaltar eine *Kreuztragung* von Gaudenzio Ferrari, die hier im Ausschnitt zu sehen ist.

IV/23 – Die Kirche Madonna di Loreto, heute unter dem Namen S. Anna bekannt, steht über der Talspalte, durch die der Wildbach Cannobino tost. Auf der Talsohle fließt der Gebirgsbach dann gemächlicher dahin und lädt zum Baden und Angeln ein.

IV/24 – Mitten im Zentrum des alten malerischen Ortes Cannobio befindet sich dieser freistehende Glockenturm aus dem XIII. Jahrhundert. Dahinter der *Paràsi*, der Palazzo del Popolo (1295), Sitz der Gerichtsbarkeit und kommunaler Versammlungsraum.

IV/25 – Seinem Geburtsort Brissago hinterließ der Baumeister Giovanni Beretta als künstlerisches Vermächtnis die Renaissancekirche S. Maria di Ponte, deren schöne Tambourkuppel und Laterne das Pendant zur Vierungskuppel von Madonna di Campagna in Pallanza darstellt.

IV/26 – Ascona: Hochaltar der Pfarrkirche Ss. Pietro e Paolo mit dem Gemälde der Krönung Mariens (1633) von Giovanni Serodine, dem berühmten Asconeser Maler; die Detailaufnahme zeigt den heiligen Karl Borromäus; beachtenswert das ausdrucksvolle Gesicht und die Leuchtkraft des Gewandes.

IV/27 – Der Kreuzgang des Collegio Pontifico Papio, erbaut von Pellegrino Tibaldi. Das Kollegium ist eine Stiftung des Asconeser Patriziers Bartolomeo Papio; es wurde um 1584 im Auftrag Karl Borromäus' erbaut und von Papst Gregor XIII. gefördert; im Sopraceneri (Nordtessin) erfüllte es eine wichtige Bildungs- und Kulturmission.

IV/28 – Der wuchtige, spätromanische Glockenturm von S. Quirico in Minusio.

IV/29 – Muralto: die drei Apsiden von S. Vittore; im XVII. Jahrhundert wurde die Stiftskirche unter Einbeziehung romanischer Bauteile der Vorgängerkirche erneuert; diese war ihrerseits über dem Fundament einer römischen Villa erbaut worden. Das Locarnese ist reich an vorgeschichtlichen und römischen Funden; als Beispiel sei auf die Glassammlung im Castello Visconti verwiesen.

IV/30-31 – Madonna del Sasso über Locarno; die Wallfahrtskirche wird von den Kapuzinern des zur Anlage gehörenden Klosters betreut. Die Kirche sollte die Krönung eines «Heiligen Berges» werden, der freilich nie vollendet wurde.
In einer der Kapellen im Innern befindet sich ein Grablegungsgemälde von Antonio Ciseri; der aus Ronco gebürtige akademische Maler hatte sich in Rom und Florenz einen Namen gemacht. Seine Vorfahren hatten sich dort über Generationen hinweg der Quadraturmalerei gewidmet.

IV/32 – Fosano über Vira Gambarogno: der mütterliche Typ der Madonna Lactans erfreute sich vor allem in der sakralen Malerei des XV. - XVI. Jahrhunderts großer Beliebtheit.

IV/33 – Luino: Campanile der Kapelle S. Pietro *in campanea*; die romanische, um 1075 erbaute Pfarrkirche zeichnet sich durch eine schlichte und klare Formgebung aus.

IV/34 – Maccagno: die Kirche Maria della Punta wurde in Zeiten der Pestepidemie, Ende des XVI. Jahrhunderts, aufgrund eines Gelübdes erbaut. Die heute bewaldeten Hänge waren noch vor hundert Jahren Weinbergterrassen.

IV/35-36 – Zu den sehenswertesten Zeugnissen moderner Kunst am Lago Maggiore gehören die von Carlo Rapp für die Mariä Lichtmeß Kirche von Mesenzana entworfenen Glasfenster: im vibrierenden Farb- und Lichtspiel sind Anspielungen auf traditionelle Szenen aus dem Fest der Darstellung des Herrn erkennbar.

IV/37-38-39 – Im abgelegenen Valtravaglia blieben zwei schöne Zeugnisse kirchlicher Romanik erhalten: das kleine Oratorium S. Giorgio in Sarigo (Nr. 37: Detail der Apsis) sowie die um 1150 erbaute Stiftskirche S. Vittore in Bedero (Nr. 39: die Apsis). Im Innern sehenswerte Fresken aus dem XVI/ Jahrhundert; der hier gezeigte Ausschnitt (Nr. 38) stellt eine Szene aus dem Martyrium des heiligen Viktors dar.

IV/40 – Germignaga: im XVI. Jahrhundert wurde die Kirche S. Rocco zur Pfarrkirche erhoben und nunmehr Johannes dem Täufer geweiht (die ehemalige Pfarrkirche dient heute als Friedhofskapelle); harmonisch fügt sich ihre Fassade in das Dorfbild ein.

IV/41-42 – S. Caterina del Sasso. Das Kloster wurde im XIII. Jahrhundert errichtet und bis zum XVII. Jahrhundert mehrfach erweitert. Zum ältesten Bestand gehören Elemente im Kircheninnern sowie der kleine Konvent im Zentrum der Anlage. Gründer soll der selige Alberto Besozzi gewesen sein, der sich hier in eine Einsiedelei zurückzog, um Buße zu tun. Zunächst hielten sich im Kloster Laienbrüder auf; ihnen folgten die Patres des heiligen Ambrosius *ad Nemus*, die dann ihrerseits von den Carmelitern abgelöst wurden.

IV/43 – Leggiuno: die Kirche SS. Primo e Feliciano wurde zu Beginn des IX. Jahrhunderts von Eremberto, einem kaiserlichen Vasall gegründet. In der Kirche finden sich Marmorskulpturen aus romanischer Zeit; die abgebildete Säule gehörte zur Vorgängerkirche.

IV/44 – Ceresolo zu Laveno: das Kirchlein S. Defendente und der romanische Glockenturm.

IV/45-46 – Mit zwei weiteren Beispielen sakraler Freskomalerei wollen wir unseren Rundgang am lombardischen Ufer beenden. Die erste Aufnahme zeigt das Antonio Tradate zugeschriebene *Letzte Abendmahl* in S. Antonio zu Maccagno (frühes XVI. Jahrhundert). Die zweite gibt eine kuriose Szene eines Freskos aus dem XVI. Jahrhundert (in S. Donato, Sesto Calende) wieder: drei in einen mit Salzlake gefüllten Bottich gefallene Knaben werden auf wundersame Weise gerettet; das Wunder wird dem heiligen Nikolaus von Bari zugeschrieben.

IV/47 – Die romanische Kirche S. Vincenzo bei Sesto Calende.

IV/48 – Die Wallfahrtsstätte Madonna di Riva bei Angera hätte sich den Plänen Gerolamo Quadrios (XVII. Jahrhundert) zufolge bis weit ins Hafenviertel hinein ausdehnen sollen. Ausgeführt wurde freilich nur der Bau des Presbyteriums. Im Hintergrund die Rocca Borromea.

V

V/1 – Eines der fünf zwischen Laveno und Intra verkehrenden Fährschiffe (die übrigen vier heißen: *S. Cristoforo, S. Gottardo, S. Carlo* und *Sempione*).

V/2 – Die Hafenanlage des Städtchens Laveno war einst weitläufiger und mit zahlreichen Lastkränen bestückt, die zur Löschung von Kalk- und Holzladungen sowie zum Warenumschlag vom Schiff auf die Schiene benötigt wurden.

V/3-4-5 – Aus dem Schiffahrtsalbum: die *Piemonte* (der Schaufelraddampfer wurde zum Einsatz für Vergnügungsfahrten modernisiert); die *Verbania* (ein Motorschiff, das als Fährschiff oder für Kongressfahrten eingesetzt wird); die *Sempione* (eine Autofähre mit Doppeldeck, Ladekapazität: 90 Fahrzeuge).

V/6 – Der kleine malerische Hafen von Cannero.

V/7-8-9 – Die Passagierschiffe alten Stils werden allmählich von Expreßbooten verdrängt: heute machen Katamarane den Tragflügelbooten Konkurrenz, die einst den Pendelverkehr durch erheblich verkürzte Überfahrtzeiten revolutionierten.

V/10-11 – Landungsbrücke und Anlegestelle auf der Isola dei Pescatori.

V/12 – Mittelalterliche Brücke bei Lavertezzo im Verzasca-Tal, die fälschlicherweise als «Römische Brücke» bezeichnet wird.

V/13 – Die Schrägseilbrücke über die Tresa zwischen Luino und Germignaga – hier fügt sich technische Architektur harmonisch in das Landschaftsbild ein.

V/14 – Bei Intragna stehen sich zwei Brückentypen gegenüber: der aus der ersten Hälfte des Jahrhunderts stammende Eisenbahnviadukt (von hier stürzen sich die bungee jumper in die Tiefe) und die neuere Autobrücke aus Stahlbeton.
Am rechten Ufer der Melazza, das Dorf Golino; im Hintergrund die schneebedeckten Gipfel der Bergkette, die das Maggia- vom Verzasca-Tal trennt.

V/15 – Eine weitere vermeintlich «römische», in Wirklichkeit jedoch mittelalterliche Brücke, welche die S. Anna Schlucht bei Traffiume überspannt. Wer weiß wieviele Opfer die Seefreibeuter Mazzarditi in diese Schlucht stürzten?

V/16 – Die Luftseilbahn Orselina-Cardada über Locarno.

V/17-18 – Bergbahnen führen zu den schönsten Aussichtspunkten hinauf: die Seilbahn Laveno - Sasso di Ferro (974 m); die Kabinenbahn Stresa – Mottarone (1491 m).

V/19 – Ein Trägermast der Kabinenbahn Stresa - Mottarone setzt der Landschaft einen technischen (diesmal nicht störenden) Akzent.

V/20 – Das Kleeblatt des Autobahnkreuzes Gravellona Toce, aufgenommen von einer Senke der Militärstraße auf dem Südhang des Montorfano. Im Hintergrund der Ortasee.

V/21 – Unzählige Male schon fiel die Brücke über den Wildbach S. Giovanni bei Intra Überschwemmungen zum Opfer. Bei der letzten Hochwasserkatastrophe, im Jahre 1991, riß das Wasser zwei Brücken mit sich fort; verschont wurde nur die dem Grafen Teodoro Besozzi (1666) gewidmete Gedenktafel.

V/22 – Die Centovalli - Bahnlinie Locarno-Domodossola überquert bei Ponte Brolla das steinige, mäandrierende Flußbett der Maggia.

V/23-24-25 – Das XIX. Jahrhundert, das große Zeitalter der Eisenbahn, hinterließ eine Architektur, die uns vor Augen führt, daß Technik und Ästhetik durchaus miteinander vereinbar sind: die «klassischen», gußeisernen Säulen im Bahnhof von Arona, der ältesten Station im Verbano; Pfeiler mit Jugendstilelementen in einer alten Station der Zahnradbahn Stresa-Mottarone; der lichtdurchflutete (architektonisch zukunftsweisende) Raum der Zollabfertigung in Luino.

VI

VI/1 – Auf der Uferseite von Castello Valtravaglia standen einst Kalköfen, in denen der aus der Felswand von Travaglia stammende Kalk gebrannt wurde. Bereits im Mittelalter begann der Handel mit gebranntem Kalk, der als Baumaterial für die erzbischöflichen Kastelle, und später für Bauwerke in Pavia und in Mailand (vor allem für den Dom) verwendet wurde. Die weiße Felswand trägt deutliche Spuren der jahrhundertelangen Abtragung. In den 60er Jahren wurden die Brennöfen stillgelegt, das Gelände wurde aufgeforstet; als Relikte der Kalkindustrie ragen heute nur noch die Schornsteine zwischen den Baumwipfeln hervor.

VI/2 – Die alten Lastkähne mußten den Motorschiffen weichen. Werftanlagen entstanden, wie die hier abgebildete bei Baveno-Feriolo.

VI/3-4 – Durch die Gewässersanierung wird auch die Fischerei wieder gesunden. Unser Bild zeigt Fischer von Anno dazumal, unweit der Burg Vitaliana und der Isola Superiore, der «Fischerinsel».

VI/5 – Der Beruf des Fährmanns stirbt langsam aus. Hier ein Veteran mit dem *burcéll*, dem typischen Flachboot.

VI/6 – Fischer von der Isola dei Pescatori («Fischerinsel»).

VI/7 – Nur wenige üben noch das Zimmerhandwerk aus und sind in der Lage, Boote von Hand zu fertigen; hier eine Schiffszimmerwerft in Angera.

VI/8 – Zwischen Baveno uns Suna hat das Steinmetzhandwerk Tradition; hier wird Granit gebrochen und Marmor bearbeitet..

VI/9 – Monatsbilder stellen die für jeden Monat charakteristischen Arbeiten und Feste des ländlichen Lebens dar. Unser Dezemberbild, ein Fresko von Antonio da Tradate, aus der Kirche S. Martino in Ronco ob Ascona, zeigt das Schlachten eines Schweines.

VI/10 – In Ceresolo bei Laveno erinnert ein modernes Ensemble aus Fresken und Holzgittern an einen der letzten Fährmänner und Fischer und beschwört die Zeit der Geschichtenerzähler herauf.

VI/11 – Diese, vor einigen Jahren entstandene Aufnahme hat inzwischen nur noch historische Bedeutung. Zu den typischen Handwerksberufen des Verbano gehörte der des Hutmachers. Die Hutfabrik Panizza in Intra war für ihre Qualitätsprodukte weithin bekannt. In den 60er Jahren wurde der Betrieb geschlossen; das Fabrikgebäude ist heute ein Feriendomizil.

VI/12 – Durch Pflanzschulen und Fischzucht (hier ein Betrieb in Fondotoce) könnten die ehemaligen landwirtschaftlichen Nutzflächen wieder rekultiviert werden.

VI/13 – Die (heute motorisierten) Transportschiffe befördern den an den Flußmündungen ausgehobenen Kies, Sand und Schotter.

VI/14 – Wer die unversehrte Natur liebt, dem sind Steinbrüche und Kiesgruben ein Greuel und er begrüßt die Entscheidung des Kantons Tessin, das Abtragungsvolumen zu reduzieren.

VI/15 – Das Verzasca-Tal wird durch eine gewaltige Staumauer abgeschlossen, an deren Fuß das Kraftwerk liegt.
Die schwindelerregend hohe Talsperre übt eine beklemmende Faszination aus.

VI/16 – Für Wasserskisportler ist der Lago Maggiore ein wahres Paradies.

VI/17 – Kajakfahrer auf «wilden Wassern».

VI/18 – Das elegante Segelboot entspricht dem Charakter des Sees wohl am besten: «...presto la vela freschissima di maggio / ritornerà sulle acque dove infinita trema Luino...» (V. Sereni).

VI/19-20-21 – Freizeitvergnügen am und um den See: das waldige Ufer bei Fondotoce ist für Ausritte wie geschaffen; der Mottarone und andere Gipfel werden nun auch von Mountainbikern erobert;

Inbegriff gesammelter Ruhe: ein Angler bei Fondotoce, «kein Laut der aufgeregten Zeit» dringt in diese Stille.

VI/22 – Drachen- bzw. Deltaflieger lassen sich vom Aufwind an den Steilhängen des Verbano in die Höhe tragen.

VI/23 – Bug an Bug, die Ruder gespannt, gleiten sie über smaragdgrünes Wasser.

VI/24-25-26-27-28 – Golfplätze, geschützt von breiten Bergrücken, tragen zur Erhaltung des offenen Landschaftsbildes bei. Hier die Golfplätze von Stresa: der *Alpino* (Nr.24) und der *Borromeo* (Nr.25-28), sowie von Premeno-Pian und von Sole (Nr. 26, 27).

VI/29 – Vom gezackten Profil des Monte Rosa fällt die Kette der schneebedeckten Gipfel zur runden Kuppe des Mottarone ab – ein Dorado für Skifahrer und Alpinisten.

VII

VII/1 – S. Maria di Campagna in Maggia: ein der Madonna di Re, der Schutzpatronin des oberen Verbano gewidmetes Exvoto (gemalt vom Bauernmaler G.A.Vanoni). Das Votivbild erinnert an die Errettung zweier Bergbäuerinnen bei einem Bergsturz. Die Frau auf der rechten Seite trägt die *sciuéra* oder *civéra*; die zur linken den *barghèi*, darüber die *cadra*: Behältnisse für das Lebensnotwendigste.

VII/2 – Die La Foppa Alp auf dem Tamaro. Durch die moderne Viehzucht geht die Almwirtschaft immer weiter zurück; die Almweiden verwildern mangels Bewirtschaftung und werden von Ginster, Farn und Gestrüpp überwuchert.

VII/3 – Eine Frau aus Orasso im Cannobiner-Tal mit einer Kiepe, dem *barghèi*, auch *résott* genannt und dem *sidelìn*, der Milchkanne.

VII/4 – Intragna im Intrasca-Tal: ein charakteristisches Beispiel ländlicher Siedlungskultur. Die einfachen, zweckmäßigen Formen und die Verwendung von bodenständigen Materialien (Stein, Holz, spärlicher Verputz) schufen eine überzeugende Harmonie von Landschaft und gebauter Umwelt. Die neuere Bausubstanz wirkt dagegen oft wie ein Fremdkörper im Dorfbild.

VII/5 – Vignone über Verbania (im Hintergrund der Mottarone und der Massone). Gegen Ende des vorigen Jahrhunderts setzte in vielen Uferorten eine rege Bautätigkeit ein: vornehme Villen mit Gärten, auch Feriendomizile wurden gebaut und heimgekehrte, zu Wohlstand gekommene Emigranten errichteten stattliche Wohnhäuser.

VII/6-7 – Auf der nordöstlichen Uferseite, im oberen Veddasca-Tal liegen unmittelbar an der schweizerisch-italienischen Grenze zwei Dörfer, die dank der abgeschiedenen Lage ihren unverfälschten Charme bewahrt haben. In den kargen Steinhäusern von Monteviasco und Indemini leben nur noch wenige, meist ältere Dorfbewohner, doch immer mehr stadtmüde Menschen wählen die Bergdörfer zu ihrem Refugium. Monteviasco ist der einzige Ort der Provinz Novara, der nicht mit dem Auto erreichbar, und nur durch eine Seilbahn mit dem Tal verbunden ist. Indemini, einst Grenzort zwischen zwei Diözesen, liegt auf dem Scheitelpunkt zwischen dem Gambarogno und dem Luganese.

VII/8 – Die wildromantische Schlucht der Maggia bei Ponte Brolla; die vom Wildwasser geschliffenen Felsformationen und Gletschermühlen erinnern an die polierten Steinskulpturen des deutsch-französischen Bildhauers Hans Arp, der zeitweilig in Ascona arbeitete und in Locarno seine letzte Ruhestätte fand.

VII/9 – Bosco Gurin, das deutschsprachige Walserdorf des Kantons Tessin. Die Walser errichteten ihre Kornspeicher («torba») auf pilzförmigen Stelzen, um so den Mäusen den Zugang zu verwehren.

VII/10 – Längs des alten Saumpfades zwischen Due Cossani und Curiglia im Dumentina-Tal hatten fromme Bergbauern dem heiligen Karl Borromäus ein Denkmal errichtet. Als erster Mailänder Erzbischof hatte er die südlichen Alpentäler bereist und mit sozialen Initiativen der Gegenreformation in seiner Diözese Geltung verschafft. Aus dem Saumweg wurde eine Autostraße, an der die Dörfler in alter Treue die San Carlo Statue wieder aufstellten.

VII/11 – Berghütte im Centovalli (tief unten, das silberne Band der Melezza) mit blühender Kamelie – Inbegriff der Blumenwelt des Verbano.

VII/12-13 – Palagnedra im Centovalli, Pfarrkirche S. Michele: die farbenprächtigen, spätgotischen Fresken werden Antonio da Tradate zugeschrieben; hier die Madonna di Rè und Christus in der Mandorla, umgeben von den Evangelistensymbolen.

VII/14 – Lozzo im Veddasca-Tal: allmählich werden die steinplattengedeckten Dächer vom Ziegel verdrängt; die Gneisplatten wirken zwar rauh und starr, dennoch lassen sie sich nahtlos schichten und zusammenfügen.

VII/15 – Orasso im Cannobiner-Tal. Ein Zusammenspiel von Kontrasten prägt die regionalspezifische Baukultur: Mauerwerke aus Feldsteinen, Barockkirchen sowie die von den heimgekehrten Auswanderern errichteten Villen, deren Pracht die frühere Ärmlichkeit vergessen lassen sollte.

VII/16 – Premeno, ein vornehmer Ferienort (seit dem XIX. Jahrhundert); die in den 20er Jahren angelegte elektrische Eisenbahnlinie Premeno-Intra entspricht der heutigen Straßenführung.

I

I/1 – Here, where the Ticino River begins its course towards the Po, Monte Rosa is revealed in all of its majesty, a deity that keeps watch over the Verbano but only occasionally allows glimpses of its magnificence from the distant shores of the Lake.

I/2 – The motion of the waves is not always soothing; it can at times be playfully exciting or can menacingly threaten the sailor caught unawares.

I/3 – The overcast dawn cannot brush away the patina of antique gold from the royal mantle of the Borromeo Bay. Isola Madre is its jewelled clasp.

I/4-5-6 – The western branch towards Mergozzo. One arm of the Lake remained cut off from the main basin by the gravel deposited there, over the course of centuries, by the River Toce, or «Tosa» as it is called locally (in this area the maternal aspect of nature is preferred and the feminine gender used: la «fiùmm,» la «Maggia,» la «Tresa,» la «Margorabbia»...). The Fondotoce flood plain extends out in a wide arc of meadows, wooded areas and dense reed thickets.
A view taken from Mount Faié, an ancient beechwood, as its name suggests in dialect. In the center is Montorfano, a mighty mass of «miaròlo,» the valuable white granite used to turn out the columns of the new St. Paul's Outside the Walls Church in Rome.

I/7 – The clouds conceal Isola Madre in rose-tinted shadow, prelude to a storm.

I/8 – An aerial view from above Pizzo d'Omo: the lakes shimmer like sheets of shiny metal.

I/9 – The deep purple light of dusk is reflected from the sky onto the water creating a halo over the two jewels floating on the surface of the waves: Isola dei Pescatori and Isola Bella.

I/10 – The evening isolates compact blocks of colour; Monte Rosso, the contours of Intra, and the dying rays of light over the Lake.

I/ll – From the eastern shore Cannobio is lost in the opacity of the sunset which lends a final iridescence to the Lake.

I/12 – The clouds, at noon, send evening shadows over the Lake. Miazzina, in the foreground, is enveloped in shadow. A scene that would have been appreciated by the artist Grubicy de Dragon, whose paintings represented similar atmospheric conditions.

I/13-14-15 – Banks of cloud whose silence is disturbed only by the droning of an airplane, allow glimpses of the panorama below to filter through; the sweeping circle of the Alps dominates the landscape. The snowline clearly separates the winter whiteness of the peaks from the brushstrokes of colour below.

I/16-17 – From the peaks of the Mottarone and Morrisolo streams of vapour seem to be pointing out the way towards the Ticino.

I/18-19 – When the Lake disappears under a delicate veil of clouds the crests of the Sasso del Ferro, Monte Nudo, above Laveno, and the tip of Montorfano emerge like ephemeral islands.

I/20-21 – The mouth of the Lake from Arona to where the Ticino begins at Sesto Calende. The river seems to be enjoying its last moments of peace before having to face up to its duties to Lombard industriousness and distribute its beneficial waters to the Naviglio and the irrigation canals of the plains.

I/22-23 – At the extreme opposite end of the Lake, the delta of the Maggia River reserves a secluded stretch of water between Locarno and Magadino. In the first photo Locarno is in the background. In the foreground can be seen the remains of the fortifications on Monte Morrisolo which were part of an extensive line of defense, from Ossola to Valtellina, that General Cadorna wanted built in the years 1916-17 to block a feared German invasion via Switzerland.

I/24 – An aerial view of the Locarnese basin; on the left, the Lombard shore and the two small hamlets of Tronzano and Bassaro. In the center is the «hump» of Mount Borgna (which is what its name means in local dialect) and on the right is Lake Delio, a small alpine lake whose size and depth were increased when two artificial dams were constructed. Its basin acts as a giant surge tank: by day it feeds the turbines of an enormous hydro-electric plant hidden away in the rocks at Ronco Valgrande, between Maccagno and Tronzano. At night the water is re-pumped to the top, utilizing the excess energy created in the system. The next day the cycle repeats itself. In this way the periods of maximum consumption are advantageously compensated for. In the background are the shores of the Canton of Ticino, from Ronco sopra Ascona to Locarno.

I/25-26 – The Lake disappears into the distance, and in the foreground humble artefacts bear witness to a past existence of toil and piety: the hollow trunk of a drinking trough at Alpe Cardada, above Locarno, and a cross-bearing column in the churchyard of S. Agata's, above Cannobio.

II

II/1 – Isola Bella. From the air it is possible to fully appreciate the admirable design of its garden. One of the two towers that flank the central flight of steps housed the «noria» which mechanically pumped water for the fountains and the garden up from the Lake.

II/2 – Isola dei Pescatori. The bell-tower of the medieval Church of S. Vittore (10th-century) with its pointed cusp, towers above the houses which are now enveloped in shadows inflamed by the setting sun.

II/3 – Isola Bella in a photogragh that illustrates more clearly the relationship between the original cluster of fishermen's huts, the palace, and the gardens, which their Baroque creator compared to those of the mythical Hesperides. In the background the shores from Fondotoce to the Castagnola Point can be seen.

II/4-5-6 – The Borromeo Archipelago. In summer the Lake is full of motorboats shuttling back and forth between Stresa and the Islands.

II/7 – The eastern side of Isola dei Pescatori. The row of fishermen's houses pivot around the wide arch of the portico in the foreground, which was once crowded with fishing nets spread out to dry.

II/8-9 – Isola dei Pescatori seen from the west, and from the east. In the latter view, one of the many so-called «profiles of Napoleon» which are said to be scattered throughout the Alps, can be recognized in the serrated outline of Pedun, seen in the background along with the Laurasca peak.

II/10-11 – Isola Bella, first taken from the shore, with a detail from the antique Borromean stables, and then from the water.
In the second scene the Church of Ss. Vittore and Carlo can easily be recognized, the work of Francesco Castelli. On the right is the Delfino Hotel, made famous in Antonio Fogazzaro's *Piccolo Mondo Antico*.

II/12-13 – Isola Bella: a detail of the gardens. Obelisks and statues are inserted in a great flowering of oleander, interrupted only by the well-shaped cones of two yew trees. On the highest balustrade a statue bears the *Humilitas coronata*, the famous heraldic insignia of the Borromeo family.

II/14 – The picturesque ruins of the Vitaliana fortress on the two small reefs just off Cannero, «*turris in undis edita...*» as the dedicatory inscription declares. The roof of the central keep has collapsed and is crowned with thick vegetation. The jetties that once enclosed the little port have long been submerged by the water. To the left, the keep known as «the prison» today looks down benignly on the bathers who come ashore onto the rocky beach.

II/15 – The Isolino di S. Giovanni, which is also Borromean property, had both Princess Vittoria Colonna Caetani and Arturo Toscanini as residents earlier in this century.

II/16 – A highly regarded botanical garden is located on the larger of the two Islands of Brissago. In the foreground, the hamlet of Ronco sopra Ascona, and in the background, the Gambarogno riviera with the villages of Gerra and Ranzo, dominated by Mount Paglione.

III

III/1 – The bright blooms of rhododendrons (and azaleas) have become synonomous with the Lake's image.

III/2 – Stresa, Villa Pallavicino. Between the fountain and the gazebo made of climbing roses, different species of flowers and shrubs alternate in masterly combinations of colour (dahlias, begonias, zinnias, *salvia splendens, celosia plumosa, lantana camara...).*

III/3-4 – In May the shores burst into colour: azaleas bloom white, pink, vermillion, and even violet. (above: Villa Maria, now called Villa Branca, at Baveno)

III/5 – Verbania-Pallanza. The classical terrace of Villa S. Remigio, built by Della Valle di Casanova and the Browns, looks out towards the centre of the Lake and recalls the dignified and sedate atmosphere of the fin de siècle.

III/6 – Again Villa Pallavicino at Stresa: carpets of bright marigolds flank the flagstone path which leads to the clearing where the fountain and the gazebo, already seen, are found.

III/7 – Stresa, Villa Ducale. The 19th-century portico of the villa that once belonged to the Duchess of Genoa opens onto the dark green cedars of Lebanon at the bottom of the garden. Today it is home to the International Centre for Rosminian Studies, thus linking two great spirits of the past – that of a sober and discreet aristocracy and that of the celebrated thinker who lived and died at Stresa.

III/8-9 – No less than the gardens, the rocky mountainsides also reveal unexpected colour. Faithful to its name, saxifrage, or «stone-break» as it is commonly called, penetrates rough cracks and fissures and blooms in splashes of delicate harmony.

III/10 – The goal of the Alpinia Garden, located near Gignese, is to acquaint visitors with alpine flora, surprising for its variety of forms and colours. Anyone who loves the mountains should pay a visit in support of this praiseworthy public initiative, *rara avis.* (It also offers an impressive view over the Borromeo Bay between Stresa and Verbania from an area that has remained unspoiled by the reckless exploitation of the building industry.)

III/11-12 – Many a garden has attempted to include exotic specimens in its display. Villa Taranto has managed to do so masterfully with its waterlillies and rare examples of *victoria cruziana.*

III/13 – A carefully laid-out garden wisely balances its arrangement of colours; here the exuberant reds and pinks of the azaleas are framed and tempered by the solemn dark foliage of the *chamaecyparis* in the background.

III/14-15-16 – Verbania-Pallanza, Villa Taranto. The bright red carpet of *salvia splendens* paves the way for the gradations of green displayed by the firs, calycanthus (strawberry shrub), and the ash trees beyond. The villa, with its pleasing frenchified lines, retreats with discretion into its park. Leading to its entrance is a small Italian garden placed within the general «English», or more precisely, considering the origins of its creator, «Scottish,» framework.

III/17 – From the lower shore of the Brissago Islands, a latticework of branches rises up from the water and reaches towards the distant heavens.

III/18 – Verbania-Pallanza. The colonnaded porch of the Kursaal, once Villa Branca, later a short-lived club, is now a convention centre and discotheque. In the park that faces the Isolino di San Giovanni a bust of A. Toscaninl, by P. Troubetzky, looks out over the water in seeming contemplation of the Lake.

III/19 – Only from the air can the complexity of the conception of Villa Taranto's vast park be observed and appreciated.

III/20 – The Brissago Islands. In the confederal botanical garden the huge phoenix palm towers above azaleas and cherry blossom. The scent of the tropics and the delicacy of the almost Japanese atmosphere come together in what is today considered a typically Verbanese harmony.

III/21-22-23 – Rare fauna, like peacocks, golden pheasants, and royal ducks has been introduced into many of the area's parks... but recently, thanks to changes in Italian hunting laws, numbers of native wild birds have returned to these shores. Besides the familiar seagulls and seacobs (called «sgarìtt» in dialect), ducks and bald coots are frequently seen, and swans are now permanent guests on the Lake, along uninhabited shores as well as in protected harbours.

III/24 – Luino can boast the most beautiful avenue of trees on the Lake. The double row of age-old plane trees has been endangered by a lethal fungus but the stately trees have resisted and endured as a testimony to the genial 19th-century idea of a lakeside promenade. It was conceived at a time when Luvino was on its way to becoming a «city» (and for the occasion changed its name to Luino).

III/25 – Verbania-Pallanza: Villa S. Remigio. There is an almost unworldly look about the twisted branches of this wisteria vine clinging to a stake.

III/26 – A polychromatic inlay of groundsel. The addition of this variety of flower into both private and public gardens has increased greatly in the last few years. Its use was once limited to small domestic flowerbeds.

IV

IV/1 – The sacred image of the «Saint of the Verbano,» Carlo Borromeo, keeps vigil over the Lake. «Sancarlone» was constructed of copper plates laid over a core of concrete masonry and an iron latticework frame (in some ways anticipating Eiffel's concept for the Statue of Liberty in New York). Proposed by his cousin, Cardinal Federico Borromeo, the colossus was designed by Cerano, but the idea of a Sacro Monte dedicated to the great archbishop was not a success. Only a few of the planned chapels were ever built, and these were later destroyed or abandoned. The statue, which was originally intended as the culmination of the pilgrimage, was raised at the end of the 17th-century. Today it stands in monumental isolation, and onlookers are divided into those who admire its grandiloquence and those for whom it typifies the worst of Baroque excess.

IV/2 – The Church of Ss. Felino and Gratiniano in Arona. A famous Benedictine monastery founded before the year 1000 originally stood on this site. It had civil dominion over Arona and other territories around the Lake. It was later the seat of a Jesuit College, and it was then that the spectacular transformation of its facade took place. Today it dominates the road up from the old marketplace.

IV/3-4 – Arona, The Collegiate Church of S. Maria Nascente. A lunette on the facade with its lovely bas-relief of the Nativity (late 1400's) and a detail of the polyptych which also depicts a Nativity scene, an outstanding work by Gaudenzio Ferrari (1511).

IV/5 – Lesa, Church of S. Sebastiano (1st half of the 12th-century): one of the many Romanesque oratories of the region. Rough natural stone from the river is united with cut blocks in a harmonious composition.

IV/6-7 – Belgirate. The «old» Church of the Purification of Maria. The bell-tower reveals the Romanesque origins of the structure and inside, the vault of the Chapel of the Cruxifiction is decorated with late 16th-century frescoes inspired by the Passion Story (shown here a detail).

IV/8-9 – Baveno conserves one of the oldest baptismal churches on the Lake. The octagonal baptistry to one side of the Romanesque church has been attributed to the 5th-century (and thus would be the oldest Christian edifice in the area). Notable too is the portico that encloses the churchyard and underlines the unity of this rural ecclesiastical complex.

IV/10 – Montorfano. In the early Middle Ages there was very probably a castle here with an attached church and baptistry, of which remains have been found. A detail of the «tiburio» of the extant Church of S. Giovanni Battista, from the late Romanesque period, is illustrated here.

IV/11 – Verbania-Pallanza, Madonna di Campagna. The Romanesque bell-tower is from the original church. The construction of the actual building was begun in 1511 and was crowned with the splendid octagonal dome and lantern, attributed to Giovanni Beretta.

IV/12-13 – Frescoes and sculptures from the Romanesque period decorate the beautiful little Church of S. Remigio in Pallanza, which conserves in its apse and walls evidence of its 11th-century origins.

IV/14 – Verbania-Pallanza. The Madonna di Campagna is adorned with a rich cycle of frescoes executed by Bernardino Lanino, Boniforte Oldoni and Aurelio Luini in the 2nd half of the 16th-century.

IV/15 – Verbania-Intra: The lovely small belfry of S. Marta's dates from the 17th-century and demonstrates great skill in the working of the difficult stone that came from the local valleys.

IV/16 – Verbania-Intra. The elliptical cupola of S. Vittore, projected as early as the 1700's (the church was subjected to overlapping plans by F. Cagnola, F. Pessina, and G. Zanoia), but completed only in the following century, dominates the rooftops of Intra, and from a distance characterizes the town's skyline. Next to the church, but less successfully realized, is the 19th-century bell-tower built by Aluvisetti-Caramora (1841-76).

IV/17 – The cemetery at Vignone, above Intra, was built around a lovely 19th-century «rotunda» dedicated to Our Lady of the Sorrows. Its interior, as well as a Via Crucis cycle that winds around the lower half of the porticoed chapel, were frescoed around 1813 by Lorenzo Peretti from Val Vigezzo.

IV/18 – The Sacro Monte of the Trinity, located above Ghiffa, was never finished; however a few of the original chapels, a small church and a vast arcade that were destined to welcome devout pilgrims, can still be seen. The wide valley fully manifests the fascination that these sacred places, set in the wilds of nature, hold for the visitor who is not unmindful of prehistoric man's worship of the woods, the water and the rocks. Fortunately this area has been declared a regional park. (Another interesting example of a sacred spot found in a woodland setting is the Church of S. Bartolomeo in Monte at Piaggio di Cannobio.

IV/19 – An unexpected flash of gold in the hills comes from this splendid wooden altarpiece in the Church of S. Materno at Orasso in the Cannobina Valley.

IV/20 – The 14th-century Church of S. Gottardo at Carmine with its paved churchyard overlooking the Lake. The small village is an excellent example of how mountain communities were once built.

IV-21- The Church of S. Ambrogio at Cannobio preserves the memory of the Capuchin Convent that S. Carlo Borromeo had wanted established in the town.

IV/22 – The Sanctuary of the Pieta at Cannobio was erected to commemorate the miracle of the «Sacred Rib Bone» (1522) and contains a precious altarpiece with a «Crucifiction» by Gaudenzio Ferrari. A detail is reproduced here.

IV/23 – The Church of the Madonna of Loreto, today more familiarly known as S. Anna, dominates the precipice formed by the Cannobina torrent that, after tumbling down between the rocks of the narrow gorge, subsides into a wide pond. It is a favourite destination of bathers and fishermen.

IV/24 – The centre of Cannobio revolves around its isolated bell-tower (completed at the beginning of the 1200's), a sober and powerful construction. The town hall, or «Parasi» (as it is called locally), seat of justice and communal assemblies, was built at the end of the 13th-century, and can be glimpsed in the background.

IV/25 – At Brissago, which was his birthplace, Giovanni Beretta left a testimony to his art in the lantern and cupola of the Madonna del Ponte, twin to Pallanza's Madonna di Campagna.

IV/26 – The parish church of Ascona contains an altarpiece by the great local artist, Giovanni Serodine. Shown here is the extraordinary figure of S. Carlo, his surplice vibrant with light, his face raised in ecstasy to the Coronation of the Virgin (1633).

IV/27 – The cloisters of the Papio College at Ascona were planned by Pellegrino Tibaldi who was commissioned by Carlo Borromeo, pontifical executor of the last will and testament of Bartolomeo Papio, an Ascona native who had accumulated his wealth in Rome in the 16th-century. The College has exercised a wide-ranging educational as well as cultural role in the area.

IV/28 – The massive medieval bell-tower of S. Quirico's at Minusio, might have originally been a watch tower.

IV/29 – Muralto: the Church of S. Vittore, absidal view. This exceptional collegiate church was built on the remains of a paleo-Christian basilica which had been constructed on the site of a Roman villa. All of the Locarnese area is rich in pre-historic and Roman remains, including a splendid collection of glassware on display at the Visconti Castle museum.

IV/30-31 – The Madonna del Sasso above Locarno is still home to a Capuchin Convent. It was meant to be the culmination of a Sacro Monte, one of the oldest planned, but it was never completed. The church contains a «Deposition from the Cross» by Antonio Ciseri, a painter who rose to fame in the second half of the 19th-century in Rome and in Florence, where his family had sojourned for generations. He was a well-known exponent of the minor decorative arts.

IV/32 – Fosano di Vira Gambarogno. This impressive «Madonna, del Latte» (Our Lady of the Milk) exemplifies the popularity that this type of fresco painting enjoyed in the area, particularly in the 15th and 16th centuries.

IV/33 – Luino, the bell-tower of the Church of S. Paolo «in campagna.» This medieval parish church dates from about 1075 and is notable for its characteristically rustic stone-work.

IV/34 – The Church «della Punta» dedicated to the Virgin at Maccagno. Built at the end of the 16th-century in thanks for deliverance from the plague, the oratory seems to be projected onto the Lake from a dark background of woods. (Until the last century the shore was terraced and thickly covered with vines.)

IV/35-36 – Modern religious art is not well represented on Lake Maggiore but a pleasing exception are the stained-glass windows designed by Carlo Rapp which decorate the church at Mesenzana. In the medley of light and colour allusions to traditional themes based on the Purification of the Virgin, to whom the church is dedicated, can be recognized.

IV/37-38-39 – Two important Romanesque churches are located in secluded Valtravaglia: the small Oratory of S. Georgio at Sarigo (detail of the apse) and the large collegiate Church of S. Vittore at Bedero, built around the middle of the 12th-century which conserves valuable frescoes (detail of «The Martyrdom of S. Vittore,» early 16th-century).

IV/40 – Germignaga. Church of S. Rocco. In the 17th-century it replaced the old parish church, which was relegated to the position of cemetery chapel, and added «S. Giovanni Battista» to its name. The undulating Baroque facade is dramatically framed by the town's main exit.

IV/41-42 – S. Caterina del Sasso. The monastery was built in the 13th-century and was enlarged in various stages up to the 1600's. The oldest sections can be seen inside what is today the church, as well as in the small convent at the centre of the complex. Founded by the Blessed Alberto Besozzi, who withdrew to the hermitage in expiation of his guilt, history tells us that it was first home to a group of monks not belonging to any specific order and then was taken over by the Fathers of S. Ambrogio *ad Nemus*. It was finally passed on to a Carmelite order.

IV/43 – Leggiuno: Church of Ss. Primo and Feliciano, founded by Eremberto, a royal vassal, in the 1st half of the 9th-century. It contains precious marble reliquaries from Roman times. In this photograph a column from the original church can be seen.

IV/44 – Ceresolo di Laveno: the small Church of S. Defendente with its lovely Romanesque bell-tower.

IV/45-46 – A complete survey of the religious frescoes found in the Verbano would require many more pages than this volume permits, but before leaving the Lombard shore, it is worth having a look at a «Last Supper» (detail shown here) from the 16th-century attributed to Antonlo de Tradate (Maccagno, Church of S. Antonio) and a detail of the unusual scene depicting a miracle attributed to S. Nicola of Bari (the resurrection of three boys from a vat of brine), a 16th-century fresco from the Church of S. Donato at Sesto Calende.

IV/47 – Another lovely Romanesque church is that of S. Vincenzo located in the countryside near Sesto Calende.

IV/48 – The Sanctuary of the Madonna di Riva at Angera should have been much larger, according to the original 17th-century plans by Gerolamo Quadrio, and would have extended down to the port which lies in front of it. Only the presbytery was constructed and then finished off with a mediocre modern facade. In the background the Borromeo fortress that dominates the town can be seen.

V

V/1 – One of the five ferryboats that make the crossing between Intra and Laveno (the others are the «S. Cristoforo,» the «S. Gottardo,» the «S. Carlo» and the «Sempione»).

V/2 – The old port of Laveno was once much larger and was equipped with quay-cranes for unloading ships full of lime and wood and for transferring the cargo onto waiting trains.

V/3-4-5 – A Navigation Company photo album: the old «Piedmonte» which is now modernized for group excursions and no longer powered by steam or by paddle-wheel; the «Verbania,» a large boat used for conventions and as a car ferry; the «Sempione,» a double-decker car ferry with a capacity of 90 automobiles.

V/6 – The charming pier at Cannero.

V/7-8-9 – Passenger ferry-boats have yielded to newer craft capable of greatly reducing the crossing times: catamarans now compete with hydrofoils which, when they were first introduced, profoundly changed the face of Lake transport.

V/10-11 – The dock at Villa Taranto and the landing stage on Isola dei Pescatori: horizons which always remind one of those with whom a smile or an embrace were shared.

V/12 – The ancient bridge of Lavertezzo in Valle Maggia that locals exaggeratedly refer to as «Roman.» It is notable, however, for its construction and for the way in which it is integrated with its surroundings.

V/13 – This photograph of the modern bridge over the Tresa between Luino and Germagnana, with its background of factory roofs, composes a picture of abstract perfection. Even today technology occasionally manages to form images of unusual beauty.

V/14 – At Intragna, two different types of bridges: the first, made of metal, was constructed in the 1st half of this century for the Centovalli railway line (bungee-jumping from here has become popular among bold enthusiasts). Behind it is a much more recent structure of reinforced concrete, built for motor traffic. Along the valley floor the Melazza River and a glimpse of the church at Golino can be seen. In the background are the snow-covered peaks that separate the Maggia and Verzasca Valleys.

V/15 – Another so-called «Roman» bridge (actually medieval), once known as the Agostana, built over the S. Anna gorge near Traffiume. More than one victim of the Mazzarditi family was flung over the precipice.

V/16 – The chairlift to Cardada, above Locarno. Halfway up the mountainside the mechanized means of ascent passes over a path that was once travelled regularly by the local people as they went about their daily routine. Today it is more often used by the leisurely hiker.

V/17-18 – Cableways quickly carry passengers up from the Lake to the highest peaks: the «basket-lift» from Laveno to the Sasso di Ferro (974 m above sea level) and the cable-car from Stresa to the Mottarone (1491 m). These ascents offer an exciting ride and a progressively wider panorama the higher one gets.

V/19 – The pylons of the Stresa-Mottarone cable-car add a touch of technology to the view without overstepping the bounds of environmental damage.

V/20 – The cloverleaf of the motorway at Gravellona Toce, taken from the old military road along the southern slope of Montorfano. Lake Orta shimmers in the distance.

V/21 – The bridge over the S. Giovanni River at Intra has been damaged by flooding more than once since its construction. The last time, which occurred in 1991, the water swept away two of its spans but spared the memorial plaque with an inscription dedicated to Count Teodore Bozzi (1666).

V/22 – The Locarno-Domodossola line of the Centovalli railway passes over the exposed rocky riverbed of the Maggia which has been hollowed out into sinuous meanderings by the current.

V/23-24-25 – The great 19th-century age of the railways has left evidence of a still-pleasing compatiblity between the demands of technical progress and aesthetic sensibility. The slender cast-iron columns of the oldest Verbanese station, at Arona, ingeniously call to mind classical civilization. The decorative Art Nouveau ironwork inserted between a pillar and beam at the abandoned station of the old rack-railway from Arona to Mottarone is pleasingly refined. The expansive luminosity of the bright and spacious Customs Hall at Luino anticipates modern architectonic inventions.

VI

VI/1 – The shoreline of Castello Valtravaglia was once studded with lime-kilns. After extracting the lime from the cliffs of Travaglia slaked lime was produced and exported as far back as the Middle Ages. It was used in the construction of archiepiscopal palaces and later for building in Milan (especially the Cathedral) and in Pavia. The white calcerous spur still shows signs of that centuries-old man-made erosion. On the re-forested shore the towers of the furnaces, which were active until the 1960's, can still be seen.

VI/2 – The slow shuttle of cargo boats has been replaced by motorboats plying the waters and, as a consequence, has given rise to the development of a ship-building industry and storage facilities. Here a shipyard at Baveno.

VI/3-4 – Fishing promises to become increasingly popular as a series of purification plants around the Lake are completed. Shown here are some fishermen of the past with their nets near the Castles of Cannero and just off Isola Superiore (the Fishermen's Island).

VI/5 – Professional boatmen were once a common sight, essential as they were for ferrying people and goods from shore to shore. The photograph shows a «burcéll,» the flat-bottomed boat typical of the Lake.

VI/6 – Another fisherman on Isola dei Pescatori.

VI/7 – Followers of the ancient art of carpentry, who were able to build boats by hand using the traditional methods of the past, have not entirely disappeared from the area. Shown here a shipyard at Angera.

VI/8 – The stone-cutting trade is traditional along the stretch of shore between Baveno and Suna where granite is quarried (and other marbles are brought to be worked). Machines have long since replaced manpower and his once tangible imprint has all but been forgotten.

VI/9 -Testimony to a rural way of life that has all but disappeared are the frescoes of «monthly» cycles found in some rural churches. Shown here is the month of December and the slaughter of a pig in a fresco by Antonio da Tradate in the Church of S. Martino at Ronco sopra Ascona

VI/10 – At Ceresolo di Laveno is a curious montage of fresco and wooden half-timber decoration on the side of this house where Min, one of the last boatmen and fishermen of the village, lived – a reminder of times when history and legend were transmitted orally.

VI/11 – The only photograph in our survey which no longer corresponds to reality is this image from years gone by that testifies to the manufacturing tradition of the Verbano, especially of the Intra area. Located directly on the shore, the Panizza Hat Factory was synonomous with high-quality headgear up to the 1960's. The structure has recently been transformed into a tourist residence.

VI/12 – Large tracts of land are being reclaimed for the cultivation of flowers and nursery plants. The photograph shows a nursery at Fondotoce.

VI/13 – Modern cargo boats are a frequent sight on the Lake as they transport sand and gravel, sifted from the river deltas or excavated from the hillsides, to construction sites around the Verbano.

VI/14 – The mines and quarries in the area are viewed with hostility by those who believe in environmental conservation. They deplore the active trade that exists with the Canton of Ticino who, for their part, have wisely restricted the exploitation of natural resources.

VI/15 – The dam on the Versasca River near Locarno has replaced the water's natural course with a plunging cement barrier that is not without its vertiginous fascination.

VI/16 – Water-skiing is a sport particularly suited to the Lake.

VI/17 – Kayakers frolic in the swirling waters of the valleys.

VI/18 – Sailing remains the sport best associated with the nobility of the Lake: «soon the fresh sails of May / will return to the waters / where Luino shimmers infinite...» (V. Sereni).

VI/19-20-21 – Various recreational activities are enjoyed in the Verbano area. Fondotoce, with its marshy flatlands and wooded shoreline, has many easy and pleasant paths for horse-back riding. Mountain bikes are becoming an increasingly common sight on the Mottarone and in the surrounding hills. Again at Fondotoce the amateur fisherman finds peace and tranquility in his solitary pursuit.

VI/22 – Delta-plane enthusiasts have no problem in finding cliffs suitable for taking off from in the hills around the Lake.

VI/23 – Pointed prows and straining oars skim over the turquoise expanse of water.

VI/24-25-26-27-28 – Wide rounded hilltops offer ideal locations for golf courses, thus renewing that favourable balance between meadowy expanses and wooded thickets which was once characteristic of alpine grazing pastures. Shown on this page are the Alpino (n. 24) and Des Isles Borromeo courses above Stresa (nn. 25-28), and Pian di Sole at Premeno (nn. 26-27).

VI/29 – A procession of snow-covered peaks descends from the serrated outline of Monte Rosa down to the rounded hump of the Mottarone, offering inexhaustible possibilities to skiers, mountaineers, and alpinists.

VII

VII/1 – This picture was presented as a votive offering to the Madonna of Re, venerated as patron all over the Upper Verbano, by two mountain women who escaped being swept away by a landslide. (Painted by G. Antonio Vanoni and on display in the Church of S. Maria di Campagna at Maggia). The woman on the right is carrying a «sciuéra» or «civéra,» and the other has on her back a «barghéi» on top of which can be seen a «cadra.» Various small containers – a white cloth sack and pails – along with a scattering of stones are depicted as they tumble down the mountainside.

VII/2 – Alpe La Foppa, on Mount Tamaro. Modernized breeding systems have reduced the number of cattle raised in the mountains and, as a consequence, the pasturelands are now overgrown with broom, ferns, briars and brambles.

VII/3 – A woman from Orasso in Valcannobina with her «barghi» (elsewhere called a «résott») and a «sidelìn» full of milk.

VII/4 – A rustic view of Intragna in Valle Intrasca. The sobriety of traditional building materials (stone, wood, and a limited use of plaster), and a simplicity of line are distingushing features of mountain architecture and make recent intrusions of incongruous materials and the use of gaudy colours (including white) even more disturbing.

VII/5 – Vignone, above Verbania (in the background are the Mottarone and Massone peaks). The hilltowns are ornamented with elegant parks and villas that were built towards the end of the last century. Some were weekend or summer homes, but many were the definitive residences of locals who had made their fortunes abroad, symbolic of the economic heights they had attained.

VII/6-7 – At the extreme end of Valle Veddasca, on the eastern side of the Swiss-Italian border, are two villages of singular charm. These compact «piles» of stones are home to only a few elderly villagers but are animated by the many mountain-lovers who have chosen them as a weekend retreat. Monteviasco is the only hamlet in the Province of Varese that cannot be reached by car. It is connected to the valley below by cable-car. Indemini did not share the same fate as its valley, gravitating instead towards Gambarognano and the Lugano area. Once it was just located in a different diocese, now it is located in a different country.

VII/8 – Gorges of the Maggia near Ponte Brolla. The water has carved rounded and smoothly polished forms out of the rock that are said to have been the inspiration for the abstract sculptures of Jean Arp, a French artist who lived in Ascona.

VII/9 – Bosco Gurin: the only «walser» village in the Canton of Ticino. The elevated barn rests on carved wooden supports in the shape of mushrooms, called «torba,» which prevented rodents from climbing up into the building.

VII/10 – The old mule-track between Due Cossani and Curiglia in Valle Dumentina. The devout highlanders decided to erect a monument here to S. Carlo Borromeo, who was the first of the Ambrosian prelates to personally visit these extreme territories of the archdiocese. The statue, possibly 17th-century, and the tall column were then removed to the side of the more recently-built carriageway.

VII/11 – A kind hand has planted a camelia, flower of the Lake, near this restored mountain hut in the heart of the Centovalli region.

VII/12-13 – Palagnedra in the Centovalli, Church of S. Michele. The frescoes here by the Locarnese artist, Antonio de Tradate, – the «Madonna di Re» and «Christ in the Mystical Mandorla supported by the symbols of the Four Evangelists» – make a striking impression, like a bright and unexpected flowering in the desert.

VII/14 – Lozzo, in Valle Veddasca. Throughout the valleys roofs in «piode» are gradually being replaced by modern roofing tiles. Although these tradional stone tiles have a rough and rather harsh-looking appearance up close, they have the virtue of rendering an overall effect of a modulated and gently sloping pitch.

VII/15 – Orasso in Valcannobina. Typical of the mountains is the contrasting dialogue between the rustic patterns of the stone walls, the ornamentation of 17th-century churches, and the «civil» tone of the homes built by returning emigrants who wished to distinguish themselves from the humble traditions of their youth and their native environment.

VII/16 – Premeno has been a well-known tourist resort for over a century. In the 1920's it was linked to Intra by an electric train. Today's modern road was built over its tracks.

I

I/1 – Là où le Tessin redevenant rivière reprend son cours vers le Po. Le mont Rose se révèle dans toute sa majesté, Dieu caché veillant sur le Verbano ne laissant entrevoir que quelques images fugitives.

I/2 – Respiration irrégulière de l'onde: parfois écume joyeuse, elle peut être une menace pour le navigateur imprudent. Sur le fond, Baveno il y a quelques années.

I/3 – L'aube enveloppée de brumes ne retire pas la patine d'or ancien sur la cape royale du golfe Borromée qui a pour broche l'Isola Madre.

I/4-5-6 – Ramification occidentale vers Mergozzo. Un bras du lac s'est trouvé séparé du bassin principal par les gravillons transportés, au cours des siècles, par le Toce, la *Tosa* comme on l'appelle localement (on préfère ici considérer l'aspect féminin des rivières: la *fiümm*, la *Maggia*, la *Tresa*, la *Margorabbia*...). Le Fondotoce s'étend tel un long tissu de prés, fourrés et roseaux. La vue n.4 est prise du mont Faié, ancienne hêtraie comme son nom l'indique. Au centre le cône du Montorfano, masse importante de *miaròlo*, granit blanc fort apprécié avec lequel au XIXe siècle furent exécutées les colonnes de la nouvelle St. Paul hors les murs de Rome.

I/7 – Brumes rosées qui dissimulent l'Isola Madre, annonçant l'orage.

I/8 – Au-dessus du Pizzo d'Omo: les lacs resplendissent comme des plaques de métal brillant.

I/9 – La lumière pourpre du couchant se reflète sur l'onde, posés à fleur d'eau deux joyaux: l'Isola dei Pescatori et l'Isola Bella.

I/10 – Le soir tombant isole des masses de couleurs: le mont Rosso, le profil de Intra et la dernière lueur sur le lac.

I/11 – Depuis la rive orientale, Cannobio se perd dans l'opacité du crépuscule donnant au lac sa dernière opalescence.

I/12 – En plein après-midi les nuages colorent le lac des ombres du soir. Au premier plan, Miazzina qui se fond dans cette ombre: vision qu'aurait aimée le peintre Grubicy de Dragon dont les tableaux dégagent des atmosphères semblables.

I/13-14-15 – Des flocons de nuages, dont le silence est seulement troublé par le bourdonnement de l'avion, laissent apercevoir des pans de paysage; au loin la couronne des Alpes domine l'ensemble; les limites de la neige séparent franchement les blancheurs hivernales des bigarrures colorées.

I/16-17 – Des cimes du Mottarone et du Morissolo des quantités mouvantes de vapeurs semblent indiquer le cours de l'eau vers le Tessin.

I/18-19 – Lorsque le lac disparaît sous un voile délicat, les îles éphémères, la crête du Sasso di Ferro et du Monte Nudo, au-dessus de Laveno, et la saillie isolée du Montorfano affleurent.

I/20-21 – L'embouchure du lac de Arona jusqu'au Tessin; à Sesto Calende, la rivière semble jouir des derniers instants de paix avant d'affronter les devoirs de l'activité lombarde et de distribuer généreusement l'eau au Naviglio et aux canaux d'irrigation.

I/22-23 – A l'autre extrêmité, au nord, le delta de la Maggia réserve un miroir d'eau écarté de Locarno et de Magadino. Sur la première vue Locarno est au fond; au premier plan, les restes des fortifications sur le Morissolo, une partie de la ligne de défense, de l'Ossola à la Valtellina, que le général Cadorna voulait faire construire en 1916-1917, pour arrêter une redoutable invasion allemande par la Suisse.

I/24 – Vue aérienne du bassin de Locarno; sur la rive lombarde, à gauche, les petits villages de Tronzano et Bassano. Au centre le «Bernocolo» «la bosse» du mont Borgna (sens dialectal du nom). A droite le lac Delio, petit lac alpin qui a vu son extension et sa profondeur augmentées par un double barrage artificiel. Le bassin sert de réservoir de compensation; le jour il alimente les turbines d'une énorme centrale hydroélectrique, cachée parmi les rochers, à Ronco Valgrande, entre Maccagno et Tronzano; la nuit l'eau est repompée vers le haut en utilisant l'énergie supplémentaire dont on dispose; le lendemain on recommence l'opération. De cette façon les pointes de consommation sont avantageusement compensées. Au fond la rive du Canton Tessin, de Ronco, au-dessus de Ascona, à Locarno.

I/25-26 – Le lac se perd dans le lointain pour laisser place aux modestes témoignages qui nous rappellent une existence passée où labeur et religion s'alternaient: le tronc creusé qui servait d'abreuvoir à l'alpage Cardada au-dessus de Locarno, la colonne porte-croix sur le parvis de Ste Agathe à Cannobio.

II

II/1 – Isola Bella: de l'avion on aperçoit l'admirable dessin du jardin. Dans une des deux tours qui enserrent l'escalier central, se trouvait la «noria» avec laquelle on remontait l'eau du lac pour les jeux d'eau et l'arrosage des plantes et fleurs.

II/2 – Isola dei Pescatori: le clocher de l'ancien S. Vittore (Xe siècle) à la flèche aiguë domine les maisons enveloppées dans l'ombre enflammée du crépuscule.

II/3 – Une autre vue de l'Isola Bella qui illustre mieux le rapport entre le petit village et le grand palais aux jardins dignes des Espérides. Au fond la côte de Fondotoce à la pointe de la Castagnola de Pallanza.

II/4-5-6 – L'archipel Borromée; en été le lac pullule d'embarcations qui vont et viennent entre Stresa et les îles.

II/7 – L'Isola dei Pescatori dans sa partie orientale; au premier plan la grande arcade enserre le défilé des maisons, autrefois on pouvait y voir les filets étendus en train de sécher.

II/8-9 – Cette fois c'est la partie occidentale de l'Isola dei Pescatori que nous admirons et à l'est, en fond rapproché, le Pedun et la Laurasca. Dans le profil dentelé du Pedun on peut reconnaître, comme ailleurs dans les Alpes, un des nombreux profils de Napoléon.

II/10-11 – L'Isola Bella tout d'abord photographiée depuis la rive avec les anciennes écuries Borromée, puis de la barque; ici c'est l'église de S. Vittore et S. Carlo, oeuvre de Francesco Castelli, que nous reconnaissons et, à droite, l'hôtel del Delfino, rendu célèbre par le roman *Piccolo mondo antico.*

II/12-13 – Isola Bella: détails des jardins. Obélisques et statues s'intègrent dans une belle floraison de lauriers, coupée seulement de deux ifs taillés en cônes. Sur la plus haute balustrade une statue supporte *Humilitas coronata,* emblème des Borromée.

II/14 – La forteresse en ruines de Vitaliano, sur les petites îles de Cannero, «turris in undis edita...» ainsi que le proclame la dédicace. Le toit du donjon central ayant croulé, il est maintenant couronné d'une épaisse végétation. Les deux môles qui, entre les deux îles, enfermaient le petit pont d'attache ont été submergés par le lac.
A gauche, la grosse tour, dite «des prisons» regarde aujourd'hui avec bienveillance les baigneurs accostés à la plage rocheuse.

II/15 – L'île de S. Giovanni, ou bien Isolino, appartient aussi aux Borromée; la princesse Vittoria Colonna Caetani et Arturo Toscanini y séjournèrent au siècle dernier.

II/16 – Sur les îles de Brissago se trouve un précieux jardin botanique; au premier plan le village de Ronco au-dessus de Ascona; au fond dominés par le mont Paglione, le rivage du Gambarogno et les villages Guerra et Ranzo.

III

III/1 – La rutilante floraison de rhododendrons (et azalées) est désormais liée à l'image du lac.

III/2 – Stresa: villa Pallavicino. Entre la fontaine et le pavillon, recouvert de rosiers grimpants, s'alternent en combinaisons savantes diverses variétés de fleurs et arbustes (dalhias, bégonias, zinias, sauge *splendens, celosia plumosa, lantana camara*...).

III/3-4 – En mai sur les rives c'est l'épanouissement des azalées, aux couleurs variées, du blanc au rose, au vermeil et même pour une espèce rare le violet (au-dessus: villa Maria, aujourd'hui Branca, à Baveno.

III/5 – Verbania Pallanza: la terrasse néo-classique de la villa San Remigio, face au coeur du lac, évoque les atmosphères guindées d'une noblesse fin de siècle, des Della Valle de Casanova et des Brown qui l'édifièrent.

III/6 – Stresa à nouveau, villa Pallavicino: un tapis de *tagetes* prépare à la pause de la fontaine précédemment appréciée et du pavillon.

III/7 – Stresa, villa Ducale. Près des sombres cèdres du Liban s'ouvre le porche du XIXe de la demeure qui appartint à la duchesse de Gênes et qui aujourd'hui accueille le centre d'études rosminiennes, réunissant ainsi deux présences immatérielles: celle d'une aristocratie sobre et discrète et celle du grand penseur qui vécut et mourut à Stresa.

III/8-9 – Les rochers des montagnes, à l'instar des jardins, cachent des floraisons fascinantes; fidèle à son nom la saxifrage pénètre les anfractuosités rocheuses leur donnant une touche de délicate harmonie.

III/10 – Le jardin botanique Alpinia, près de Gignese, est destiné à la connaissance d'une flore alpine surprenante de par sa variété de formes et de couleurs; celui qui aime la montagne se doit de le visiter afin de récompenser une initiative publique, *rara avis*, qu'il faut louer sans aucune réserve (en plus on y jouit d'une vue exceptionnelle sur le golfe Borromeo, entre Verbania et Stresa, sur une portion de terrain vierge de toute exploitation immobilière).

III/11-12 – Tout jardin a la tentation d'évoquer des présences exotiques: celui de la Villa Taranto y réussit tout particulièrement, avec ses nymphéas et ses exemplaires rares de *victoria cruziana*.

III/13 – L'art attentif des jardins équilibre savamment les accords des couleurs; ici la pourpre des azalées est encadrée et atténuée par les sévères taches sombres des *chamaecyparis*.

III/14-15-16 – Verbania-Pallanza, villa Taranto. Le rideau rouge de la *salvia splendens* prépare aux différentes tonalités de vert de la pelouse et des pins, calycanthes et frênes. La villa aux agréables lignes francisantes se cache avec discrétion dans son parc. Une partie de jardin à l'italienne, dans la corniche générale «anglaise» ou plutôt «écossaise», étant donné la patrie de son créateur, nous conduit à l'entrée.

III/17 – Sur la rive inférieure des îles de Brissago, un mur d' arbres s'élève des eaux pour graduer, tout comme la haie léopardienne, le passage vers des lointains sublimes.

III/18 – Verbania-Pallanza: contemplant le lac, le porche du Kursaal, autrefois villa Branca, puis éphémère casino et maintenant centre de séminaires; dans le parc le buste de A. Toscanini, sculpté par Paul Troubetzkoy, admire l'Isolino.

III/19 – On ne peut comprendre la complexité de la conception du grand parc de la villa Taranto que par avion.

III/20 – Iles de Brissago: dans le jardin botanique confédéral le grand palmier phoenix domine azalées et cerisiers fleurs: parfums des tropiques et des suaves atmosphères japonaises se mélangent en une unité toute verbanaise.

III/21-22-23 – Une faune de prestige fut introduite dans de nombreux parcs: paons, faisans dorés, canards sauvages... Mais depuis un certain temps, les lois de la chasse plus clémentes ont permis le retour des oiseaux sauvages sur les rives; en dehors des mouettes et des risses *(sgarìtt)*, les canards et les foulques ne sont pas rares; le cygne est désormais chez lui aussi bien sur les rives sauvages que dans les miroirs des ports.

III/24 – Luino possède la plus belle avenue d'arbres de haut fût du lac. La double rangée de platanes centenaires est attaquée par un champignon mortel, mais elle reste présente pour nous rappeler l'idée géniale d'une promenade au bord du lac, imaginée au XIXe, lorsque Luvino commençait à devenir ville (et pour l'occasion transformait son nom en Luino).

III/25 – Verbania-Pallanza: villa S. Remigio. Les serres de la glycine entourant un échalas de soutien donne vie à un arbuste de désert sidéral.

III/26 – La marqueterie polychrome des cinéraires; ces dernières années l'utilisation de cette fleur s'est développée aussi bien dans les jardins publics que dans les privés, avec des variétés qui autrefois n'étaient connues que par quelques parterres familiers.

IV

IV/1 – Le simulacre de Carlo Borromeo, saint du Verbanais par excellence, veille sur le lac. La grande statue fut construite en lames de cuivre sur une âme de treillis de fer (semblable à celle de la statue de la Liberté américaine). Souhaitée par son cousin le cardinal Federico, c'est Cerano qui en fit le dessin, mais l'idée d'édifier un mont commémoratif au grand archevêque n'eut pas vraiment de suite. Quelques unes des chapelles furent construites, puis détruites voire même abandonnées. A la fin du XVIIe, on commença la statue qui devait terminer l'itinéraire sur le mont, et qui aujourd'hui est un monument isolé à propos duquel les opinions diffèrent, d'une part, ceux qui en admirent la grandeur contenue, d'autre part, ceux qui y voient l'artifice d'un mauvais baroque.

IV/2 – L'église de St. Felino et de St. Gratiniano à Arona transmet le souvenir d'un célèbre monastère qui, fondé avant l'an Mil, détenait le pouvoir civil sur Arona et autres terres du lac. Il fut ensuite le siège d'un collège de Jésuites et c'est de cette époque que date le renversement théâtral de la façade qui domine la montée de l'ancienne place du marché.

IV/3-4 – Arona, collégiale de S. Maria Nascente: lunette en façade avec le beau bas-relief de la *Nativité* (fin du XVe) et détail du polyptyque du même nom, oeuvre célèbre de Gaudenzio Ferrari (1511).

IV/5 – Lesa, église S. Sebastiano (première moitié du XIIe): un des nombreux oratoires romans de la région; galets de torrent et pierres taillées s'unissent en une trame harmonieuse.

IV/6-7 – Belgirate, l'église «vieille» de la Purification de Marie; le clocher atteste les origines romanes du temple; à l'intérieur, la chapelle de la Crucifixion conserve dans sa voûte des fresques de la fin du XVIe dont le thème est la Passion.

IV/8-9 – Baveno possède une des églises baptismales les plus anciennes. Le baptistère octogonal sur la partie romane de l'église semblerait remonter au Ve siècle (ce serait donc l'édifice chrétien le plus ancien du lac). Le porche qui couvre le parvis et souligne la sobre unité de l'ensemble populaire est lui aussi remarquable.

IV/10 – Le Montorfano, probablement autrefois, a été le site d'un château, doté d'une église et d'un baptistère du haut moyen-âge, dont on a retrouvé les restes. On voit ici la tour-lanterne de l'actuelle église S.Giovanni Battista, datant du roman tardif.

IV/11 – Verbania-Pallanza: la Madonna di Campagna conserve encore le clocher roman de l'église primitive. Celui que nous voyons aujourd'hui fut commencé en 1511 et par la suite couronné par la magnifique tour-lanterne, attribuée à Giovanni Beretta.

IV/12-13 – Fresques et sculptures d'époque romane décorent la belle église de S. Remiggio, près de Pallanza, qui conserve dans son abside et sur les parois latérales les témoignages de ses origines, autour du XIe siècle.

IV/14 – Verbania-Pallanza, la Madonna di Campagna est entourée de riches fresques de la deuxième moitié du XVIe dans lesquelles on peut reconnaître les styles de Bernardino Lanino, Boniforte Oldoni et Aurelio Luini.

IV/15 – Verbania-Intra: le beau petit clocher de S. Marta remonte au XVIIe siècle, il témoigne d'une parfaite maîtrise du travail de la dure pierre de nos vallées.

IV/16 – Verbania-Intra: la coupole elliptique de S. Vittore, déjà projetée au XVIIe siècle (de nombreux projets se superposèrent: ceux de F. Cagnola, F. Pessina, G. Zanoia) mais achevée seulement au siècle suivant, domine les toits de Intra et, de loin en fait noter le profil. A côté, mais moins heureux, le clocher du XIXe des Aluvisetti-Camora (1841-1876).

IV/17 – Le cimetière de Vignone, au-dessus de Intra, est basé sur une «rotonde» géniale, consacrée à l'Addolorata, et dont les fresques de l'intérieur, ainsi que le *Chemin de Croix* du porche, furent peintes par Lorenzo Peretti de Vigezzo aux environs de 1813.

IV/18 – Jamais achevé, le «Sacro Monte» de la Trinità, au-dessus de Ghiffa, conserve malgré tout quelques chapelles, une belle église et de vastes arcades destinées à accueillir les pélerins. La vallée tributaire montre bien l'intérêt que les pauses sacrées ont dans les bois des montagnes, se souvenant du culte que l'humanité pré-historique portait aux bois, eaux, roches (S. Bartolomeo in Monte dans le Piaggio de Cannobio en est un autre exemple). Cette zone est aujourd'hui Parc Régional.

IV/19 – Ce splendide autel en bois dans l'église S. Materno à Orasso, dans la vallée de Cannobio, est un extraordinaire éclat d'or parmi les monts.

IV/20 – L'église du XVIe de S. Gottardo à Carmine et le parvis face au lac; le village est un remarquable exemple d'urbanisme montagnard.

IV/21 – L'église S. Ambrogio à Cannobio conserve le souvenir du couvent capucin que S. Carlo voulait créer dans le bourg.

IV/22 – Le sanctuaire de la Pietà à Cannobio, érigé pour commémorer le miracle de la «côte sacrée» (1522), conserve un précieux retable avec la *Crucifixion* de Gaudenzio Ferrari, dont nous reproduisons ici un détail.

IV/23 – L'église de la Madonna di Loreto, aujourd'hui plus connue sous le nom de S. Anna, domine le terrible torrent Cannobino qui, après avoir tourbillonné entre les roches du gouffre étroit, s'apaise en une baie spacieuse, destination des baigneurs et des pêcheurs.

IV/24 – Le centre de Cannobio se trouve autour du clocher (terminé au début du XIIIe) d'une architecture sobre et imposante. Derrière on voit le *Paràsi*, maison du peuple, lieu de justice et des assemblées communales, construit en 1295.

IV/25 – Giovanni Beretta a laissé à Brissago, sa patrie, le témoignage de son art dans la tour-lanterne de la Madonna del Ponte, jumelle de la Madonna di Campagna de Pallanza.

IV/26 – L'église paroissiale de Ascona conserve un retable de son grand peintre, Giovanni Serodine; ici, l'extraordinaire figure de san Carlo, en surplis lumineux, le visage en extase, tourné vers le *Couronnement de la Vierge*, 1633.

IV/27 – Le cloître du Collège Papio, fut projeté par Pellegrino Tibaldi, sur commande de Carlo Borromeo, exécuteur pontifical des volontés testamentaires de Bartolomeo Papio, originaire de Ascona, enrichi dans la Rome du XVIe. Le collège exerça une fonction essentiellement éducative et, au sens le plus large, culturelle.

IV/28 – Important clocher du tard roman de S. Quirico de Minusio.

IV/29 – Muralto: église de S. Vittore, vue de l'abside. L'insigne collégiale romane s'élève sur les ruines d'une précédente basilique paléochrétienne, et celle-ci sur le site d'une villa romaine. Toute la région de Locarno est riche en restes préhistoriques et romains parmi lesquels les magnifiques verres, conservés au château des Visconti.

IV/30-31 – Madonna del Sasso, au-dessus de Locarno, aujourd'hui encore siège d'un couvent capucin, était destinée à être le couronnement d'un «sacro monte», parmi les plus anciens qui aient été projetés mais jamais terminés. L'église conserve une *Deposizione* de Antonio Ciseri, peintre de la deuxième moitié du XIXe, célèbre aussi bien à Rome qu'à Florence, où sa famille se déplaçait depuis des générations, exerçant l'activité mineure d'encadreur.

IV/32 – Fosano de Vira Gambarogno: la Madonna del Latte, au regard étonné, peut servir d'exemple de l'attrait populaire que la fresque eut chez nous, particulièrement entre les XVe et XVIe siècles.

IV/33 – Luino, clocher de l'église S. Pietro *in campanea*, ancienne paroisse du bourg; probablement de 1075, exemplaire du long et difficile travail de la pierre.

IV/34 – Maccagno, église mariale *della Punta*, construite à la fin du XVIe, *ex voto* contre la peste, l'oratoire semble sortir du lac entouré de la sombre matrice de bois (jusqu'au siècle dernier, les rives terrassées étaient pleines de vignes).

IV/35-36 – L'art religieux contemporain est bien peu représenté sur le lac: à l'exception des vitraux que Carlo Rapp a illustrés pour l'église de Mesenzana: dans le tourbillon des lumières et des couleurs, on peut reconnaître les allusions aux thèmes traditionnels de la Purification de Marie, à qui l'église est consacrée.

IV/37-38-39 – Valtravaglia, lieu écarté, conserve deux précieux témoignages romans: le petit oratoire de S. Giorgio à Sarigo (détail de l'abside) et la grande collégiale de S. Vittore à Bedero, construite vers la moitié du XIIe siècle (vue absidiale). Cette dernière conserve des fresques de qualité (détail du *Martyre de S. Vittore*, du début XVIe).

IV/40 – Germignaga, église de S. Rocco: elle remplaça au XVIIe la vieille église paroissiale (reléguée aujourd'hui à la fonction d'église du cimetière), ajoutant le nom de S. Gian Battista: la façade mouvementée s'encadre théâtralement au début de la rue principale.

IV/41-42 – S. Caterina del Sasso. Le monastère s'éleva au XIIIe siècle et s'agrandit en plusieurs étapes jusqu'au XVIIe). Les parties les plus anciennes se reconnaissent à l'intérieur de l'église actuelle et dans le «conventino» au centre de l'ensemble. On fait remonter sa fondation au bienheureux Alberto Besozzi, qui, en expiation de ses fautes, se retira en cet ermitage. L'histoire du couvent nous apprend que très probablement les premiers frères s'étaient établis sans règle précise, puis vinrent les pères de S. Ambrogio *ad nemus*, et enfin les carmélites.

IV/43 – Leggiuno: église de S. Primo et S. Feliciano. Elle fut fondée par Eremberto, vassal royal, dans la première moitié du IXe siècle. Elle abrite de précieuses reliques en marbre de l'époque romane; sur la photo: une colonne ayant appartenu au temple primitif.

IV/44 – Ceresolo de Laveno: la petite église de S. Defendente, au charmant clocher roman.

IV/45-46 – De nombreuses pages seraient nécessaires pour présenter une vue d'ensemble complète des fresques sacrées; avant de quitter la rive lombarde voici une *Dernière Cène*, oeuvre du début du XVIe, attribuée à Antonio Da Tradate (Maccagno, église de S. Antonio), et un détail curieux du miracle attribué à san Nicola de Bari (la résurrection de trois jeunes gens du tonneau de saumure) à S. Donato de Sesto Calende.

IV/47 – S. Vincenzo, près de Sesto Calende, est une autre charmante petite église.

IV/48 – Le sanctuaire de la Madonna de Riva, à Angera, aurait dû, selon le projet du XVIIe de Gerolamo Quadrio, s'étendre presque jusqu'au port qui se trouve devant; seul le presbytère fut construit et terminé d'une façade moderne médiocre. Au fond la forteresse Borromée.

V

V/1 – Un des cinq bacs en activité entre Laveno et Intra (les autres se nomment: *S. Cristoforo, S. Gottardo, S. Carlo, Sempione*).

V/2 – Le vieux port de Laveno, autrefois plus étendu est doté de grues pour décharger la chaux et le bois des pontons et les transborder sur les trains.

V/3-4-5 – Album de la navigation: le vieux *Piemonte* (modernisé pour les promenades touristiques, n'est plus à pales mais à vapeur); le *Verbania* (grand navire à moteur pour réunions peut aussi être utilisé comme bac); le *Simplon* (bac à double pont, pouvant transporter quatre-vingt dix automobiles, il est le seul à pouvoir transborder).

V/6 – Le charmant petit port de Cannero.

V/7-9 – Les bateaux, pour le transport des passagers, cèdent le pas à des moyens de liaison plus rapides: le catamaran fait concurrence aux hydrofoils qui bouleversèrent la manière de naviguer en réduisant de façon importante le temps des traversées.

V/10-11 – Appontement de la Villa Taranto et point d'abordage de l'Isola dei Pescatori: horizons qui reviennent en mémoire à celui ou à celle qui, en ces lieux, a échangé un sourire ou un baiser.

V/12 – L'ancien pont de Lavertezzo, dans la vallée Maggia, que l'on qualifie à tort de romain, mais dont l'ingénieuse construction tout comme l'intégration dans le milieu sont remarquables.

V/13 – Le pont, entre Luino et Germignaga sur fond d'usines, compose un cadre de perfection abstraite. La science technique, parfois, sait s'intégrer aux images d'ineffable beauté.

V/14 – A Intragna deux conceptions de pont: le premier métallique, servant à la ligne de chemin de fer des Centovalli, (d'où se jettent les amateurs de saut à l'élastique) date de la première moitié du siècle; plus récent, le second en béton est réservé au traffic routier. Au fond de la vallée coule la Melezza; on peut apercevoir l'église de Golino et les cimes enneigées qui séparent les vallées Maggia et Verzasca.

V/15 – Autre pont «romain» (mais en réalité médiéval), appelé autrefois Agostana, sur le ravin de S. Anna, près de Traffiume. De nombreuses victimes des Mazzarditi furent précipitées dans ce gouffre.

V/16 – Le télésiège de Cardada, au-dessus de Locarno; ce moyen mécanique enjambe un sentier à mi-pente, trajet auquel ne renonce pas l'excursionniste patient.

V/17-18 – Les téléphériques vous conduisent rapidement du niveau du lac aux sommets les plus élevés. La télécabine de Laveno au Sasso di Ferro (974 m); celle de Stresa au Mottarone (1491 m). L'ascension offre l'émouvante progression d'un panorama toujours plus vaste.

V/19 – Le pylone de la télécabine Stresa-Mottarone apporte une touche de technologie à la vue panoramique, sans toutefois défiguré le milieu.

V/20 – Le carrefour «trêflé» de la bretelle de l'autoroute à Gravellona Toce, photographié d'un renfoncement de la route militaire sur le versant méridional du Montorfano. Au fond le lac d'Orta.

V/21 – Le pont S. Giovanni a, au fil des siècles, souvent souffert des crues et des inondations. La dernière, en 1911, a emporté deux travées mais épargné la plaque commémorant le comte Teodoro Besozzi (1666).

V/22 – La ligne Locarno-Domodossola (chemin de fer des Centovalli), enjambe, à Ponte Brolla, la grève pierreuse de la Maggia, que l'eau a creusée en méandres harmonieux.

V/23-24-25 – La grande époque des chemins de fer au XIXe siècle a laissé le témoignage d'une heureuse compatibilité entre les exigences du progrès technique et le sens de la forme. Souvenirs naïfs, de la civilisation classique, les petites colonnes en fonte, que l'on trouve à Arona, la plus vieille gare du Verbanais; raffiné le raccord «liberty» entre pilier et poutrelles de la gare désaffectée, du petit train entre Stresa et le Mottarone; tandis que l'espace du hall réservé aux contrôles douaniers à Luino est d'une grande luminosité (précurseur des inventions architectoniques actuelles).

VI

VI/1 – La rive de Castello Valtravaglia était constellée de briqueteries qui tiraient leur matière première de la roche de Travaglia, produisant le mortier qui était, dès le Moyen-Age, exporté pour les châteaux archiépiscopaux, puis pour les constructions de Milan (principalement le Dome) et de Pavie. L'éperon de calcaire blanc porte les traces évidentes d'une érosion humaine centenaire. Sur la rive reboisée s'élèvent encore les tours des briqueteries, actives jusque dans les années '60.

VI/2 – Le lent défilé des pontons de transport a fait place aux courses des bateaux à moteur. On a, de ce fait, assisté au développement des chantiers de constructions navales et des abris pour embarcations: ici nous voyons un chantier de Baveno-Feriolo.

VI/3-4 – La pêche, ressource antique, reprendra dès que les travaux d'épuration seront terminés. Ici nous voyons des pêcheurs des années passées, près de Vitaliana et l'Isola superiore.

VI/5 – Indispensable aux transports de rive à rive, le métier de batelier (ici avec le *burcéll*, barque caractéristique à fond plat) était autrefois florissant.

VI/6 – Un autre pêcheur de l'Isola Superiore.

VI/7 – L'art du maniement de la hache existe encore: ici un chantier à Angera où les barques sont façonnées comme autrefois.

VI/8 – Le métier de tailleur de pierres est traditionnel sur les rives de Baveno et de Suna, où se trouvent les carrières de granites (et où arrivent d'autres marbres pour y être travaillés). La machine n'a pas encore complétement remplacé la sensibilité de la main de l'homme.

VI/9 – Certaines de nos églises conservent, au travers des cycles des mois, les témoignages d'une vie agreste disparue. Ici, le mois de décembre on tue le cochon: fresque d'Antonio de Tradate dans l'église S. Martino à Ronco au-dessus de Ascona.

VI/10 – A Ceresolo de Laveno, ce curieux montage de fresques et colombages rappelle un des derniers bateliers et pêcheurs: évoquant l'époque ou histoire et légendes se transmettaient dans les récits oraux.

VI/11 – Cette photographie ne correspond pas à la réalité actuelle, souvenir d'années passées, elle nous donne un aperçu des manufactures de notre région. Au bord du lac on trouvait la chapellerie Panizza, transformée aujourd'hui en résidence touristique mais qui, jusque dans les années 60, fut synonyme de grande qualité dans le monde du chapeau.

VI/12 – La production floréale en serres (ici une exploitation de Fondotoce) permettra de récupérer de vastes terrains à usage essentiellement agricole.

VI/13 – De nouveaux pontons à moteur sillonnent encore aujourd'hui le Verbanais transportant sable et gravillons, indispensables à la construction, drainés à l'embouchure des rivières ou arrachés aux flancs des collines.

VI/14 – Celui qui a à coeur le respect du paysage regarde les carrières de matériaux inertes avec hostilité; important le commerce avec le Canton Tessin qui, lui, a limité les possibilités d'extraction.

VI/15 – La digue de la Verzasca, près de Locarno, a transformé le libre écoulement des torrents vers le fond de la vallée en une barrière vertigineuse de ciment, qui n'est pas sans attrait.

VI/16 – Le ski nautique est le sport que l'on associe le plus aux eaux du lac.

VI/17 – Les passionnés de kaiak trouvent dans les eaux tourbillonnantes des vallées le défi nécessaire à leur talent.

VI/18 – Mais la voile est de tous les sports celui qui s'associe le mieux à la noblesse du lac: «bientôt la très fraîche voile de mai/reviendra sur les eaux, là où infinie tremble Luino...» (V. Sereni).

VI/19-20-21 – Les diverses formes d'agréments liées au milieu verbanais. Fondotoce: parmi cannaies et bois se déroulent des parcours adaptés à l'équitation, tandis que, sur la rive, le pêcheur du dimanche se repose dans la douce tranquillité. Sur le Mottarone, comme sur les autres montagnes, on note de plus en plus la présence d'excursionnistes sur deux roues.

VI/22 – Les amateurs de para-pente ou de vol en deltaplane trouvent ici réunies les conditions idéales dans les escarpements les plus abrupts autour du lac.

VI/23 – Proues effilées et vigueur tendue de la rame effleurent un tapis turquoise compact.

VI/24-25-26-27-28 – Les amples flancs des montagnes offrent des espaces idéaux pour les terrains de golf, renouvelant ainsi l'heureux équilibre entre les étendues de prairie et les massifs boisés. Ici les terrains de golf de Stresa, l'Alpino (n. 24) et le Borromeo (nn; 25-28), et de Premeno-Pian di Sole (nn. 26-28).

VI/29 – Une procession de crêtes enneigées descend du profil dentelé du Rose jusqu'aux sommets arrondis du Mottarone, immense palestre pour skieurs et a lpinistes.

VII

VII/1 – Petit cadre *ex-voto* consacré à la protectrice universelle du haut lac, la Madonna de Re, par deux montagnardes réchappées d'un éboulement de terrain (peinture de G. Antonio Vanoni, conservé dans l'église de S. Maria di Campagna à Maggia). La femme située à droite porte une hotte; l'autre le *barghèi* (autre forme de hotte) et, au-dessus la *cadra*, récipients divers pour transporter les petits objets, sacs et foin, pierres et mallettes.

VII/2 – Alpage La Foppa, sur le mont Tamaro. L'évolution des systèmes d'élevage a réduit le cheptel bovin des montagnes. S'ensuit la détérioration des pâturages, envahis de genêts, fougères et ronces.

VII/3 – Femme de Orasso dans la Valcannobina avec le *barghèi* (ailleurs appelé *resòtt)* et le *sidelìn* del latte (la cruche à lait).

VII/4 – Perspective rustique à Intragna, dans la vallée Intrasca. L'architecture de montagne se distingue par la sobriété des matériaux (pierre, bois et peu d'enduit) et l'essentialité des formes qui rendent encore plus douloureuses les lésions récentes, l'utilisation incongrue de matériaux étrangers, comme de couleurs voyantes (compris le blanc).

VII/5 – Vignone au-dessus de Verbania, (au fond le mont Massone). Les pays à mi-côte s'ornèrent, à la fin du siècle dernier, d'élégantes propriétés entourées de parcs, lieux de villégiature ou bien même de dernière résidence, symbole du succès des émigrés.

VII/6-7 – A l'extrêmité de la vallée Veddasca, sur la rive orientale, à cheval sur la limite, se dressent deux villages au cachet particulier. Les «pyramides de pierres» ne sont plus habitées que par quelques personnes âgées; mais elles sont animées par les amants de la montagne qui y ont élu domicile. Monteviasco est le seul village du département de Varese qui ne peut être atteint en voiture; aujourd'hui un téléphérique le relie à la vallée. Indemini n'a pas divisé les destins de sa vallée, gravitant vers Gambarogno et Lugano, de docièses et de nations différents.

VII/8 – Les gorges de la Maggia, près de Ponte Brolla; l'eau a creusé et arrondi la roche en formes douces qui semblent avoir inspiré les sculptures abstraites de Jean Arp, français installé à Ascona.

VII/9 – Bosco Gurin: dans l'unique village *walser* du Tessin, existe encore la «torba», grenier surhaussé sur des piliers façonnés à forme de champignon pour empêcher aux rongeurs de grimper.

VII/10 – Le long du vieux chemin muletier de Due Cossani à Curiglia, dans la vallée Dumentina, la piété des montagnards a érigé un monument à st. Charles qui fut le premier prélat à visiter les terres les plus lointaines du diocèse. La statue, datant probablement du XVIIe siècle, a été transportée près d'une route carossable.

VII/11 – Près du beau chalet, au coeur des Centovalli (au fond nous pouvons voir la Melezza endiguée), une main délicate y a planté la fleur du lac, le camélia.

VII/12-13 – Palagnedra dans les Centovalli, église de S. Michele: ainsi qu'une floraison éclatante et inattendue les fresques du locarnais Antonio de Tradate (Madonna «di Re» et le Christ entouré des symboles des Evangélistes) nous attirent.

VII/14 – Lozzo dans la Vallée Veddasca. Les toits en lauzes, peu à peu remplacées, malheureusement, par les tuiles, ont un aspect dur et sévère mais offrent de grandes possibilités de modelage dans les raccords mouvants des pierres.

VII/15 – Orassa dans la Valcannobina. Contraste continu typique de la montagne entre la texture des murs en pierre, la décoration des églises du XVIIe, et l'air d'élégance des résidences construites par les émigrés afin de se distinguer des constructions «pauvres» de leur jeunesse.

VII/16 – Depuis plus d'un siècle Premeno est une station touristique raffinée; au cours des année 20 elle fut reliée à Intra par une ligne ferroviaire électrique, sur la voie de laquelle, aujourd'hui, s'étire la route.

Il gran libro del Lago Maggiore

Carlo Pessina
Pierangelo Frigerio

Il gran libro del Lago Maggiore

ALBERTI LIBRAIO EDITORE – VERBANIA-INTRA

ISBN 88-7245-012-8

Nobiltà del Verbano

Sulla nobiltà e degne qualità del Lago Maggiore già aveva intrattenuto i suoi lettori, al principio del Seicento, fra Paolo Morigia, erba betonica del giardinetto storico milanese. Il buon gesuato, con la scusa di rendere visita ai parenti, signori di Frino, aveva a lungo frequentato il Verbano. Irrequieto di natura, mai stanco nonostante l'età inoltrata, invece di godersi in pace la villeggiatura andava barcheggiando di riva in riva, spingendo l'occhio arguto per ogni dove.

L'eco dell'attribuito blasone si risentì lontano. Bastò che un viaggiatore curioso, Johann Georg Keyssler, illustrasse Oltralpe le meraviglie del golfo Borromeo, giovandosi delle incisioni che M. A. Dal Re aveva da poco licenziato al torchio, e un giovane di talento, Wolfgang Goethe, leggendo nella brumale Francoforte di quelle isole incantate, assunse il lago come patria del personaggio dolcissimo che andava vagheggiando, Mignon. È questa la terra della struggente canzone, «ove il cedro fiorisce, ove scintillano / sovra bruno fogliame aranci d'oro».

Si può perdonare all'autore del *Wilhelm Meister* di non esser mai venuto, poi, a veder il lago con i propri occhi. L'orizzonte della poesia è più alto e, insieme, più segreto di quello terrestre che fornisce l'ispirazione. C'impiegò del tempo a capirlo anche Guido Gozzano: per l'*Amica di nonna Speranza*, aveva tratto materia da un soggiorno a villa Treves, ma la «Belgirate tranquilla» della prima edizione scomparve in quella definitiva. Altri visitatori illustri hanno avuto meno ritegno. Stendhal, si sa, ha parlato del Verbano come di uno dei luoghi più belli d'Italia, pari soltanto al Vaticano, a S. Croce di Firenze e alle pendici del Vesuvio.

Ma l'*Elogio del Lago Maggiore* già è stato intessuto e guardiamo qui soltanto a qualcuna delle presenze incorporee che il paesaggio serba ed evoca. Tra Lesa e Stresa si intrecciò il sodalizio di due spiriti magni, Alessandro Manzoni e Antonio Rosmini. Téophile Gautier ebbe agio di osservar da lontano un loro incontro e parlò di «discussioni che non possono avere soluzione quaggiù, poiché trattano dei profondi misteri dell'anima, dell'infinito, dell'eternità». D'altri parnasi è memore il lago, da un estremo all'altro: i soggiorni di Toscanini all'Isolino di Pallanza, di Hemingway e Shaw a Stresa; di Frobenius a Biganzolo, di Rilke, George, Joyce, Gide, Hesse, Remarque e altri nel Locarnese. Sul Monte Verità al principio del secolo si radunò un trasgressivo manipolo mittel-europeo di artisti, teosofi, naturisti, anarchici: l'intensa anomalia del campo magnetico terrestre che si manifesta ad Ascona parve la causa di quel turbine di genialità e stravaganza.

Pittori e scultori vi ebbero prolungata dimora: Gignous, Arp, Arturo Martini, Russolo, Tozzi... E queste rive non hanno brillato solo di luce riflessa: vi sono nati o ne hanno tratto origine, oltre a uno stuolo di valenti artigiani, Bernardino Luini di cui si è or ora accertata l'origine da una valle luinese, i Beretta da Brissago, i Serodine, il Piccio, il Caronesi, Daniele Ranzoni, Paul Troubetzkoy (il cui padre, principe russo, aveva lasciato la patria per prendere dimora a Ghiffa, dove la sua passione per la botanica è testimoniata da una varietà di conifera, la *chamaecyparis troubetzkoyana* per l'appunto), Filippo Franzoni, Achille Tominetti, Gian Filippo Usellini, Luigi Broggini, per finire, in letteratura, con Plinio Martini e la grande stagione luinese dei coetanei e amici Vittorio Sereni e Piero Chiara.

* * *

La nobiltà si può perdere tuttavia e il rischio ne è grande oggidì, quando l'intero paesaggio italiano ed europeo è minacciato da una devastante ondata di volgarità. Dopo il Morigia, e sino alla fine del secolo scorso, poco si era perso e molto guadagnato. Di faccia alla rocca d'Angera – un merletto agucchiato di squadrati conci rosa – è andato perso il serrato intreccio di mura e torri della gemella rocca d'Arona, dove era nato Carlo Borromeo: ma lì presso s'è levato il colosso di rame, al sommo dell'incompiuto Sacro Monte che al santo doveva essere dedicato: un po' *kitsch* forse, eppur capace di destare lo stupore dei credenti, come esigeva la politica religiosa della Controriforma. E, per evitare parzialità, a un tiro di schioppo dal Sancarlone, un'urna marmorea su alte colonne celebra con Felice Cavallotti le sorti progressive del libero pensiero.

Scomparsi o degradati a rudere molti castelli medievali, una schiera di palazzi, ville signorili e, più tardi, di alberghi grandi e piccini, ha punteggiato la riva occidentale e, in minor misura, quella lombarda. Intorno agli edifici una gran sapienza paesistica (spesso governata dai figli d'Albione) ha suscitato ampio rigoglio di parchi e giardini. Il Morigia già ne aveva avuto qualche saggio, ma agli aranci e melangoli che strappavano la sua ammirazione si sono aggiunte specie vegetali d'esotica provenienza: cedri del Libano e conifere d'ogni genere, persino sequoie, canfore, faggi e aceri rossi, magnolie, paulonie, eucalipti, mimose, *òlea fragrans* e passiflore. Il Lago si conosce ormai come lago delle camelie, delle azalee e dei rododendri.

Il miracolo del '600 è al centro del Golfo Borromeo. Orgoglio del proprio lignaggio, ma anche occhio maestro, gusto controllato della scenografia creatrice, consentirono alla grande famiglia di trasformare un isolotto di pescatori in uno straordinario grumo d'arte e di storia, dove il villaggio lacustre si prolunga ed esalta in forma di palazzo e s'incorona del giardino che, pensile sull'acqua, avvera il sogno dell'epoca: cangiar la natura in meraviglia d'arte. Uno straordinario e occulto regista ha nei secoli bilanciato il sommo artificio di quella che dopo esser stata Isabella, in onore della sposa di Carlo III Borromeo, è ormai per tutti la Bella tra le isole; fanno da contrappunto il fascino rustico e spontaneo dell'Isola Pescatori e il diverso modo di intendere l'arte dei giardini proprio dell'Isola Madre.

Sulla scia dei grandi predecessori si posero altri creatori di parchi: primo tra essi il capitano scozzese Neil Mac Eacharn che trasformò le propaggini della Castagnola, a Pallanza nel parco poi famoso di villa Taranto, così detta in onore d'un antenato, fatto da Napoleone "duca" della città pugliese. Né van dimenticati i parchi, già aperti alla visita o in attesa di auspicato ricupero, di villa Pallavicino a Stresa, di villa S. Remigio alla Castagnola di Pallanza, della villa Troubetzkoy (poi Ceriana Maineri), a Ghiffa. Sulle isole di Brissago è salvo alla scienza e al paesaggio il giardino St. Léger, come orto botanico piacevolmente librato a fior d'onda. A completare gli arcipelaghi verbanesi mancano solo gli scogli di Cannero, dove la cerchia muraria della rocca Vitaliana offre al navigante la visione medesima che ne ebbe il Morigia.

Il cuore del lago ha dunque accentuato il suo splendore. Ma anche le rive non hanno mancato d'impreziosirsi. Si guardi alle chiese. Rimpiangiamo pure gli edifici romanici fagocitati dalla gran fioritura barocca e salutiamo con gioia i restauri che ci hanno restituito le basiliche di Bedero Valtravaglia e di Muralto, entrambe intitolate a San Vittore, quasi ad indicare la comune matrice ambrosiana del primo cristianesimo verbanese. Ma riconosciamo che nel profilo dimesso e monocorde dei tetti medievali, fossero rossi di coppi o grigi di pietra, accenti ad un tempo sonori e gentili han resa più varia l'armonia d'insieme: come han fatto la cupola d'un terzo S. Vittore, ad Intra, l'incompleto santuario di Riva ad Angera, la chiesa di S. Giuseppe a Luino, la Madonna della Punta a Maccagno, il San Carlo di Magadino, la Pietà di Cannobio (lo stesso non può dirsi di Laveno, schiacciata dalla mole della "chiesa nuova").

Sul Sasso Bàllaro l'eremo di S. Caterina si è esteso in masse compatte, radicate alla roccia, in un succedersi di abissi rupestri e aerei loggiati. Altra volta nella piena campagna era potuto accadere che sorgessero grandi templi o monasteri, come la Madonna detta appunto "di Campagna", fuori Pallanza, e che la fabbrica romanica prendesse aria con traforato tiburio: là come nella coeva Madonna del Ponte a Brissago. Presso Sesto Calende, l'abbazia di S. Donato mescola strutture moderne e medievali memorie d'una intrusione pavese in diocesi di Milano.

E bisognerebbe estendere lo sguardo alla montagna e alle valli, dove molti santuari e qualche mancato Sacro Monte furono occasione per distribuire centri di fede non meno che ombrosi balconi, affacciati al lago o su orridi scavati nella roccia. E numerosi sono gli accoglienti sagrati dove bene concorrono la processione come la festa popolare, spazi creati a dimensione d'uomo e dove l'uomo ritrova un sereno equilibrio.

* * *

È radicalmente mutato il paesaggio agreste. Sono scomparsi gli stentati campicelli di segale e di legumi, i frutteti, le grandi estensioni di vigna, i piccoli uliveti che pur son ricordati dalle storie. I castagni, insidiati dalla malattia e non più accortamente innestati, si van degradando; ma tuttora la gemmante fioritura di giugno disegna sui fianchi della montagna la mappa d'una secolare fatica.

I pascoli sono soverchiati dal bosco, contaminati da rovi ginepri e ginestre, talora sminuiti dalla forestazione di stato. Il bosco primigenio, di betulle faggi frassini aceri querce ontani – appena punteggiato da rosse bacche di agrifogli sorbi tamarindi – si rinfolta e lo ripopola una fauna antica, di camosci cervi daini, ma anche (intrusione artificiosa) un'orda incontenibile di cinghiali. Chissà non sia prossimo il ritorno di lupi e di orsi, qui e là ancora presenti nel secolo scorso. Grandemente scemato, al contrario, il numero degli armenti e delle greggi di pecore e capre che popolavano le alture.

La natura selvaggia riprende piede, incredibilmente, laddove anche nel pieno del forteto il sito più riposto portava il segno inconfondibile dell'umana presenza; ogni foglia, ramo secco, frutto, radice, e persino i ricci svuotati delle castagne, venivano raccolti per la quotidiana utilità dell'uomo e del bestiame.

* * *

Mentre l'abbandono della montagna era cominciato e le antiche migrazioni stagionali di mestiere – motivo di progresso economico e culturale – lasciavano il posto alla fuga di massa verso l'Oltralpe e le Americhe, venne delineandosi la rivoluzione dei trasporti, che ancor più avrebbe privilegiato i paesi rivieraschi.

La strada napoleonica del Sempione, i migliorati valichi del Gottardo e del S. Bernardino e il regolare servizio di battelli a vapore, furono incentivo per l'evolvere dell'economia verso intensificati commerci, lo sfruttamento del nascente turismo, l'incremento dell'industria. La palazzata a lago di Stresa, già dalla metà Ottocento, prese a ostentare monumentali *hôtels*, che conservano tuttavia il loro prestigio internazionale; vennero poi quelli di Belgirate, Baveno, Pallanza e Locarno, dove già si rimpiange l'abbandono e il degrado di qualche nobile edificio. Anche Magadino, *terminal* del battello a vapore, ebbe un'effimera fortuna alberghiera; più tardi l'avrebbe avuta Luino. Cannero, grato soggiorno degli Inglesi, ha mantenuto l'atmosfera dei discreti, aristocratici soggiorni ottocenteschi.

Ogni paese rivierasco si dotò di porti e di approdi, ovviando al necessario tragitto in barca per raggiungere le motonavi, ancorate al largo. Già si piange la perdita di qualcuna tra le vecchie stazioni della Navigazione; è salva, come documento d'un'epoca, la *tetòia* di Intra, divenuta piacevole luogo di incontro e di chiacchiere.

Più tormentato il dipanarsi delle vie litoranee, delle ferrovie e infine dell'autostrada. Dopo la stagione dei trafori alpini, gli ingegneri ferroviari seppero conferire dignità alle loro «opere d'arte». Esemplare il gran ponte metallico sul Ticino, a Sesto Calende, con la strada rotabile sovrapposta alla ferrovia; e gradevoli, nella sobria imponenza, stazioni come quelle di Arona e

Luino. La veloce spola dei traghetti tra Intra e Laveno ci ha scampato dalla iattura di un ponte galleggiante che avrebbe irrimediabilmente spezzato l'unità del lago. Peggio è andata con strade e gallerie, muraglioni e barriere contro le frane. Con difficoltà si ritrova l'incanto della *Strada di Zenna*, assunta da Sereni nel titolo di due liriche struggenti.

L'evoluzione dell'industria ha portato alla scomparsa degli umili impianti d'un tempo. Le fornaci di calce furono le ultime a morire, ed han lasciato un'eredità di «cattedrali a pelo d'acqua», come sono state chiamate: torrioni rastremati, al piede delle pareti calcaree donde si traeva la materia prima. Il bianco squarcio della rocca di Caldé è ormai un connotato del lago e si amerebbe che quel cimitero d'archeologia industriale fosse salvaguardato come scabra testimonianza d'un laborioso passato.

Son nati quindi filande e cotonifici, poi stabilimenti di vario tipo, in genere provvidenzialmente occultati nei fondovalle. Qualche lacerazione c'è stata ma guardiamo oggi a quelle vecchie e decadute ciminiere con rispetto e tenerezza; come alla fucina da cui, dopo mille sacrifici, è spuntata per tutti una prosperità cui non si saprebbe rinunciare e che, se non va confusa con il progresso, sarebbe ingeneroso vituperare.

Il peggio è venuto con gli anni Sessanta. Vien da sorridere oggi, leggendo dello sdegno manifestato da Ada Negri, agli inizi del secolo, contro il proliferare di "villini pretenziosi", lontani dalla schietta semplicità, comune un tempo al palazzo e all'abituro. Giunse, la soave maestrina, ad auspicare che si «dinamitassero» quei mostri del cattivo gusto. Che al nostro occhio più non sono tali, grazie alla cornice di giardini onde furono circondati, e li si vorrebbe anzi maggiormente protetti.

Il proliferare delle «seconde case», siano stati i Milanesi a costruirle o i Nordici alla ricerca d'un posto di vacanza al sole del Sud, ha prodotto ferite che con difficoltà si rimarginano. Alla mancanza di rispetto per l'ambiente naturale, alla volgarità degli insediamenti di rapina sulle rive, corrisponde il degrado dei nuclei antichi, insidiati dalla svendita che i residenti hanno fatto della loro identità culturale, senza distinzione di ceto e nazionalità.

Sembrano alle porte tempi migliori. Le tardive restrizioni urbanistiche chiudono il passo ad ulteriori metastasi; il rinfoltirsi del bosco ricuce gli strappi e occulta i bubboni. La riserva di bellezza è ancora enorme e si può qui darne un incompleto inventario attraverso le immagini di Carlo Pessina, colte con l'esperienza scaltrita del grande fotografo e con la sensibilità di chi ama Alpi e Prealpi come la sua piccola patria. Un invito per tutti ad amarlo, il lago, e difenderlo: come sa di dover fare chiunque ne conosca le risorse di storia, cultura, umanità e inarrivabile bellezza.

Quando salendo dalla riva la vista prende respiro e l'orizzonte blu delle acque si dilata e distende, e sopra di esso si sente incombere la massa verde delle montagne qua e là coronata da un pennacchio di neve, e più alto ancora si spalanca senza confine l'azzurro del cielo, variegato dal mutevole trascorrere delle nubi, allora l'infinito entra in noi e ne risuona una inesauribile tastiera. Ogni volta nuove, ci sorprendono la gioia delle brezze d'aprile, l'ebrietà delle crociere nelle mattine d'estate, la malinconia frizzante delle arie settembrine, la dolcezza delle brume autunnali sui monti ricoperti di porpora e d'oro, la pace dei solari meriggi d'inverno quando le fiamme del lontano orizzonte rinviano all'eterno. Perché questo è il lago: liquido riverbero della creazione divina e, insieme, specchio dell'uomo.

I
Uno sguardo circolare

II
Gli arcipelaghi

III
L'òlea fragrante dei giardini...

IV
Presenza del sacro

V
Andar per acqua, per terra, per filo

VI
I giorni della fatica, le ore dello svago

VII
Salire per valli

Uno sguardo circolare

La prima rappresentazione cartografica del Lago Maggiore, a noi nota, fu delineata da un umanista devoto a Ludovico il Moro, Domenico de' Belli dettosi "il Macaneo" perché nativo di Maccagno. La carta andò unita all'incunabolo oggi rarissimo che egli licenziò nel 1490 al torchio milanese di Ultrico Scinzenzeler. La xilografia ha una storia curiosa: l'intagliatore doveva essere un principiante poiché tralasciò di ribaltare specularmente l'immagine, come occorre fare nella matrice. Lo stesso avvenne per alcune diciture e poco si poté rimediare con una seconda tiratura. Ad onta del grossolano errore, se si guarda la carta allo specchio, si ritrae un'immagine del Verbano (e del Ceresio) più vicina alla realtà di quanto avrebbero saputo fare i cartografi dei secoli XVI e XVII.

Non sembra possibile che il disegno, in particolare quello tormentato del lago di Lugano, sia derivato da semplice impressione visiva. Amo pensare che il Macaneo abbia a lungo solcato le acque dell'uno e dell'altro lago, i barcaioli al remo e lui chino su un rudimentale goniometro o una bussola, per collegare con triangoli i vertici principali delle rive. Ma quando fu necessario mettere in relazione i vari specchi d'acqua, non gli restò che ansimare dietro ai pastori, risalire gli alpi e guadagnar le cime, con fatica non paragonabile a quella dell'odierno cartografo per immagini, che può fruire di aeroplani ed elicotteri.

Ricompensa comune, lo slargarsi dei polmoni e dello sguardo: l'occhio può vagare sulle brume lontane della Padania e nei giorni più nitidi, come assicurano i conoscitori, intravvedere il barbaglio d'oro della *Madunìna* milanese e la cupola di Superga, per poi girare in cerchio ai laghi e laghetti che s'accalcano intorno al Maggiore (così giustificandone il nome), e levarsi infine all'arco nevoso, dal Monviso all'Ortles e all'Adamello. Le Alpi, Marittime Cozie Graie e Pennine da un lato, Retiche dall'altro, fan corona alle nostre che dai misteriosi antenati Leponzi prendono nome.

Il lago trae forma e vita dalla più famigliare chiostra di alture che lo rinserrano dappresso. Dai due speroni di Angera ed Arona, che sembrano incisi dallo scalpello per aprire il corso alle acque, sino alle prime cime di riguardo, il

Mottarone sopra Stresa e, sopra Laveno, il Sasso di Ferro e la *Bióta* (la montagna si ricorda d'essere femmina, talora, anche se gli "alpi" qui sono maschi). Si susseguono poi, in sponda destra, i coni isolati di Montorfano, *nomen omen...*, e Monte Rosso e la catena ininterrotta di Pizzo d'Omo, Spalavera, Carza sino ai 2187 metri del dominante Limidario, *mons limitaris* fra diverse giurisdizioni religiose e civili, e poi alla Trosa. L'opposta sponda sgrana Monte Colonna, Pian Nave, i *Bedróni* (dalle secolari betulle che ancora vi allignano), Lema (altro *limes* fra diocesi e, oggi, nazioni diverse), Tamaro (vertice di questa sponda, con i suoi 1962 metri) e Paglione.

Dalle vette appuntite e dalle forcole fra l'una e l'altra, che collegano le valli in un discorso ininterrotto, dai terrazzi sospesi sull'abisso, come a San Rocco di Campagnano e a Pollino presso Premeno, è possibile cogliere la varietà d'un paesaggio dolce e aspro, tenero e forte, variegato e monocorde, senza mai giungere ad esserne padroni.

La materia – di tetti, torri, prati, boschi, orti, coltivi (ormai radi), gerbidi, paludi, rocce, nevi – moltiplica gli effetti con il variare delle stagioni, dell'atmosfera e dell'ora. Protagonista è sempre l'acqua che distribuisce i riflessi, esalta masse di colore e improvvise vampe di luce.

È perdonabile lo sbaglio di chi ritiene derivato dal colore, che tenuemente l'imporpora all'alba, il nome del monte Rosa, il massiccio che veglia altissimo e appartato; e vien invece riferito a *ròsia*, termine prelatino per indicare i ghiacci eterni (effetto serra permettendo...). Proprio le molteplici gradazioni di rosa e di rosso, così come l'oro fino del sole, filtrato attraverso le nubi, o l'argento di polite distese, stemperano il compatto poema dei verdi e dei blu; senza dimenticare il dominio autunnale dei grigi quando dalle brume, e dalle nubi basse sull'acqua, ci giunge sommesso il canto di una ninfa gentile.

A leggerlo fuori d'ogni trasporto romantico, con uno sguardo circolare, nel paesaggio verbanese si colgono in ogni momento i segni della presenza umana, ossequenti al dominio della natura-madre ma volti ad attenuarlo e ingentilirlo: siano villaggi o campanili che sbucano alla prima volta del Ticino, radure tra boschi selvaggi, chiome ben educate di parchi e giardini, «fughe di ponti e di viali», pullulare di tetti nelle città sui ghiaieti dei fiumi, persino lo specchio subalterno del laghetto alpino asservito agli impianti idroelettrici.

I
13 - 14

Gli arcipelaghi

L'isola ha sempre destato nell'uomo un fascino sottile; è metafora dell'altrove e del diverso, prigione spalancata verso insospettabili libertà. Le isole del Lago hanno il pregio della misura umana; si abbracciano con lo sguardo, si percorrono in un'ora, non si fosse trattenuti dai tesori che il tempo vi ha accumulato. In antico si badava piuttosto all'uso di guerra; vi sorgevano castelli, come su Isola Madre e Isolino (detto di S. Giovanni Battista perché negli antichi manieri non mancava mai la chiesa e, spesso, un battistero che appunto dal Precursore traeva il suo titolo) e fors'anche sull'Isola Bella. Torri e mura merlate sono scomparse dall'arcipelago borromeo; ma ancor minacciano, dirute e selvatiche, dalla rocca Vitaliana presso Cannero.

La costruì Ludovico Borromeo nel secondo decennio del Cinquecento, in un momento di traversie, mentre la signoria feudale era insidiata dai conquistatori francesi, cercando appoggio presso gli Svizzeri che da pochi anni si erano impadroniti del Locarnese e miravano oltre. Rappacificato col re cristianissimo, Ludovico resisté poi vittoriosamente ad assedi ducali e imperiali. I figli finirono per tornare nelle grazie di Carlo V e Milano poté contare su quel baluardo a guardia dell'incerto confine. Gli Elvetici, non ancora divezzati alla pratica bancaria, finirono per rimetterci parte dei crediti.

Era trascorso un secolo da quando gli isolotti s'erano d'un tratto fregiati di altro torrione, dal nome sinistro di Malpaga. Fra 1402 e 1414, nella crisi seguita alla morte del duca Giangaleazzo Visconti, i fratelli Mazzarditi, corsari d'acqua dolce, aspirarono a più duraturo ruolo politico, alleandosi con i Rusca di Como. Misero insieme con soprusi e ruberie un cospicuo patrimonio, ritagliandosi in Cannobio un piccolo dominio protetto da nuove fortezze; sinché Filippo Maria, dopo averli blanditi, li schiacciò con pugno di ferro.

Le due "Iselle" ospitarono e ospitano villaggi di pescatori. La Superiore (abitata *ab antiquo* come dimostra la chiesa con resti del X secolo) è per antonomasia detta "dei Pescatori". Nell'Inferiore, già in parte occupata da un rustico abitato, una totale trasformazione fu provocata nel '600 dal talento e dalla fantasia di Carlo III e Vitaliano VI Borromeo. Già Pellegrino Tibaldi aveva posto mano nell'Isola Madre alla costruzione di un palazzo, e intorno si erano distesi, per la meraviglia del Morigia, filari di agrumi e di piante da fiore o da frutto. Una volta tanto il Vagliano, scrivendo un secolo dopo, non fu costretto a fare man bassa nella prosa del Gesuato e diede fuoco a personali girandole d'artificio per celebrare l'Isola che cominciava ormai ad essere conosciuta come la Bella.

Vitaliano VI vi aveva suscitato un grande palazzo e un giardino, da superare in maestosità le più celebrate ville lombarde. L'impresa durò secoli ma ha dato luogo a un irripetibile amalgama di natura, arte e artificio. Ampie scalee, saloni grandiosi aperti alla visione del lago, una monumentale galleria d'arazzi, raccolte di pitture e sculture che fanno del palazzo un museo tra i più visitati d'Italia, accompagnano, col corredo di sale a "grottesco", alla mirabile macchina del giardino. La terra fu riportata spalto su spalto, in terrazze digradanti; la coronò un arabesco d'aiuole e, sul fondale di rocce, una cavalcata di statue al cui sommo s'impenna il liocorno, una delle più note insegne borromee: un "teatro" in cui si recitarono i versi di Carlo Maria Maggi, e risuonò di arie barocche il concento dei musici.

Il visitatore frettoloso trascura l'Isola Madre ed ha torto. Il giardino, rifatto all'inglese, esibisce una straordinaria campionatura di piante rare; nel palazzo il visitatore respira l'aria d'un aristocratico passato, girando in mezzo ad arredi di pregio e cimeli (fra cui il "teatrino delle marionette", già dell'Isola Bella) sotto l'occhio discreto di manichini, rivestiti delle livree di casa e compunti nel gesto di socchiudere una porta o accomodare il piatto sulla tavola.

Torniamo a nord. Davanti a Ronco d'Ascona verdeggiano due lingue di terra. Scomparse le chiesette altomedievali, il romitaggio degli Umiliati e i conigli che vi proliferavano nel '400, le isole "di Brissago" sono legate alla memoria della "baronessa" St. Léger una dama d'origine russa e dalla vita avventurosa, passata attraverso diversi matrimoni e amicizie straordinarie (Listz, Joyce, Segantini, Grubicy...). Mecenate di artisti verbanesi come il Ranzoni che la ritrasse in una tela famosa, mostrò totale imperizia negli affari perseguiti in mezzo mondo e si ridusse a morire povera e sola. Ma aveva impiantato un orto botanico che è oggi sotto la protezione confederale e le cui esotiche fioriture propiziano la serena contemplazione delle acque.

II
8 - 9

VERBANO

PENSIONE
ISOLA BELLA

II

15 - 16

L'òlea fragrante dei giardini...

Già l'òlea fragrante dei giardini / d'amarezza ci punge... i versi di Vittorio Sereni evocano il fascino borghese del giardino ben curato, intorno alla ville che presero a moltiplicarsi accanto agli abitati, e ne costituirono una frangia ben distinta, per il prevalere dei toni scuri, dall'universo verde dei boschi e dei prati. Un tocco di gentilezza in un paesaggio sovente disadorno e sempre volto all'utile, ogni balza messa a partito per coltivo vigna bosco pascolo.

La dolcezza del clima già aveva favorito lo sviluppo degli uliveti, documentati per Massino e l'Isola Madre nell'alto medioevo; begli ulivi di imponenza secolare, taluno ormai sovrastato da vegetazione infestante, ancor si ritrovano intorno a Cannero o a Colmegna. Vennero poi limonaie e aranceti; limoni selvatici sopravvivono lungo il muro a solatìo entro i castelli di Cannero. Dal Giappone giunsero infine le piante da fiore, azalee (ancora Sereni: *Maturità scoppiante dei colori / fu vostra la grazia dell'aria / nel lume di primavera* ...), rododendri, camelie che trovarono nel microclima del lago l'ambiente ideale: suoli adatti ai vegetali acidofili, temperature miti, adeguata piovosità.

La coltivazione della camelia è perseguita da una estesa famiglia di appassionati e giardinieri, adatto come è quel fiore a generare innumerevoli varietà di forme e di colori. Da anni si susseguono a maggio le Feste della Camelia e i floricultori verbanesi – componente non più trascurabile dell'economia agreste, quale il nostro tempo esige – offrono un campionario di prodotti senza molti rivali nel mondo.

Due forme di giardino si contendono l'ammirazione. All'*italiana*, come nel caso, esemplare in un larghissimo intorno, dell'Isola Bella; ma inserti del genere non mancano in parchi più recenti, come a villa San Remigio e a villa Taranto, ideali per ambientare specchi d'acqua e combinare in forme geometriche differenti fioriture, nei vari colori che le stagioni consentono.

Dominante, dall'Ottocento in poi, il gusto *inglese*, con la rielaborazione dell'ambiente in modo da ricostituire una sapiente naturalità mediante la complessa trama di viali, masse arboree e siepi fiorite, disegnata con linee morbide e volubili. Per converso necessita un maggior numero d'anni perché le specie ad alto fusto, messe in evidenza con accorto spirito scenografico, acquistino la pregustata imponenza.

In tal spirito furono ideati i parchi dell'Isola Madre e – nella maggior parte – di villa S. Remigio e villa Taranto a Pallanza, di villa Pallavicino a Stresa o, tanto per allargar l'occhio alla "sponda magra", della villa Crivelli a Luino. Chi li creò non improvvisava ma si era procurato buona cultura botanica e seguiva ritmi lentissimi di preparazione. Il giardino era talora progettato decenni prima che si passasse alla costruzione della villa e paziente era la selezione di sementi, talee e margotte, con ricerca all'estero, durante le grandi esposizioni. A quelle di Vienna si distinse il Rovelli, patriarca dei "giardinieri" verbanesi. Per il piccolo ma ben curato giardino del Longhi, alla punta Lavello di Bedero Valtravaglia, fu scomodato un illustre amico di casa, Giuseppe Ferrari, filosofo e deputato radicale che aveva mantenuto costanti rapporti con Parigi. Qualcuno degli ibridi importati di Francia sopravvive, più che centenario, fra un *residence* turistico e l'altro.

Ma, abbacinati da immagini lussureggianti, non dobbiamo dimenticare lo spontaneo giardino che è il bosco. Già un segno d'ordine si riscontrava nella distribuzione dei noci, isolati nei prati perché l'ombra se ne riteneva dannosa; ma se ne traeva cibo e lume, anche se l'uso di quell'olio era vietato per la lampada dell'altare, a causa della densa fumaglia nera. Abbandonato a se stesso il bosco è divenuto inestricabile, ma non è rimasto privo di voce. L'occhio esercitato riconosce di tempo in tempo diverse fioriture. Già si è detto dei castagni. In aprile biancheggiano i ciliegi selvatici che si sono moltiplicati a dismisura poiché gli uccelli ne trasportano ovunque i noccioli (un tempo, per la scarsa utilità, se ne conteneva l'espansione). Di maggio è la volta delle robinie, spregiate dai giardinieri (benché il Robin, giardiniere dei re di Francia, le avesse portate dall'America come una gran novità) ma gradite agli apicultori e sollecite nel rinsaldare scarpate e sanare le ferite recate dall'uomo. Di giugno lungo le rive si riconoscono oasi violacee di paulonie, il cui seme attecchisce anche negli anfratti dell'asfalto e dei muri. E, in alto, resta la consolazione delle fustaie di betulla e di faggio; quest'ultimo re incontrastato della montagna, solenne e distaccato come un monumento all'arborea matrice di questa terra.

III
3 - 4

III
24 - 25 - 26

Presenza del sacro

Le terre verbanesi non si discostano dalla realtà europea, in cui la presenza cristiana è avvertibile per sovrapposizione di innumerevoli richiami a una fede comune. Sono quindi le chiese a porsi come il principale riferimento ambientale; e non per niente se si vuol esprimere con una parola lo spirito d'un abitato ci si rifà al «campanile». Sorsero i templi più antichi fuori degli abitati, spesso in luogo eminente e certo perché una pausa di silenzio isolasse i sepolcri. Paura dei morti o più semplicemente precauzione igienica: per quanto non si temesse di stender granaglie ad asciugare nel cimitero e persino di impiantarvi vigne. Nemmeno si curavano i muri di cinta e gli animali razzolavano fra le tombe.

Si preferivano comunque i loculi sotto il pavimento della chiesa. Quando le camere sotterranee erano ricolme, i poveri resti venivano raccolti negli ossari; ci si baloccava con teschi e tibie disposti come i grani d'un rosario, a destare salutare resipiscenza per le sorti dell'anima. Talora le donne si riunivano per il periodico compianto, con vistose lamentazioni rituali, intese a mantener tranquilli i morti, che non tornassero a inquietare la casa dei vivi.

Dalle scabre chiese romaniche, navi di pietra ormeggiate fra i monti, si passò a temi più complessi. Per una sorta di connaturata ritrosìa, la decorazione via via più ricca non esorbitò mai sul disegno degli spazi interni. I Beretta da Brissago, che certo avevano lavorato in città, forse nelle mecche del Rinascimento, in Umbria, si mantennero fedeli alla pietra degli avi e librarono grevi massi nell'aria, traforando i tiburi della Madonna di Campagna a Pallanza e della Madonna del Ponte a Brissago. Poi prevalsero intonachi e stucchi, l'invenzione di spazi a pianta centrale, il coronamento di cupole (come quella ellittica del S. Vittore intrese). Grandi volte vennero offerte all'affresco e proprio nella stessa Madonna di Campagna.

Paradossalmente non fu il credulo medioevo ad alimentare maggiormente la fama miracolosa dei santuari. Le grandi macchine della pietà furono montate nel '600. Il Lago Maggiore, forse per ritrosia nostrana ad ogni eccesso di esibizione, restò privo di "sacri monti" poiché non giunsero mai a compimento i tentativi di Locarno, Ghiffa e Arona. Ma i vescovi della Controriforma non persero occasione per consolidare le devozioni locali, ad usbergo dell'insidia eretica. C'era il pericoloso precedente di Locarno, dove il luteranesimo aveva fatto proseliti tra i nobili e fu stroncato già nella prima metà del XVI secolo, non dall'Inquisizione ma dai landfogti dei cantoni cattolici.

Qui e là Madonne sui muri presero a piangere; le ferite inferte dai profanatori alle immagini sacre versarono sangue; una costola cadde fuori dall'affresco della Pietà a Cannobio; lo scapolare della luinese Madonna del Carmine fermò palle d'archibugio... I notai registravano quanto i testimoni dicevano d'aver veduto; noi ci fermiamo alle soglie del mistero. Del resto, per lo storico della società, non ha rilevanza la realtà materiale dell'evento prodigioso quanto la diffusa fede nel miracolo che alimentava slanci, o fanatismi, collettivi.

Anche all'incredulo un brivido corre per la schiena, quando a Cannobio, celebrandosi il miracolo della Sacra Costa, la teca con la reliquia è issata lentamente verso l'aereo recesso e l'accompagnano nubi d'incenso e cori e il suono solenne dell'organo. Nessuno può disconoscere la grande consolazione della fede per lenire l'asprezza della vita quotidiana, turbata in ogni momento da vecchie e nuove paure. Si temeva la maledizione celeste quando la sabbia rossastra del Sahara, portata dal vento, si depositava sulla neve o ... sulla scorza rugosa dei cavoli, biblicha pioggia di sangue. Si invocava la momentanea resurrezione dell'infante morto sul nascere, perché si potesse battezzarlo e assicurargli il paradiso.

L'uomo di montagna sapeva – o credeva – di poter contare sull'aiuto della gran madre celeste, d'una legione di santi, ciascuno con la sua virtualità. I pastori ricorrevano a san "Luguzzone", senza saper bene chi fosse quel Lucio ma procurandogli un gran daffare per proteggere uomini e bestie. Per scampare dalle pestilenze si invocavano i santi Rocco e Sebastiano; gli scalpellini veneravano santa Lucia, che gli proteggesse gli occhi dalle schegge. Non stupisce quindi che ogni sentiero della montagna fosse punteggiato di cappelle, davanti alle quali sostare o ripararsi nei percorsi del lavoro come nel trasporto dei morti; l'abitato ostentò in ogni canto tabernacoli o ingenui affreschi votivi. E nel silenzio della sera, al rintocco dell'avemaria che chiudeva la giornata di fatica, ognuno chinava il capo per una muta preghiera. Come, del resto, Dante ed Aroldo.

IV
2

IV
3 - 4 - 5

IV
6 - 7

IV
12 - 13 - 14

IV / 19

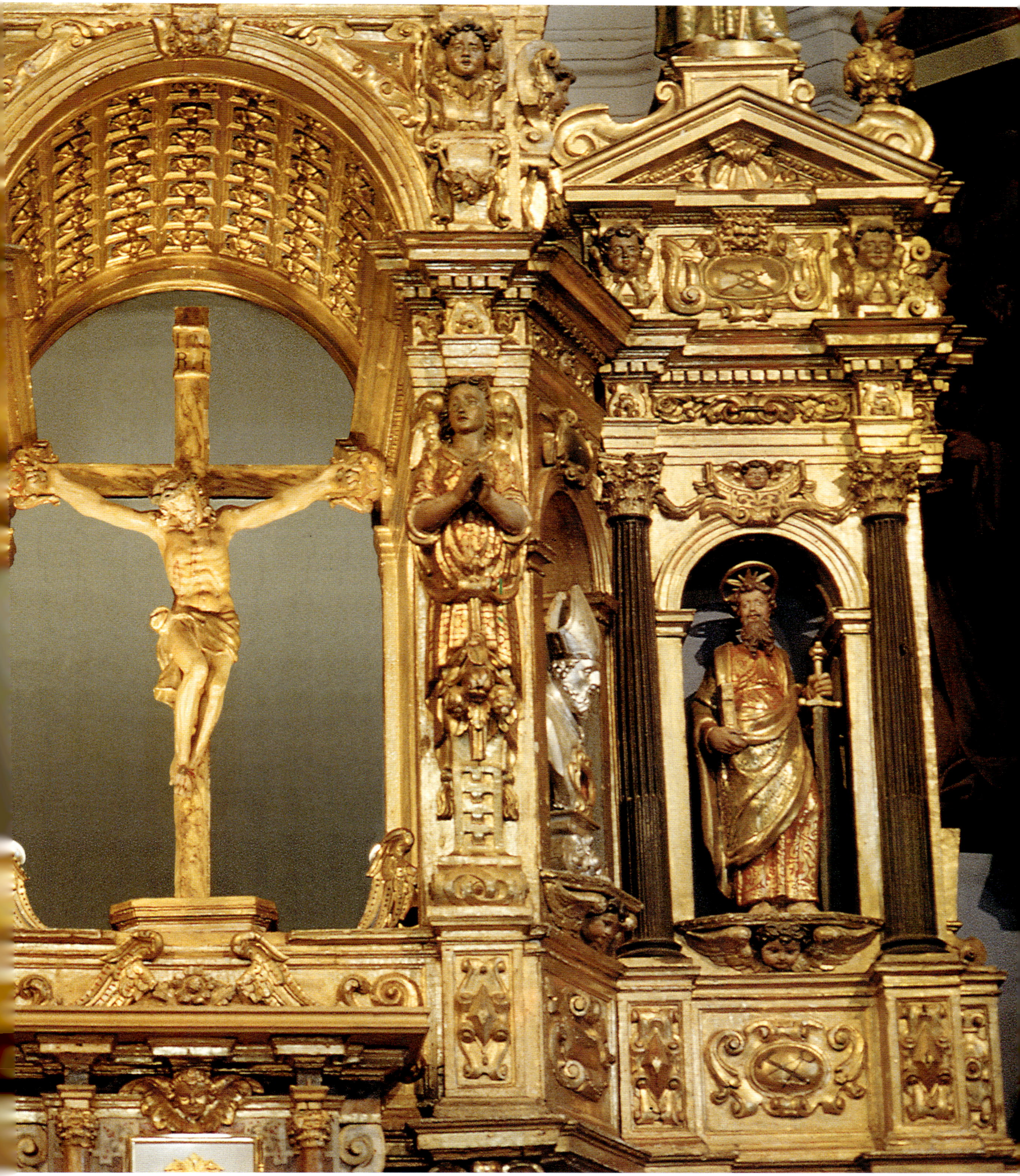

VIRGINI

IV
22 - 23

IV / 30 ◊

IV
32

IV
33 - 34

S· victor

IV
43 - 44

S. BERNARDINO
MOTORE FERMO
MARCIA INNESTATA
FRENO A MANO TIRATO
MOTEUR ARRÊTÉ
VITESSE EMBRAYÉE
FREIN Á MAIN SERRÉ
4 00
MOTOR ABSTELLEN
GANG EINSCHALTEN
HANDBREMSE ANZIEHEN
ENGINE-OFF
INSERT GEAR
PULL-HAND-BRAK

Andar per acqua, per terra, per filo

La via d'acqua ha costituito per secoli il tramite principale dei collegamenti economici, culturali e umani dell'area verbanese. I pellegrini di Campagnano Veddasca, per andare al Sacro Monte di Varese, nel tratto Maccagno-Luino preferivano prender barca anziché seguire la via di terra (mal gliene incolse, a fine '500, perché quaranta di loro restarono vittima di naufragio). Le strade costiere non hanno del resto più di un secolo; ancora agli albori del '900, fra Maccagno e Luino non c'era che un sentiero, ancorché "provinciale", largo un metro e mezzo! Se già in età napoleonica la strada del Sempione unì Arona con Feriolo, la "nazionale" fra Intra e il confine nacque a strappi negli anni '60 del secolo scorso, la litoranea Luino Laveno si completò solo negli anni '20 del nostro.

I grandi barconi a fondo piatto, dalla vela quadra e dal doppio remo poppiero per timone, trasportavano merci in quantità. E il Lago finiva a Milano, da quando – già nel XII secolo – era stato aperto il Naviglio. Per quella via è disceso da Candoglia, pezzo su pezzo, il Duomo. Di poco più agghindate erano le barche "da nobile", ove un parsimonioso tettuccio riparava dal sole e dalla pioggia. Accompagnavano sposi di riguardo, fra salve di mortaretti e di archibugi, e i presuli milanesi in visita pastorale, come Carlo Borromeo nell'ultimo viaggio. Tornava da Ascona con la febbre nelle ossa, nel freddo umidore di novembre, a piccole tappe, lui che esigeva percorsi d'un fiato. Non restava dal predicare, spronando alla preghiera i *paróni*, gente di scorza dura, usa a negare l'imbarco ai preti perché portavano male; e quel giorno assistevano sgomenti all'agonia d'un santo.

Non mancarono navi da guerra, per la spedizione dei Cannobiesi a sostegno d'Ottone Visconti nel 1277, e ne seguì la battaglia di Germignaga. "Ganzerre", capaci di cinquecento armati, furono impiegate da Luchino Visconti per l'assedio di Locarno (1340). Alcuni secoli dopo gli Austriaci dotarono di cannoni una piccola flottiglia che finì la sua carriera con il "bombardamento" della riva piemontese. Durante la repubblica dell'Ossola, più d'un battello impiegato a trasbordar milizie subì l'insidia aerea anglo-americana.

Quando Canton Ticino e Piemonte appoggiarono la costruzione della nuova strada sul S. Bernardino, parve spontaneo prolungare il collegamento col Nord Europa mediante regolari corse per acqua. Presso Locarno fu varato nel 1826 il *Verbano*, la polena adorna d'un immaginario nume eponimo. Le genti sbigottirono a vederlo trar moto non dalle vele ma dal fuoco d'una macchina a vapore, già usata per il fallito collegamento Milano-Venezia e prodotta nelle officine inglesi del Watt.

La Navigazione ha continuato sino ad oggi, attraverso guerre e crisi economiche. La flotta si è infoltita via via e vanta oggi moderni aliscafi e – ultimi arrivati – nuovissimi catamarani. Via via le linee lacuali han accentuato la vocazione turistica; ma il traghetto Intra-Laveno (dal 1933 con imbarcazioni appositamente progettate), convoglia traffico pesante e svolge una utile funzione di integrazione economica fra le due sponde.

Una seconda rivoluzione dei trasporti era stata provocata dall'arrivo delle ferrovie. Arona ne fu precocemente servita, nel 1855, e costituì una insostituibile testa di ponte per la navigazione. Poi il Novarese fu collegato con il Gottardo e impensate correnti di traffico turistico, si riversarono sulle stazioni di soggiorno. Passavano per Luino principi e regnanti, feldmarescialli e damigelle cinesi dai minuscoli piedini che civettuole esibivano al volgo accorso.

A lungo si era conteso per la linea in sponda sinistra (Oleggio-Laveno-Pino) piuttosto che destra; in breve i contrasti furono vanificati dall'estendersi della rete. Le Nord unirono Laveno con Varese e Milano; il traforo del Sempione tolse dall'isolamento la sponda piemontese, almeno nel tratto meridionale. Linee secondarie si diramarono tra Verbano e laghi minori. Da Luino si andava a Ponte Tresa e, per acqua, a Porlezza, dove altra ferrovia portava a Menaggio e al Lario. Alcune cime (Premeno, Mottarone) furono presto raggiunte con trenini elettrici (Premeno), talora a cremagliera, e in seguito con funivie (Mottarone, Cardada). Seggiovie s'arrampicarono ai balconi panoramici più suggestivi.

La diversa importanza dei nodi di traffico e infine l'adozione degli autobus, hanno cagionato la decadenza d'alcune linee ferrate e la scomparsa delle minori. Oggi le strade sono intasate dal traffico pesante. L'autostrada da Arona a Gravellona Toce sembra restituire ai lungolaghi la pace delle allee ottocentesche, fra tenue vibrar di foglie e quieto sciabordio d'onda.

V
3 - 4 - 5

SEMPIONE
SEMPIONE

V / 6

V
7 - 8

TORINO

1666
CONTE.TEODORO
BESOZZO

V

23 - 24 - 25

I giorni della fatica, le ore dello svago

La grande distesa d'acqua, gremita dai barconi da carico non meno che dai burchielli per l'andirivieni delle persone, non fu mai estranea alla minuta trama del lavoro che legava una sponda all'altra. Il grembo del lago largiva doviziosa pescagione, le acque correnti alimentavano manifatture (una miriade di molini, magli, frantoi, gualchiere per carta e tessuti), spesso prossime alla riva. Oggi sono rimasti in pochi a faticare sull'onda; i più vi cercano divertimento.

La pesca era praticata da pochi addetti che preferivano i docili specchi delle acque ferme, le "piscine", ove non si dovessero temere improvvisi fortunali. Bisognava far i conti con chi deteneva la "regalia", il diritto riservato al re e da lui trasmesso per catena di concessioni, l'ultima mediante appalto al miglior offerente. Era quindi necessaria una accorta organizzazione economica, nella quale si distinsero ben presto i pescatori delle Iselle. Non che mancassero le frodi. Antico espediente era quello di gettare calce viva nei porti, provocando l'indiscriminata moria del pesce. Saggiamente gli statuti dei comuni rivieraschi vietavano quella pratica di rapina.

Il lago s'animava piuttosto per la fluitazione del legname, dai boschi alle città. Si imparava dalle *buzze* che depositavano su rive lontane la legna divelta dai torrenti in piena. Le borre venivano dapprima avviate al basso lungo scivoli tagliati nel bosco, le *ciovénde*. Il trasporto si avviava nei torrenti montani; alla scarsità d'acqua si ovviava con flussi improvvisi, provocati dalla rottura di dighe posticce (*serre*). Sul lago i tronchi erano legati a formare grandi zattere affidate alla corrente, e al vento quando si alzavano vele improvvisate.

Nelle attività manifatturiere tenevano il campo le lavorazioni di pelli e tessuti: gli armenti dell'alpe offrivano materia prima. Si aggiungevano canapa, lino e, dopo il XVIII secolo, la seta. A Cannobio già nel XII-XIII secolo fioriva il "lavorerio" della lana; poi vi prese piede la concia delle pelli, praticata mediante bagni tannici con la "rusca" d'abete (e l'infusione di sterco canino...), ragion per cui fu additata nel '600 come causa d'una letale epidemia. Analoghe le difficoltà a Intra un secolo dopo, per l'inquinamento provocato dalle rinomate «sbianche»;

con l'acqua di torrente e intrugli vari, si conferiva ai tessuti il bianco più bianco cui già ambivano dame e massaie.

Le "partecipazioni statali" non sono nate ieri; nel '600 una fabbrica di archibugi a Intra godé di protezione pubblica come, a fine '700, l'imperial regia vetreria di Porto Valtravaglia. Questa visse poi di laboriosità propria, per quasi due secoli, giovandosi anche di soffiatori transalpini, e fu sorella di altre industrie vetrarie (a Intra) e ceramiche poi (a Laveno e nell'entroterra). Si giunse infine alla rivoluzione industriale. Imprenditori transalpini diedero vita, già nel primo '800, alla grande stagione di cotonifici e setifici; di estro locale la fortuna del cappellificio. Quando gli idrovolanti sembravano avere un futuro, sul limitare del lago nacquero grandi industrie aeronautiche.

E tuttavia la maggioranza della popolazione maschile non cessò di percorrere le strade dell'emigrazione, spinta dalla necessità ma anche dall'ansia di diversi orizzonti che qui si respira nell'aria. Esercitavano mestieri umili i facchini (uniti in Milano nella *badìa di fachìtt du lac Maiò*, posta nel '700 sotto la protezione del feudatario di Frino, il marchese Morigia) e «fruttaroli», «prestinari», cuochi e albergatori, spazzacamini, arrotini, ombrellai ma specialmente *maïster*, mastri da muro e di varie attività edilizie, fumisti e decoratori.

Qualcuno arrivò in alto: non solo chi aveva studiato, come Pietro Martire d'Angera (ma nativo d'Arona) che, influente consigliere della regina Isabella, battezzò la grande scoperta di Colombo con l'appellativo di «nuovo mondo»; Giorgio Andreoli da Intra divenne a Gubbio rinomato mastro ceramista; Bartolomeo Scappi da Dumenza fu cuoco dei papi (e trattatista di cucina); già si è detto del Luini e dei Serodine. I Bolongaro di Stresa si fecero strada in Germania e in Olanda, inventando nuove miscele di tabacco da fiuto. Molti diventarono imprenditori di opere pubbliche, assumendo appalti in mezza Europa, come il Caramora di Intra che costruì ferrovie in Austria-Ungheria. Ombrellai del Vergante apriron negozi e fabbriche in Italia e nel mondo.

Oggi le acque sono corse per diporto da vele d'ogni colore; quelle vele che Vittorio Sereni, in un ritorno a Luino, trovò tanto più numerose delle rade barche d'un tempo, e avvertì il loro «bianco compatto poema» come una «lacuna» aperta nel suo cuore. Anche se i di tempi estroversi inclinano piuttosto ai motori, la vela resta un'«immagine tesa» del sogno.

AD

MIRKA

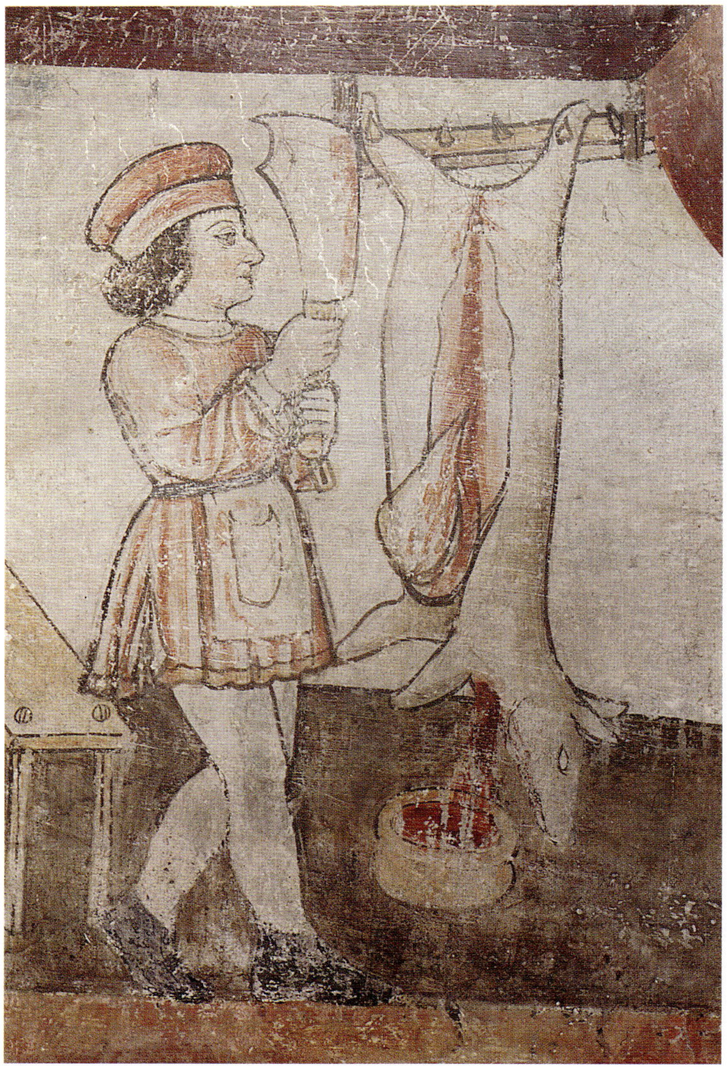

S PIETRO

IN QUESTA CASA
VISSE MIN
TRAGHETTATORE
E PESCATORE

VI
24 - 25 - 26 - 27

VI / 29 ▷

G. R.

Salire per valli

Non si può concepire la realtà storica, economica e umana del Lago senza considerarlo in unione con le valli che gli stanno intorno. Così come la grande acqua trae risorsa dai torrenti che vi confluiscono, società e costume sono, e più lo furono, influenzati dal retroterra. All'escursionista, che non indugi soltanto a raccattar funghi, si aprono una varietà inesauribile di mete e, molto di più, le testimonianze d'un significativo passato.

A quanto pare i nuclei alpestri conobbero la maggior floridezza intorno all'anno Mille. I grandi pascoli estivi, gli "alpi", largiti dal naturale rarefarsi della vegetazione o creati con il disboscamento delle cime, offrirono pastura ai grandi armenti di importanti monasteri o di influenti vassalli regi. Poi in pianura si imparò ad irrigare i prati, si adacquarono marcite e la transumanza venne meno. L'armento si ridusse a qualche capo grosso per famiglia e a un maggior numero di capre e pecore, seppur non fosse rara la pratica della soccida. Restò la risorsa boschiva, col tempo depauperata da tagli sconsiderati e svilita per la produzione del carbone. Né si trascurò l'attenta cultura del castagno, si sfruttarono ragia e rusca. Qualche valle poté arricchirsi con l'esclusiva dei trasporti oltralpe; ci si ingegnò a produrre formaggio duro che poteva essere commerciato lontano. Ma fu inevitabile la spinta all'emigrazione che una *élite* di carpentieri e mastri da muro preconizzava già dall'alto medioevo.

Il carattere della gente – tutt'altro che rozzi pastori e boscaioli – si alimentò di nutrimenti diversi. Nei remoti villaggi della riva lombarda tornavano, già nel '400-'500, *maìster* (magistri, alla latina) che a Perugia avevano lavorato, chissà, sotto Francesco di Giorgio Martini e steso l'intonaco per gli affreschi del Perugino. Raccontavano di pietre diverse dalla loro, grigia e asprigna questa, rosate e docili all'intaglio quelle, onde palazzi chiese fontane sorridevano da ariosi trafori. Li ascoltavano a occhi sbarrati fanciulli che l'anno dopo sarebbero partiti insieme, previa la stipula notarile d'un contratto *ad artem* (le mamme a casa, a paventare pericoli, l'insidia della peste del secolo, il "mal francese"). Altri coetanei, sulla sponda opposta, sarebbero stati "venduti" a spazzacamini senza scrupoli e li avrebbero seguiti chissà dove, sinché dalla pratica di tetti e grondaie avrebbero tratto esperienza per più nobile arte, e qualcuno di loro si sarebbe assunto di ricoprire con zinco Nôtre Dame di Parigi.

Le donne restavano sole per gran parte dell'anno, legate al ciclo delle gravidanze invernali, ma titolari d'una sorta di matriarcato che gli largiva larga autonomia ed esigeva in cambio la pratica dei lavori pesanti, il trasporto di carichi gravosi per sentieri da capra: mucchi di fieno, sacchi di carbone, vivande o pietre e calcina quando si poneva mano alla casa o alla chiesa.

Per l'innocente vanteria di mostrare a tutti la propria riuscita, chi aveva fatto fortuna all'estero era largo di aiuti ai conterranei e munifico per la chiesa, che diventasse più bella di quelle vicine. L'uso degli alpi, la contesa delle poche risorse disponibili per la sopravvivenza, le chiuse corporazioni degli emigranti, avevano destato rivalità feroci tra villaggio e villaggio e voglia di distinguersi, persino mutando il dialetto, a poco a poco reso irriconoscibile al vicino. E sorsero fra sparuti gruppi di case templi maestosi, nei quali si ricercava il meglio, talora fornito sul posto da maestranze scaltrite, talora procacciato lontano con grave sacrificio (i marmi policromi degli altari e delle balaustre).

Ci è rimasta l'eredità di una grande cultura, tramandata nella sapiente manualità necessaria a foggiare gli strumenti del lavoro e a modellare le materie più ingrate. Non ignoravano i valligiani che fosse utile lo studio; e stipendiarono maestri quando ancora non si parlava di scuole pubbliche, perché l'emigrante potesse cavarsela nel mondo. Più tardi si istituirono le scuole di disegno, pagate dalla comunità e dagli allievi: il muratore doveva sapere come girare un arco e il plasticatore come sagomar cornici. Ma soprattutto imparavano rubando con l'occhio vigile il segreto del mestiere a chi era più avanti negli anni.

Quei poveri, mai miseri, sapevano foggiare muri a secco senza uno scapolo di pietra fuori posto. Il saputo muratore d'oggidì non sa picchiare il sasso perché si commetta nel giusto ordine e senza leziosaggine; né più s'azzarda a coprire i tetti con l'irsuto tappeto di "piode". Seppero, gli antenati, modificare creativamente l'ambiente, senza mai umiliarlo. Dal lago appena si scorge il nucleo di Carmine presso Cannobio, antico grumo di case posto come un fronzolo sullo spuntone di roccia. Al di sotto un'eruzione di pretenziosi villini ha butterato il versante, senza nemmeno ospitare lo stesso numero di abitanti.

In gremio matris sedet
sapientia patris .

I·N·R·I

I

I/1 – Là dove il Ticino riprende forma di fiume e si avvia a confluire nel Po, si rivela in piena maestà il monte Rosa, nume che ascòndito veglia sul Verbano, lesinando sugli scorci concessi alle rive.

I/2 – Non sempre è quieto il respiro dell'onda: talvolta schiuma giocosa, talaltra minaccia torvamente il navigante improvvido. Sul fondo Baveno, qualche anno fa.

I/3 – L'alba nuvolosa non spolvera la patina d'oro antico sul manto regale del golfo Borromeo, serrato dall'Isola Madre.

I/4-5-6 – La diramazione occidentale, verso Mergozzo. Un braccio di lago fu scisso dalle ghiaie nei secoli trascinate dal Toce, la *Tosa*, come si dice sul posto (qui si predilige spesso, dei fiumi, l'aspetto materno: la *fiümm*, la *Maggia*, la *Tresa*, la *Margorabbia*...). Il Fondotoce si stende in un'ampia tessitura di prati, boscaglie, canneti. Al n. 4 la veduta è ripresa dal monte Faié, una antica faggeta, giusto come il nome tramanda. Al centro il cono del Montorfano, poderosa massa di *miaròlo*, il pregiato granito bianco con cui furono tornite le colonne per il nuovo S. Paolo fuori le mura di Roma.

I/7 – Le nubi dissimulano l'Isola Madre in un'ombra rosata, preludio di temporale.

I/8 – In volo sopra Pizzo d'Omo: i laghi splendono come lamine di metallo lucente.

I/9 – La luce purpurea del tramonto si riflette dal cielo all'acqua, alone per gemme posate a fior d'onda: l'Isola dei Pescatori e l'Isola Bella.

I/10 – La sera isola compatte masse di colore: il monte Rosso, il profilo di Intra, l'ultima luce sul lago.

I/11 – Dalla sponda orientale, Cannobio si perde nell'opacità del tramonto, lasciando al lago un'ultima opalescenza.

I/12 – Nel pieno meriggio le nubi convogliano sul lago ombre serali. Resta nella bruma, in primo piano, Miazzina; una visione che sarebbe piaciuta al pittore Grubicy de Dragon, sensibile nei suoi dipinti a codeste atmosfere.

I/13-14-15 – Batuffoli di nubi, il cui silenzio s'avverte turbato dal ronzio dell'aereo, lasciano trapelare lembi di paesaggio; su tutto, da un'infinita distanza, domina la cerchia delle Alpi; il limite delle nevi separa con taglio netto candori invernali e pennellate di colore.

I/16-17 – Dalle cime del Mottarone e del Morissolo masse filanti di vapori sembrano additare il corso dell'acqua verso il Ticino.

I/18-19 – Quando il lago scompare sotto un morbido velario, affiorano, isole effimere, lo spuntone solitario del Montorfano o la cresta del Sasso di Ferro e del Monte Nudo, sopra Laveno.

I/20-21 – Lo sbocco del Lago, da Arona sino al Ticino; a Sesto Calende il fiume par godere gli ultimi momenti di pace, prima di far fronte ai doveri di lombarda industriosità, e distribuire benefico l'acqua al Naviglio e ai canali d'irrigazione.

I/22-23 – All'estremo opposto, verso nord, il delta della Maggia riserva uno specchio d'acqua appartato a Locarno e Magadino. Nella prima immagine Locarno è sullo sfondo; in evidenza i resti delle fortificazioni sul Morissolo, parte della linea di difesa che negli anni 1916-17 il generale Cadorna volle si costruisse, dall'Ossola alla Valtellina, per sbarrare una temuta via d'invasione tedesca, attraverso la Svizzera.

I/24 – Ancora il bacino locarnese, dall'aereo; sulla sponda lombarda, a sinistra i piccoli abitati di Tronzano e Bassano. Al centro il «bernoccolo» del monte Borgna (questo il senso dialettale del nome). A destra il lago Delio, laghetto alpino la cui estensione e profondità sono stati accresciuti da un doppio sbarramento. Il bacino funge da serbatoio di compenso: di giorno alimenta le turbine d'una grandiosa centrale idroelettrica, nascosta nella roccia, a Ronco Valgrande fra Maccagno e Tronzano; di notte l'acqua vien ripompata in alto, sfruttando l'energia esuberante disponibile in rete; l'indomani si ricomincia daccapo. In tal modo si equilibrano le disparità di consumo. Sullo sfondo la riva del Canton Ticino, da Ronco sopra Ascona a Locarno.

I/25-26 – Il lago si perde in lontananza e, vicino, umili testimonianze richiamano ad una passata esistenza di laboriosità e religione: il tronco incavato dell'abbeveratoio all'alpe Cardada presso Locarno, la colonna portacroce sul sagrato di S. Agata sopra Cannobio.

II

II/1 – Isola Bella: dall'aereo si coglie appieno il mirabile disegno dei giardini. In una delle due torri, che serrano la gradinata centrale, era alloggiata la «noria», con la quale si traeva acqua dal lago.

II/2 – Isola dei Pescatori: il campanile dell'antico S. Vittore (x secolo), con la cuspide aguzza, sovrasta le case ormai avvolte nell'ombra infiammata del tramonto.

II/3 – Ancora l'Isola Bella in un'immagine che meglio illustra il rapporto fra l'esiguo villaggio, il gran palazzo e i giardini che l'autore barocco paragonò a quelli mitici delle Esperidi. Sul fondo la costa, da Fondotoce alla punta della Castagnola di Pallanza.

II/4-5-6 – L'arcipelago Borromeo; il lago d'estate pullula di scafi che vanno e vengono fra la riva di Stresa e le isole.

II/7 – L'Isola dei Pescatori, parte orientale; nella sfilata di case fa da cerniera un arcone di portico, in antico gremito di reti stese ad asciugare.

II/8-9 – Ancora l'Isola dei Pescatori: vista da occidente e, da est, sullo sfondo ravvicinato del Pedun e della Laurasca. Nella sagoma frastagliata del Pedun si suole riconoscere uno dei tanti profili di Napoleone disseminati sulle Alpi.

II/10-11 – L'Isola Bella ripresa prima da riva, presso le antiche scuderie borromee, e poi dalla barca; nella seconda immagine ben si riconosce la chiesa dei Ss. Vittore e Carlo, opera di Francesco Castelli e, a destra, l'albergo del Delfino, evocato in *Piccolo mondo antico*.

II/12-13 – Isola Bella: particolari dei giardini. Obelischi e statue si inseriscono in una fiorita d'oleandri, rotta dai coni ben torniti dei tassi. Sulla balaustra più alta una statua regge l'insegna borromea della *Humilitas coronata*.

II/14 – La diruta rocca Vitaliana, sugli isolotti di Cannero, «turris in undis edita...» come vuole l'epigrafe dedicatoria. Il tetto del mastio centrale è crollato e si corona di verzura. Sono sommersi dal lago i moli che rinchiudevano fra le due isole il porticciolo d'approdo. A sinistra il torrione detto «delle prigioni», che oggi guarda benigno ai bagnanti approdati sulla piaggia rocciosa.

II/15 – L'isola di S. Giovanni o Isolino, pur esso di proprietà borromea; vi soggiornarono, nel nostro secolo, la principessa Vittoria Colonna Caetani e Arturo Toscanini.

II/16 – Le isole di Brissago ospitano un pregiato orto botanico. In primo piano l'abitato di Ronco sopra Ascona; sullo sfondo la riviera del Gambarogno con gli abitati di Gerra e Ranzo, dominati dal monte Paglione.

III

III/1 – La rutilante fioritura di rododendri (e azalee) è ormai legata all'immagine stessa del lago.

III/2 – Stresa: villa Pallavicino. Tra la fontana e il gazebo, avvolto dalle rose rampicanti, si alternano in sapienti combinazioni fiori e arbusti di diversa sorta (dalie, begonie, zinnie, salvia *splendens*, *celosia plumosa*, *lantana camara*...).

III/3-4 – Di maggio le rive rinnovano i colori: le azalee fioriscono bianche, rosa, vermiglie e, una specie rara, anche viola (sopra: villa Maria, ora Branca, a Baveno).

III/5 – Verbania-Pallanza: la classicheggiante terrazza di villa San

Remigio si affaccia al cuore del lago e richiama composte atmosfere di nobiltà *fin de siècle*, dei Della Valle di Casanova e dei Browne che la costruirono.

III/6 – Ancora Stresa, villa Pallavicino: un disteso tappeto di *tagetes* prepara alla pausa di fontana e gazebo, già gustata in una precedente immagine.

III/7 – Stresa, villa Ducale. Verso gli scuri cedri del Libano si apre il portico ottocentesco della villa che fu della duchessa di Genova e ospita ora il centro di studi rosminiani, così collegando due incorporee presenze: di una aristocrazia sobria e discreta e del grande pensatore che a Stresa visse e morì.

III/8-9 – Non meno dei giardini le rocce della montagna celano fioriture affascinanti; fedele al suo nome la sassifraga penetra in scabri anfratti e vi porta un segno di delicata beltà.

III/10 – Alla conoscenza d'una flora alpina, sorprendente per varietà di forme e di colori, è destinato il giardino botanico Alpinia, nei pressi di Gignese; chiunque abbia cuor di montagna dovrebbe visitarlo, per rimeritare una iniziativa pubblica, *rara avis*, da elogiare senza riserve (e non mancherà il premio d'una vista impagabile sul golfo Borromeo, tra Verbania e Stresa, in un brano di territorio sottratto al dissennato sfruttamento edilizio).

III/11-12 – Ogni giardino è tentato ad evocare presenze esotiche; ci riesce magistralmente quello di Villa Taranto, con le ninfee e i rari esemplari di *victoria cruziana*.

III/13 – Un'accorta arte dei giardini equilibra sapientemente gli accordi dei colori; qui l'erubescenza delle azalee è incorniciata e temperata dal solenne scuro filare di *chamaecyparis*.

III/14-15-16 – Verbania-Pallanza, villa Taranto. La rubea cortina di *salvia splendens* prepara alla diverse gradazioni di verde del prato e di abeti, calicanti, frassini. La villa, dalle piacevoli linee francesizzanti, si ritrae con discrezione dal suo parco. Ne prepara l'accesso un tocco di giardino all'italiana, nella generale cornice «inglese» o per dir meglio «scozzese», come la patria del suo creatore.

III/17 – Isole di Brissago: sulla bassa riva un'arborea grata sorge dall'acqua per graduare, lo sguardo come la siepe leopardiana, verso eteree lontananze.

III/18 – Verbania-Pallanza: in contemplazione del lago, il portico del Kursaal, già villa Branca, poi effimero casinò, ora centro convegni; nel parco guarda all'Isolino il busto di Toscanini, effigiato da Paul Troubetzkoy.

III/19 – Solo dall'aereo si avverte la complessità di concezione per il gran parco di villa Taranto.

III/20 – Isole di Brissago: nell'orto botanico confederale la grande palma *phoenix* domina azalee e ciliegi da fiore: sentore di tropici e di morbide atmosfere nipponiche si saldano in unità ormai tutta verbanica.

III/21-22-23 – In molti parchi fu introdotta una fauna di pregio: pavoni, fagiani dorati, germani reali... Da tempo più clementi leggi di caccia hanno consentito anche la ricomparsa dei selvatici sulle rive; a parte gabbiani e gabbianelli (*sgaritt*), sono frequenti anatre e folaghe; il cigno è ormai ospite fisso, così di rive selvatiche come di specchi portuali.

III/24 – Luino possiede il più bel viale d'alto fusto del lago.
La secolare doppia fila di platani è insidiata da un fungo micidiale ma resiste a ricordare una geniale idea di lungolago, escogitata a fine '800, nei tempi dei fasti ferroviari, quando Luvino si avviava a diventare città (per l'occasione mutando nome in Luino).

III/25 – Verbania-Pallanza: villa S. Remigio. Le branche del glicine, avvolte intorno a un palo di sostegno, danno luogo a pianta da deserto siderale.

III/26 – Un policromo intarsio di «cinerarie». Negli ultimi anni si è incrementato, nei giardini pubblici e privati, l'impiego del fiore, con varietà un tempo note soltanto a ristrette aiuole domestiche.

IV

IV/1 – Veglia sul lago il simulacro di Carlo Borromeo, il «santo del Verbano». Il Sancarlone fu costruito in lastra di rame sopra un'anima di muratura e di ferrei tralicci (in qualche modo precorrendo l'idea di Eiffel per l'americana statua della Libertà). Voluto dal cugino cardinale Federico, il Cerano ne diede il disegno, ma l'idea d'un sacro monte dedicato al grande arcivescovo ebbe stentato sviluppo. Solo alcune delle previste cappelle furono costruite, e poi distrutte o abbandonate. Alla fine del '600 si diede mano alla statua, che doveva concludere l'itinerario sul monte e che resta oggi come solitario monumento, dividendo i pareri fra chi ne ammira la contenuta magniloquenza e chi lo ritiene estremo esito dell'artificio barocco.

IV/2 – La chiesa dei Ss. Felino e Gratiniano ad Arona tramanda il ricordo d'un famoso monastero che, fondato ancor prima dell'anno Mille, ebbe dominio su Arona e varie terre del lago. Fu poi sede d'un collegio di Gesuiti e a quel tempo risale lo scenografico ribaltamento della facciata, a dominare la salita dalla antica piazza del mercato.

IV/3-4 – Arona, chiesa collegiata di S. Maria Nascente: lunetta di facciata con il bel bassorilievo della *Natività* (fine '400) e particolare del polittico dal medesimo titolo, insigne opera di Gaudenzio Ferrari (1511).

IV/5 – Lesa, chiesa di S. Sebastiano (prima metà del sec. XII): uno dei molti oratori romanici della regione; ciottoli di fiume e pietre squadrate si integrano in armoniosa tessitura.

IV/6-7 – Belgirate, chiesa «vecchia» della Purificazione di Maria; il campanile mostra le origini romaniche del tempio. All'interno la cappella della Crocifissione conserva nella volta affreschi del tardo Cinquecento, ispirati alla Passione.

IV/8-9 – Baveno conserva una delle più antiche chiese battesimali del lago. Il battistero ottagonale, a lato della chiesa romanica, è stato attibuito al V secolo (e sarebbe quindi il più antico edificio cristiano del lago). Anche notevole il portico che avvolge il sagrato e sottolinea l'unità del sagrato.

IV/10 – Il Montorfano con ogni probabilità ospitò in antico un castello, corredato da chiesa e battistero altomedievali, di cui sono stati ritrovati i resti. Della attuale chiesa tardo-romanica di S. Giovanni Battista è qui illustrato il tiburio.

IV/11 – Verbania-Pallanza: la Madonna di Campagna conserva il campanile romanico della chiesa primitiva. L'attuale sorse a cominciare dal 1511 e s'incoronò poi dello splendido tiburio, attribuito a Giovanni Beretta.

IV/12-13 – Affreschi e sculture di età romanica decorano la bella chiesa di S. Remigio presso Pallanza, che conserva nell'abside e nelle fiancate le testimonianze della sua origine, intorno all'XI secolo.

IV/14 – Verbania-Pallanza, chiesa della Madonna di Campagna: la grandiosa visione della cupola e del catino absidale introduce ai sontuosi cicli di affreschi cui posero mano Bernardino Lanino, Boniforte Oldoni e Aurelio Luini, nella seconda metà del '500.

IV/15 – Verbania-Intra: il bel campaniletto di S. Marta risale agli anni fra 1608 e 1641, e mostra un'intatta maestria nel lavorare l'ostica pietra delle nostre valli.

IV/16 – Verbania-Intra: la cupola ellittica del S. Vittore, pensata già nel '700 ma completata solo nel secolo successivo (la chiesa vide sovrapporsi progetti di F. Cagnola, F. Pessina, G. Zanoia), domina i tetti di Intra e, da lontano, ne colora il profilo. A lato, meno riuscito, il campanile ottocentesco degli Aluvisetti-Caramora (1841–1876).

IV/17 – Il cimitero di Vignone, sopra Intra, si impernia su una geniale «rotonda» ottocentesca, sacra all'Addolorata, il cui interno, insieme alla *Via crucis* del portico, furono affrescati intorno al 1813 dal vigezzino Lorenzo Peretti.

IV/18 – Mai completato, il sacro monte della Trinità sopra Ghiffa, conserva tuttavia qualche cappella, una bella chiesa e un vasto porticato, destinato ad accogliere i pellegrini. La convalle manifesta appieno il fascino che hanno in montagna le pause sacrali, non immemori del culto che l'umanità preistorica prestava a boschi, acque, rocce (altro esempio memorabile è quello di S. Bartolomeo in Monte nel Piaggio di Cannobio). La zona è oggi provvidamente vincolata a parco regionale.

IV/19 – Straordinario lampo d'oro fra i monti è l'altare ligneo nella chiesa di S. Materno, ad Orasso in Valle Cannobina.

IV/20 – La trecentesca chiesa di S. Gottardo a Carmine e il sagrato affacciato sul lago; il villaggio è un ragguardevole esempio di urbanistica montana.

IV/21 – La chiesa di S. Ambrogio a Cannobio mantiene il ricordo del convento cappuccino che san Carlo volle fosse insediato nel borgo.

IV/22 – Il santuario della Pietà a Cannobio, eretto per celebrare il miracolo della «sacra costa» (1522), conserva una preziosa pala d'altare con la *Crocifissione* di Gaudenzio Ferrari, di cui è qui riprodotto un particolare.

IV/23 – La chiesa della Madonna di Loreto, oggi più nota come S. Anna, domina l'orrido formato dal torrente Cannobino che, dopo aver vorticato fra le rocce della stretta gola, si placa in una lanca tranquilla, meta di bagnanti e pescatori.

IV/24 – Il centro di Cannobio si svolge attorno al campanile (completato agli inizi del '200), di sobria e possente architettura. Alle spalle si intravvede il *Paràsi*, palazzo del popolo, luogo di giustizia e delle assemblee comunali, costruito a fine '200.

IV/25 – A Brissago, in patria, Giovanni Beretta ha lasciato testimonianza della sua arte nel tiburio della Madonna di Ponte, gemello di quello pallanzese per la Madonna di Campagna.

IV/26 – La chiesa parrocchiale di Ascona conserva una pala (1633) del grande pittore che vi era nato, Giovanni Serodine: qui la straordinaria figura di san Carlo, la cotta vibrante di luce, il viso estatico levato alla *Incoronazione della Vergine* .

IV/27 – Il chiostro del Collegio Papio fu progettato da Pellegrino Tibaldi, su incarico di Carlo Borromeo, esecutore pontificio delle volontà testamentarie manifestate da Bartolomeo Papio, asconese salito in ricchezza nella Roma del '500. Il collegio esercitò in tutto il Sopraceneri un'ampia funzione educatrice e, più latamente, culturale.

IV/28 – Il massiccio campanile del S. Quirico di Minusio, forse ricavato da una torre di vedetta.

IV/29 – Muralto: chiesa di S. Vittore, veduta absidale. L'insigne collegiata romanica è sorta sui resti d'una basilica paleocristiana, e questa nel luogo di una villa romana. Tutto il Locarnese è dovizioso di resti preistorici e romani, fra cui gli splendidi vetri, conservati al castello visconteo.

IV/30-31 – La Madonna del Sasso sopra Locarno, ancora sede d'un convento cappuccino, era destinata a coronare un sacro monte, fra i più antichi che fossero ideati e però mai completato. La chiesa conserva una *Deposizione* di Antonio Ciseri, pittore che nella seconda metà dell'Ottocento salì in gran fama a Firenze, dove la sua famiglia si trasferiva da generazioni, esercitando l'arte del «quadraturista».

IV/32 – Fosano di Vira Gambarogno: l'attonita Madonna del Latte può ben additarsi ad esempio delle popolaresche fortune che l'affresco ebbe fra noi, in particolar modo fra XV e XVI secolo.

IV/33 – Luino, campanile della chiesa di S. Pietro *in campanea*, antica parrocchiale del borgo; attribuito al 1075 c.ca è esemplare per la scabra ed essenziale lavorazione della pietra ferrigna.

IV/34 – Maccagno, chiesa mariana *della Punta*; costruita alla fine del '500, *ex voto* per la peste, l'oratorio sembra proiettato sul lago da una oscura matrice di boschi (ma sino al secolo scorso le rive erano terrazzate e folte di viti).

IV/35-36 – L'arte religiosa moderna non ha molto da esibire sul Lago: felice eccezione le vetrate che Carlo Rapp ha istoriato per la chiesa di Mesenzana. Nel turbine di luci e di colori si riconoscono le allusioni ai temi tradizionali della Purificazione di Maria, cui la chiesa è dedicata.

IV/37-38-39 – L'appartata Valtravaglia conserva due preziose testimonianze romaniche: il piccolo oratorio di S. Giorgio a Sarigo (n. 37: particolare dell'abside) e la grande collegiata di S. Vittore a Bedero, eretta intorno alla metà del sec. XII (n. 39: vista absidale). Quest'ultima conserva anche pregevoli affreschi (n. 38: particolare del *Martirio di S. Vittore*, del primo Cinquecento).

IV/40 – Germignaga, chiesa di S. Rocco: sostituì nel '600 la vecchia parrocchiale (ora relegata alla funzione di chiesa cimiteriale), aggregandosi il titolo di S. Giovanni Battista. La mossa facciata si inquadra scenograficamente allo sbocco della contrada principale.

IV/41-42 – S. Caterina del Sasso. Il monastero sorse nel XIII secolo e si ampliò in varie riprese sino al '600. I nuclei più antichi si riconoscono all'interno della chiesa odierna e nel «conventino» al centro del complesso. Se ne fa risalire la fondazione al beato Alberto Besozzi, che nell'eremo si era ritirato in espiazione delle sue colpe. Da quando se ne conosce la storia, nel cenobio risultano insediati dapprima frati senza regola precisa, poi i padri di S. Ambrogio *ad Nemus*, e infine i Carmelitani.

IV/43 – Leggiuno: chiesa dei Ss. Primo e Feliciano. Fu fondata da Eremberto, vasso regio, nella prima metà del IX secolo. Conserva preziose reliquie marmoree di età romana; nell'immagine una colonna appartenuta al tempio primitivo.

IV/44 – Ceresolo di Laveno; la chiesetta di S. Defendente, dal delizioso campaniletto romanico.

IV/45-46 – Una panoramica completa degli affreschi sacri richiederebbe più pagine. Prima di lasciare la sponda lombarda riprendiamo due affreschi di inizio Cinquecento, periodo di massima fioritura del genere: un'*Ultima cena* attribuita ad Antonio da Tradate (Maccagno, chiesa di S. Antonio), e un curioso particolare del *San Nicola da Bari* (la risurrezione di tre giovanetti dal tino della salamoia) nel S. Donato di Sesto Calende.

IV/47 – Altra bella chiesetta romanica è quella di S. Vincenzo presso Sesto Calende.

IV/48 – Il santuario della Madonna di Riva, ad Angera, avrebbe dovuto estendersi, secondo il progetto seicentesco di Gerolamo Quadrio, sino a gran parte del porto che gli fu poi costruito davanti; il solo presbiterio fu completato e poi concluso da una mediocre facciata moderna. Sullo sfondo la rocca borromea.

V

V/1 – Uno dei cinque traghetti in funzione tra Laveno ed Intra (gli altri han nome *S. Cristoforo*, *S. Gottardo*, *S. Carlo* e *Sempione*).

V/2 – Il vecchio porto di Laveno, un tempo più esteso e frequentato dai grandi barconi donde bracci di gru sollevavano carichi di calce e di legna per il trasbordo sul treno.

V/3-4-5 – Album della Navigazione: il vecchio *Piemonte* (ammodernato per gite collettive: non più a pale, non più a vapore); il *Verbania* (grande motonave per convegni, usufruibile anche come traghetto); il *Sempione* (traghetto a doppio ponte, capace di novanta automobili, al cui trasporto è riservato).

V/6 – Il delizioso porticciolo di Cannero.

V/7-8-9 – I battelli cedono il posto, per i collegamenti veloci, ai nuovi mezzi: il catamarano fa ora concorrenza agli aliscafi che, primi, sovvertirono il modo di navigare, riducendo grandemente i tempi delle traversate.

V/10-11 – Pontile di Villa Taranto e approdo dell'Isola Pescatori:

orizzonti a cui torna sempre il ricordo di chi vi ha scambiato un sorriso o un abbraccio.

V/12 – L'antico ponte di Lavertezzo in valle Maggia che il popolo esagera a qualificare come «romano» ma che non è meno rilevante per sapienza costruttiva e felice inserimento nell'ambiente.

V/13 – Il ponte «strallato» fra Luino e Germignaga, compone sullo sfondo di fabbrica, un quadro di astratta perfezione. La sapienza tecnica sa talora, anche oggi, coniugarsi con immagini di inusuale bellezza.

V/14 – A Intragna due concezioni di ponte: metallico il primo, della prima metà del secolo, per la ferrovia delle Centovalli (da qui usano gettarsi nel vuoto gli animosi cultori del salto con il cordone elastico); assai più recente il secondo, stradale e in cemento armato. Sul fondovalle corre la Melezza; si intravvedono la chiesa di Golino e le cime nevose che separano le valli Maggia e Verzasca.

V/15 – Altro ponte «romano» (in realtà medievale), un tempo detto dell'Agostana, sull'orrido di S. Anna, presso Traffiume. Nel baratro fu precipitata più d'una vittima dei Mazzarditi.

V/16 – La seggiovia di Cardada, sopra Locarno; il mezzo meccanico scavalca un sentiero a mezza costa, dove l'andirivieni degli armenti è ormai sostituita dall'incedere paziente dell'escursionista.

V/17-18 – «Bidonvia» da Laveno al Sasso di Ferro (974 m slm); la «cabinovia» da Stresa al Mottarone (1491 m slm). Le funivie portano in breve dal livello del lago alle cime più elevate: la salita offre un'emozionante progressivo ampliarsi del panorama.

V/19 – Il traliccio della cabinovia Stresa-Mottarone inserisce un tocco di tecnologia nella distesa veduta panoramica, senza oltrepassare la soglia della lesione ambientale.

V/20 – Il «quadrifoglio» dello svincolo autostradale a Gravellona Toce, ripreso da un anfratto della strada militare sul versante meridionale del Montorfano. Sullo sfondo, il lago d'Orta.

V/21 – Più volte nei secoli il ponte sul torrente S. Giovanni, a Intra, ha sofferto per piene e alluvioni. L'ultima, del 1991, ha travolto due campate ma risparmiato la lapide con l'epigrafe dedicatoria del conte Teodoro Besozzi (1666).

V/22 – La linea Locarno-Domodossola (ferrovia Centovallina), scavalca a Ponte Brolla il greto lapideo della Maggia, incavato dall'acqua in plastici meandri.

V/23-24-25 – La grande stagione ottocentesca delle ferrovie ha lasciato testimonianza di una ancor felice compatibilità fra esigenze del progresso tecnico e senso della forma. Ingenuamente memori della civiltà classica le colonnine in ghisa della più antica stazione verbanese, ad Arona; raffinato il raccordo «liberty» fra pilastro e travi dell'abbandonata stazione per il trenino a cremagliera fra Stresa e il Mottarone; di dilatata luminosità (in anticipo su odierne invenzioni architettoniche) lo spazio del salone per le visite doganali a Luino.

VI

VI/1 – La riva di Castello Valtravaglia era costellata di fornaci che traevano la materia prima dalla rupe della rocca Travaglia, producendo calcina già esportata nel Medioevo per i castelli arcivescovili e poi per le fabbriche di Pavia e di Milano (principalmente per quella del Duomo). Il bianco sperone calcareo porta evidenti i segni della secolare erosione praticata dall'uomo. Sulla riva rimboscata spuntano ancora le torri dei forni, rimasti attivi sino ai nostri anni '60.

VI/2 – La lenta spola dei barconi da trasporto ha lasciato posto alla corsa fugace dei motoscafi. Ne è derivato lo sviluppo dell'attività cantieristica e il moltiplicarsi dei ricoveri per imbarcazioni: qui un cantiere di Baveno.

VI/3-4 – La pesca, risorsa antica, promette ripresa a mano a mano che si completeranno i programmi di depurazione. Qui sono ritratti pescatori di anni passati, presso la Vitaliana e l'Isola Superiore

VI/5 – Il mestiere del barcaiolo (qui con il *burcéll*, la tipica barca a fondo piatto) era un tempo diffuso, indispensabile per i trasporti da riva a riva.

VI/6 – Ancora un pescatore, dell'Isola Superiore, intento a rammendare le reti.

VI/7 – Non è scomparsa l'antica arte dei mastri d'ascia: qui un cantiere di Angera dove ancora si foggiano barche come quelle d'un tempo.

VI/8 – Il mestiere dello scalpellino è tradizionale sul tratto di riva da Baveno e Suna, dove si cavano i graniti e si trasportano altri marmi per la lavorazione. La macchina non ha del tutto sostituito la mano sensibile dell'uomo.

VI/9 – D'una scomparsa vita agreste sono testimoni i cicli dei «mesi» in alcune chiese nostrane. Qui «dicembre», con l'uccisione del maiale: affresco di Antonio da Tradate nella chiesa di S. Martino a Ronco sopra Ascona.

VI/10 – A Ceresolo di Laveno un moderno e curioso montaggio di affreschi e tralicci lignei, ricorda uno degli ultimi barcaioli e pescatori: evocando tempi in cui storia e leggenda si tramandavano a viva voce.

VI/11 – Evadendo per una volta dalla contemporaneità, questa immagine d'anni passati rende conto d'una antica vocazione manifatturiera del Verbano e in ispecie della riva intrese. Sul lago era posto il cappellificio Panizza, oggi adattato a residenza turistica, e sino agli anni '60 famoso nel mondo per l'alta qualità dei prodotti.

VI/12 – La produzione floro-vivaistica (nell'immagine un'azienda di Fondotoce) promette il ricupero di ampie aree ad uso agreste.

VI/13 – Nuovi barconi a motore ancor oggi solcano il Verbano, trasportando sabbia e ghiaia, necessarie all'edilizia e drenate alla foce dei fiumi o scavate sul fianco delle colline.

VI/14 – Le cave di materiali inerti sono guardate con tremore da chi ha a cuore la conservazione del paesaggio; vivace il commercio con il Canton Ticino che, da parte sua, ha ristretto le possibilità d'estrazione.

VI/15 – La diga della Verzasca, presso Locarno, ha sostituito alla libera corsa del torrente nel fondovalle una barriera vertiginosa di cemento, non priva d'un fascino allucinato.

VI/16 – Lo sci d'acqua è sport elettivamente associato alle acque del lago.

VI/17 – Gli appassionati di canoa («kaiak») trovano nelle acque turbinose delle valli una sfida alla loro abilità nel guizzare fra roccia e roccia.

VI/18 – La vela resta lo sport che meglio si associa alla nobiltà del lago: «presto la vela freschissima di maggio / ritornerà sulle acque dove infinita trema Luino...» (V. Sereni).

VI/19-20-21 – Forme di diporto in diverso modo legate all'ambiente verbanese. Fondotoce: fra canneti e boschetti si snodano percorsi adatti all'equitazione mentre, sulla riva, il pescatore della domenica si ritempra nella quiete diffusa. Sul Mottarone, come su altre montagne, è sempre più avvertita la presenza di escursionisti su due ruote.

VI/22 – I praticanti del paracadutismo «da pendìo» e del volo con deltaplano trovano campo ideale negli scoscesi dirupi intorno al lago.

VI/23 – Prue affilate e tesa vigoria del remo sfiorano appena il tappeto turchese dell'acqua.

VI/24-25-26-27-28 – Gli ampi dossi dei monti offrono sedi ideali per i campi da golf, rinnovando il felice equilibrio fra distese prative e macchie boscate che fu proprio dei «corti» pascolivi. Qui i golf di Stresa, l'Alpino (n. 24) e il Borromeo (nn. 25-28), e di Premeno-Pian di Sole (nn. 26-27).

VI/29 – Una processione di creste nevate scende dal dentato profilo del Rosa sino alle colme rotonde del Mottarone, palestra sterminata per sciatori e alpinisti.

VII

VII/1 – Quadretto *ex-voto* dedicato alla Madonna di Re, universale protettrice dell'Alto Verbano, da due valligiane scampate alla frana (dipinto di G. Antonio Vanoni, conservato nella chiesa di S. Maria di Campagna a Maggia). La donna di destra porta la *sciüëra* o *civéra*; l'altra il *barghèi* e, sopra di questo, la *cadra*: contenitori diversificati per materie minute, sacchi e fieno, pietre e bauli.

VII/2 – Alpe La Foppa, sul monte Tamaro. L'evoluzione dei sistemi d'allevamento ha ridotto il patrimonio bovino montano. Ne consegue il degrado dei pascoli, contaminati da ginestre, felci e rovi.

VII/3 – Donna di Orasso in Valcannobina con il *barghèi* (altrove detto anche *resòtt*) e il *sidelìn* del latte.

VII/4 – Rustico prospetto ad Intragna, in valle Intrasca. La sobrietà dei materiali (pietra, legno, poco intonaco) e l'essenzialità delle forme distinguono l'architettura montana e rendono tanto più dolorose le recenti lesioni, l'incongruo uso di materiali estranei e colori vistosi (ivi compreso il bianco).

VII/5 – Vignone sopra Verbania, sullo sfondo del monte Massone. I paesi di mezza costa si ornarono sullo scorcio del secolo scorso con ville signorili e parchi, per la villeggiatura o – simbolo di condizione raggiunta – per il riposo dei terrieri che avevano fatto fortuna emigrando.

VII/6-7 – All'estremo della valle Veddasca, sulla sponda orientale, sorgono, a cavallo di confine due villaggi di singolare attrattiva. Le compatte «pigne» di pietra sono ormai abitacolo di pochi anziani; ma le animano i molti appassionati della montagna che vi hanno eletto dimora. Monteviasco è l'unico abitato della provincia di Varese non raggiungibile da strada carrozzabile; oggi è collegato al fondovalle con funivia. Indemini non ha diviso le sorti della sua valle, gravitando verso Gambarogno e Luganese, di diocesi, e poi nazione, diverse.

VII/8 – Le gole della Maggia, presso Ponte Brolla; l'acqua ha scavato e arrotondato la roccia in forme levigate che si direbbe abbiano fornito ispirazione alle sculture astratte di Jean Arp, francese trapiantato ad Ascona.

VII/9 – Bosco Gurin: nell'unico villaggio *walser* del Canton Ticino, sopravvivono le ultime «torbe», granai pensili su sostegni foggiati a forma di fungo per impedire la risalita dei roditori.

VII/10 – Lungo la vecchia mulattiera da Due Cossani a Curiglia, in valle Dumentina, la pietà montana volle innalzare un monumento a san Carlo che, primo fra i presuli ambrosiani, aveva personalmente visitato quelle estreme terre dell'archidiocesi. La statua, forse seicentesca, e l'alta colonna sono state riportate a fianco della più recente carrozzabile.

VII/11 – Presso la bella baita montana, nel cuore delle Centovalli (sullo sfondo si scorge il corso arginato della Melezza), una mano gentile ha impiantato il fiore del lago, la camelia.

VII/12-13 – Palagnedra nelle Centovalli, chiesa di S. Michele: colpiscono come un'inattesa e lussureggiante fioritura gli affreschi del locarnese Antonio da Tradate (*Madonna* «di Re» e *Cristo nella mistica mandorla*, affiancato dai simboli degli Evangelisti).

VII/14 – Lozzo in Valle Veddasca. I tetti in «piode», ahimé via via sostituiti da quelli in tegole, hanno aspetto rude e severo ma grandi virtualità di modellazione nel morbido raccordo delle falde.

VII/15 – Orasso in Valcannobina. Tipico della montagna il dialogo-contrasto fra le rustiche tessiture dei muri in pietra, l'ornato della chiesa seicentesca, il tono «civile» delle residenze più recenti, costruite dagli emigranti con l'intento di staccarsi dall'edilizia «povera» della loro gioventù.

VII/16 – Premeno è da oltre un secolo stazione turistica di impronta signorile; negli anni '20 fu collegata con Intra da una ferrovia elettrica, sul cui sedime si svolge oggi la strada carrozzabile.

Der vornehme Charakter des Lago Maggiore

Den hehren und noblen Charakter des Lago Maggiore hatte schon zu Beginn des XVII. Jahrhunderts der Ordensbruder Paolo Morigia, eine im damaligen Mailänder Kulturleben wohlbekannte Persönlichkeit, seinen Lesern vor Augen geführt. Besuche bei seinen Verwandten, den Herren von Frino, boten dem Jesuatenmönch Gelegenheit, immer wieder an seinem geliebten See verweilen zu können. Ein von Natur aus unruhiger Geist, der auch im fortgeschrittenen Alter keine Anzeichen von Müdigkeit zeigte, ruderte er, anstatt die Sommerfrische in Ruhe zu genießen, von einem Ufer zum anderen, wobei seinem stets wachsamen Auge nichts entging.

Auch jenseits der Alpen hörte man von der erhabenen Schönheit des Lago Maggiore. Aufmerksam wurde man dort auf die Wunder des Sees durch die einfühlsamen und kenntnisreichen Schilderungen Johann Georg Keysslers, die nicht zuletzt dank der Illustration durch die neuesten Stiche Dal Res eine suggestive Wirkung auf die Leser ausübten. Da der junge Goethe im nordisch-düsteren Frankfurt vom Zauber der Borromäischen Inseln gelesen hatte, wählte er den See zum Arkadien seiner Mignon. Dies ist das im Mignonlied beschworene «Land, wo die Zitronen blühn, im dunklen Laub die Goldorangen glühn.»

Sehen wir es dem Autor des *Wilhelm Meister* nach, daß er es dann doch versäumte, den See mit eigenen Augen zu sehen. Der Horizont der Poesie ist weiter und zugleich geheimnisvoller als der sichtbare, der die Inspiration auslöst. Dies erkannte schließlich auch der Dichter Guido Gozzano: den Stoff für seine *L'Amica di nonna Speranza* bezog er bekanntlich aus einem Aufenthalt in der Villa Treves; der Hinweis auf das «stille Städtchen Belgirate» verschwand freilich in der späteren Edition seiner Werke. Andere berühmte Besucher zeigten sich weniger zurückhaltend. So beschreibt Stendhal den Lago Maggiore als einen der schönsten Plätze Italiens, dem nur der Vatikan, Santa Croce in Florenz und die Hänge des Vesuv gleichkämen.

Das *Lob des Lago Maggiore* war freilich längst gesungen und wir wollen uns nun den geistigen Begebenheiten zuwenden, die der Gegend zugehören und in ihr lebendig sind. Zwischen Lesa und Stresa kam die Verbindung zweier großer Geister, Alessandro Manzonis und Antonio Rosminis, zustande. Ihre Begegnung wurde von Teophile Gaultier aus der Ferne beobachtet und er meinte, daß «solch ein Dialog hinnieden keine Lösung finden kann, da in ihm Fragen zur Sprache kommen, welche die tiefsten Geheimnisse der Seele, das Unermeßliche, die Ewigkeit berühren.»

Allerorten birgt der See Erinnerungen an Begegnungen mit Dichtern und Schriftstellern: Toscanini weilte auf der kleinen Insel vor Pallanza, Hemingway und Shaw besuchten Stresa, Frobenius war in Biganzolo, Rilke, George, Joyce, Gide, Hesse und Remarque lebten zweitweilig im Locarnese; auf dem Monte Verità hatte sich zu Beginn des Jahrhunderts eine unkonventionelle Gruppe mitteleuropäischer Künstler, Theosophen, Naturalisten und Anarchisten niedergelassen: vielleicht liegt es an der ungewöhnlichen Intensität des Erdmagnetismus im Gebiet von Ascona, daß sich hier soviel Genialität und Exzentrik zusammenfand.

Auch Maler und Bildhauer, u.a. Gignous, Arp, Arturo Martini, Russolo, Tozzi, um nur einige zu nennen, schlugen hier zeitweilig ihre Zelte auf. Das irisierende Licht des Sees lockte viele Künstler an, doch sind die Gestade des Lago Maggiore auch die Heimat talentierter einheimischer Kunsthandwerker und Künstler: hier liegen die Geburtsorte des da Vinci Schülers Bernardino Luini – er stammt, wie wir heute wissen, aus der Nähe von Luino –, der Baukünstler Beretta aus Brissago, der Asconeser Künstlerfamilie Serodine, des Malers Giovanni Carnevali, gen. «il Piccio», des Malers Daniele Ranzoni, Paul Troubetzkoys (sein Vater, ein russischer Fürst, hatte seine Heimat verlassen und sich in Ghiffa niedergelassen; die dort nach ihm benannte Koniferenspezies *chamaecyparis troubetzkoyana* zeugt von seiner Liebe zur Botanik), Filippo Franzoni, Achille Tominetti, Gian Filippo Usellini, Luigi Broggini und, um noch einige Vertreter der Literatur anzuführen, der Schriftsteller Plinio Martini sowie die Zeitgenossen und Freunde Vittorio Serenis und Piero Chiaras, beide aus Luino.

Der edle Charakter einer Landschaft kann verloren gehen, besonders heute, da Italien wie auch Europa in den Sog der Gewöhnlichkeit zu geraten drohen. Seit der Zeit Morigias bis Ende des vorigen Jahrhunderts büßte die Landschaft wenig von ihrem Gesicht ein, ihre Anziehung nahm vielmehr zu. Verschwunden ist das dichte Geflecht aus Mauern und Türmen der Burg von Arona (der Geburtsort Karl Borromäus'), die einst der Zwillingsburg von Angera – einem aus rosa Quadersteinen zusammengefügten, hochragenden Gemäuer – gegenüberlag; doch dafür erhebt sich in unmittelbarer Nähe auf dem höchsten Punkt der unvollendet gebliebenen Sacro Monte-Wallfahrtsstätte, die dem Heiligen geweiht werden sollte, ein kupferner Denkmalskoloß. Mag sein, daß er etwas kitschig wirkt, doch versetzt er den Gläubigen in Staunen, ganz im Sinne der Gegenreformation. Der Ausgewogenheit halber, rühmt, nur einen Steinwurf weit von der gigantischen Statue «Sancarlone» entfernt, eine auf hohen Säulen ruhende Marmorurne Felice Cavallotti als einen Vertreter der fortschrittlich-liberalen Gesinnungsfreiheit.

Ein gut Teil der mittelalterlichen Burgen ist verschwunden oder verfallen, doch dafür säumen heute die westliche und in geringerem Maß auch die lombardische Uferseite Palazzi, herrschaftliche Villen und die später hinzugekommenen Hotels jeder Größenordnung. Dank eines ausgeprägten Gespürs für Landschaftsgestaltung (vornehmlich die Briten taten sich hier hervor) wurden rund um diese Bauten eine Fülle von Park-und Gartenarealen angelegt. Schon zu Morigias Zeit hatte es prächtige Gärten gegeben, doch heute könnte er neben Orangen und Pomeranzen Gewächsarten exotischster Provenienz bewundern: Libanonzedern und andere fremdländische Nadelhölzer, Mammutbäume, Kampferlorbeer, Blutbuchen, Rotahorn, Magnolien, Paulownien, Mimosen, Olea fragrans und Passionsblumen. Kamelien, Azaleen und Rhododendren haben inzwischen am Lago Maggiore eine neue Heimat gefunden.

Mitten in der Borromäischen Bucht befindet sich ein Wunderwerk des XVII. Jahrhunderts. Der Stolz auf die vornehme Abstammung, sowie ein kunstsinniger Blick und ein genaues Gespür für szenographische Effekte waren die Impulse, welche die berühmte Adelsfamilie veranlaßten, eine kleine Fischerinsel in ein außergewöhnliches Konglomerat aus Kunst und Geschichte umzuwandeln: vom Uferrand ansteigend zieht sich das Dörfchen bis zum Palazzo hinauf, der in beherrschender Lage über dem See steht. Das Ganze wird gekrönt von dem über dem Wasser hängenden Garten, in dem der Traum der damaligen Zeit, die Natur in ein lebendes Kunstwerk zu verwandeln, Gestalt geworden war.

Eine große, im verborgenen ordnende Hand schuf im Verlauf der Jahrhunderte ein Gegengewicht zum vollendeten Zauber der Isola Bella, einst Isabella genannt, zu Ehren der Frau Karls III. Borromäus; kontrapunktische Akzente zur Bella (der «Schönen») sind der ländlich-ursprüngliche Charme der Isola dei Pescatori (der «Fischerinsel») sowie eine andere Stilrichtung der Gartenkultur, die auf der Isola Madre zum Ausdruck kommt.

Den großen Wegbereitern folgten neue Gestalter der Gartenkunst. An erster Stelle ist hier der schottische Hauptmann Mac Eacharn zu nennen, der die Ausläufer der Castagnola in den später berühmt gewordenen Park der Villa Taranto (benannt nach einem von Napoleon zum «Herzog» der apulischen Stadt ernannten Vorfahren) umgestaltete. Erwähnt werden sollen auch jene Parkanlagen, die dem Publikum bereits zugänglich sind oder es hoffentlich bald sein werden; hierzu zählen: die Parks der Villa Pallavicino in Stresa, der Villa S. Remigio auf der Castagnola von Pallanza, sowie jener der ehemaligen Villa Troubetzkoy, heute Ceriana Maineri. Der spielerisch die Wasserfläche streifende St. Léger Park auf den Brissago-Inseln ist der Wissenschaft und dem Landschaftsbild als botanischer Garten erhalten geblieben.

Außerdem gehören zur Inselgruppe des Verbano, wie der See und sein Umland auch genannt werden, die Felsen vor Cannero; wer sich vom See her nähert, wird die Ringmauer der Burg Vitaliana genauso wiederfinden, wie sie sich einst den Augen Morigias darbot.

So ist es das Herzstück des Sees, das dem Gebiet einen besonderen Glanz verleiht. Doch auch die Ufer haben sich geschmückt, man betrachte nur die Kirchen. Viele romanischen Bauwerke sind zwar mit dem Aufkommen des Barock verschwunden, erhalten aber blieben uns die restaurierten San Vittore Basiliken in Bedero Valtravaglia und in Muralto; beide sind dem heiligen Viktor geweiht, um an die gemeinsamen ambrosianischen Wurzeln des frühchristlichen Zeitalters des Verbano zu erinnern. Halten wir uns jedoch vor Augen, daß das schlichte und einheitliche Erscheinungsbild, das die mittelalterlichen Dächer boten, von den dunklen und den freundlichen Akzenten der Rot- und Grautöne von Dachpfannen und Granitsteinen geprägt war. Zur Harmonie dieses Erscheinungsbildes trugen etwa bei: die Kuppel der ebenfalls San Vittore geweihten Kirche in Intra, die unvollendet gebliebene Wallfahrtskirche von Riva in Angera, die Kirche S. Giuseppe in Luino, die Kirche Madonna della Punta in Maccagno, San Carlo zu Magadino, die Pietà von Cannobio (die alles erdrückende «neue Kirche» von Laveno wollen wir hier übersehen).

Auf dem Felsen von Bàllaro liegt das wuchtige, mit dem Felsen verwachsene Gemäuer der Einsiedelei S. Caterina, eine organische Aufeinanderfolge von Klüften und luftigen Loggien. Ein andermal waren mitten in der offenen Landschaft Gotteshäuser und Klöster entstanden, wie die abseits von Pallanza gelegene Kirche, die den bezeichnenden Namen Madonna di Campagna («Madonna im Felde») trägt, oder auch romanische Kirchen, deren Struktur von einer durchbrochenen Vierungskuppel aufgelockert wird. Hier denken wir an die eben erwähnte Kirche sowie an die zur selben Zeit erbaute Madonna del Ponte in Brissago. Die Abtei S. Donato bei Sesto Calende schließlich vereint moderne Strukturen mit ganz frühen Stilelementen aus der Zeit, als eine Enklave Pavias in der Mailänder Diözese einen gewissen Einfluß ausübte.

Wer den Blick über Berge und Täler schweifen läßt, stößt allerorten auf Wallfahrtskirchen und unvollendet gebliebene Sacri Monti («Heilige Berge»); eine Vielzahl einladender Kirchenvorplätze liegt vor ihm ausgebreitet, Plätze, die nach dem Maß des Menschen geschaffen sind, der hier, sei es bei Prozessionen, sei es bei Volksfesten, seine innere Ruhe und Gelassenheit wiederfindet.

* * *

Völlig verändert präsentiert sich hingegen das ländliche Umfeld. Verschwunden sind die kargen kleinen Felder, auf denen Roggen und Hülsenfrüchte angebaut wurden, verschwunden die Obstgärten, die weitläufigen Weinberge, die kleinen Olivenhaine – doch leben sie in der Geschichte fort. Die von Schädlingen befallenen Kastanienbäume sind verkümmert, da sie nicht mehr mit der nötigen Sorgfalt veredelt wurden; doch noch immer finden sich Berghänge, von denen im Juni die Fackeln der Kastanienblüte leuchten und uns an die Mühsal vergangener Generationen gemahnen.

Die Weideflächen hat sich der Wald zurückerobert, einige sind von Wachholder- und Ginsterbüschen überwuchert, wieder andere wurden im Zuge der staatlichen Aufforstung verkleinert. Der heimische Laubmischwald mit seinen Birken-, Buchen-, Eschen-, Ahorn-, Eichen- und Erlenbeständen – und den roten Einsprengseln der Früchte von Stechpalmen, Ebereschen, Tamarinden – wird wieder dichter. Zu den Gemsen, Hirschen und dem Damwild, der ursprünglichen Fauna, gesellen sich inzwischen auch Horden von Wildschweinen (sie wurden künstlich eingesetzt). Womöglich kehren bald auch wieder die Wölfe und Bären zurück, von denen hier und da noch einige Exemplare im vorigen Jahrhundert gesichtet wurden. Stark zurückgegangen sind hingegen die Schaf- und Ziegenherden, die sich einst so zahlreich auf den Berghängen tummelten.

Wer hätte früher wohl gedacht, daß sich die ungezähmte Natur Kulturland wieder zurückerobern würde, wo doch selbst im entlegendsten Ort untrügliche Spuren menschlicher Existenz zu finden waren: noch im dichtesten Unterholz sammelte man Laub, Reisig, Beeren, Wurzeln, ja sogar leere Kastanienschalen wurden aufgelesen, um Mensch und Vieh mit dem zu versorgen, was sie zum täglichen Leben brauchten.

* * *

Mit der Abwanderung aus den Bergregionen in die Städte der Täler und den einst jahreszeitlich- und arbeitsbedingten Wanderbewegungen begann die wirtschaftliche und kulturelle Entwicklung der Region. Es folgte die Zeit der Massenemigration in die Länder nördlich der Alpen und nach Amerika. Im Zuge der Revolutionierung des Transportwesens und der Industrie erlebten dann vor allem die am Seeufer gelegenen Orte einen wirtschaftlichen Aufschwung.

Die von Napoleon erbaute Paßstraße über den Simplon, die ausgebauten Paßwege über den Gotthard und den S. Bernardino, vor allem aber der reguläre Dampferverkehr über den See förderten Wirtschaft, Handel und Gewerbe und ließen den aufkommenden Tourismus zu einem bedeutenden volkswirtschaftlichen Faktor werden. Längs der Uferpromenade entstanden schon Mitte des vorigen Jahrhunderts imposante Hotelbauten, die bis heute nichts von ihrem internationalen Renomee eingebüßt haben; berühmte Hotels wurden in Belgirate, Baveno, Pallanza und Locarno errichtet. Einige dieser Nobelbauten stehen inzwischen leer und sehen wohl leider ihrem Verfall entgegen. Auch in Magadino, *terminal* der Dampferlinie, erlebte die Hotellerie eine kurze Blütezeit, einige Jahre später hatte Luino seine Glanzzeit. Cannero, einem besonders von Briten bevorzugten Ort, blieb das Flair, das dem diskreten aristokratischen Ferienleben des 19. Jahrhunderts eignete, erhalten.

In allen Anrainerortschaften des Sees wurden Häfen und Anlegeplätze angelegt, so daß die Passagiere nicht mehr mit Booten zu den weiter draußen vor Anker liegenden Motorschiffen gebracht werden mußten. Einige dieser Anlegestellen wurden später wieder aufgegeben, doch die *tetoia*, der überdachte Landesteg von Intra, hat den Zeitläuften standgehalten und ist inzwischen zu einem beliebten gesellschaftlichen Treffpunkt geworden.

Beschwerlicher gestaltete sich der Ausbau der Uferstraßen, der Bahnlinien und später der Autobahn. Den Pionierleistungen des Alpentunnelbaus wollten die Eisenbahnkonstrukteure nicht nachstehen. Ein künstlerisch gelungenes Beispiel des Ingenieurbaus stellt die Stahlbrücke dar, die den Ticino bei Sesto Calende überspannt und als «Doppeldeckerkonstruktion» dem Auto- wie dem Bahnverkehr dient; als ästhetisch geglückte Bauten, nüchtern und stattlich, präsentieren sich auch die Bahnhöfe von Arona und Luino. Dank des schnellen Fährschiffverkehrs zwischen Intra und Laveno blieb uns glücklicherweise der Bau einer schwimmenden Brücke erspart, die den See auf immer in zwei Teile gespalten hätte. Weniger Glück hatten wir mit den Straßen und Tunnels sowie mit den Bergrutschverbauungen. Wer heute den landschaftlichen Zauber, der Vittorio Sereni zu den beiden Fassungen des Gedichtes *Strada di Zenna* inspirierte, wiederfinden will, braucht ein gerüttelt Maß an Phantasie.

Im Zuge des industriellen Fortschritts verschwanden die alten Produktionsanlagen wie Mühlen, Ölmühlen, Gesenkschmieden, Walkmühlen. Auch die Kalköfen wurden stillgelegt; als Zeitzeugen einer vergangenen Epoche blieben die «Kathedralen am Wasser» zurück: so bezeichnete der Volksmund die sich nach oben verjüngenden Schornsteine, über denen sich die Kalksteinwände erheben, aus denen das Rohmaterial gewonnen wurde. Die weiße Felswand von Caldé gilt schon seit langem als Wahrzeichen des Sees und es wäre wünschenswert, dieses Relikt der Industriearchäologie zu schützen, um es der Nachwelt als Sinnbild menschlichen Mühens zu erhalten.

In der Folgezeit entstanden Webereien und Baumwollspinnereien, Anlagen der verschiedensten Industriezweige, meist gnädig in der Talsohle verborgen. Verschandelungen blieben zwar nicht aus, doch heute stimmen uns die ausgedienten Fabrikschlote eher wehmütig. Sind sie doch Symbole einer harten Zeit, in der unter großen Entbehrungen und Entsagungen der Grundstock des allgemeinen Wohlstandes gelegt wurde, für den wir, ohne deshalb in blinde Fortschrittsgläubigkeit zu verfallen, dankbar sein sollten.

Eine unselige Zeit waren die 60er Jahre. Liest man heute, wie die Schriftstellerin Ada Negri sich zu Beginn des Jahrhunderts über die «prätentiösen Villen» ereiferte, die wie Pilze aus dem Boden wuchsen und ganz und gar nicht zu der unverfälschten Schlichtheit passen wollten, die damals noch dem Palazzo wie der Hütte eignete, kann man sich ein Lächeln kaum verkneifen. Sie ging sogar so weit, die Sprengung dieser architektonischen Scheußlichkeiten zu verlangen. Unser heutiges Stilempfinden ist toleranter, und so hoffen wir, daß die Villen uns noch einige Zeit erhalten bleiben, nicht zuletzt ihrer Grünanlagen wegen, die ihnen einen würdigen Rahmen geben.

Der mangelnden Rücksichtnahme gegenüber der Umwelt, der zügel-und stillosen Bebauung der Ufer steht der Niedergang der Altstadtviertel gegenüber, den die Bewohner durch Veräußerungen an Nichteinheimische jedweder Schicht und Nationalität, mit anderen Worten, durch die Veräußerung ihrer kulturellen Identität heraufbeschworen haben.

Es scheint, als gingen wir besseren Zeiten entgegen. Die reichlich spät erlassenen baurechtlichen Auflagen werden weitere Auswüchse verhindern und der dichter werdende Wald wird allmählich die Wunden schließen und alles Unschöne zudecken. Noch ist die Gegend reich an landschaftlichen Schönheiten; der vorliegende Band bietet dem Betrachter die Gelegenheit, sich anhand der Bilder Carlo Pessinas selbst davon zu überzeugen. Die Photographien verdanken ihre Ausdruckskraft dem Einfühlungsvermögen und dem geschulten Auge eines großen und heimatverbundenen Photographen. Verstehen wir sie als Aufforderung, den See zu lieben und zu schützen, eine Verpflichtung, die sich aus der Kenntnis der Geschichte, der Kultur, der Menschen und der unvergleichlichen landschaftlichen Schönheit von selbst ergibt.

Wenn sich der Blick vom Ufer löst, dem weiten blauen Horizont des Wassers folgt, dann zu den grünen Bergmassiven hinaufwandert, um sich schließlich in der azurblauen, von wechselnden Wolkengebilden durchzogenen Weite des Himmels zu verlieren, öffnet sich unser Herz der Unendlichkeit und bringt die Saiten des Gemüts zum Klingen. Jedes Jahr freuen wir uns aufs neue über die frischen Frühlingswinde, genießen das Hochgefühl, an einem Sommermorgen übers Wasser zu gleiten, spüren in der kühlen Septemberluft und in den weichen herbstlichen Nebelschleiern einen Hauch von Melancholie und hören die Stille eines Wintermittags, wenn die Strahlen am fernen Horizont auf ein ewiges Licht verweisen. Dies alles ist uns der See: gläserner Abglanz der göttlichen Schöpfung und zugleich Spiegel des Menschen.

Ein Blick in die Runde

Die erste uns bekannte kartographische Darstellung des Lago Maggiore stammt von Domenico dè Belli, auch «il Macaneo» genannt, da er in Maccagno geboren wurde; er war Humanist und ein Vertrauter Ludovico Sforzas, gen. «il Moro». Die Karte war Teil einer Inkunabel, die dè Belli 1490 in der Mailänder Druckerei Ultrico Scinzenzelers in Druck gegeben hatte. Mit der xylographischen Reproduktion verbindet sich eine merkwürdige Geschichte. Der Holzschneider war vermutlich ein Anfänger, unterließ er es doch, den Umriß des Sees spiegelbildlich erhaben aus der Holzplatte herauszuschneiden; derselbe Fehler wiederholte sich bei einigen Beschriftungen. Ein zweiter Abdruck behob den Mangel nur teilweise. Betrachtet man allerdings die Karte vor einem Spiegel, findet man erstaunlicherweise – trotz des groben Schnitzers – eine so getreue Wiedergabe der Konturen des Verbano (sowie des Luganer Sees), wie sie einem Kartographen des XVI. und XVII. Jahrhunderts nie gelungen wäre.

Wie oft mag der Macaneo wohl den See von einem Ende zum anderen überquert haben, um mit Hilfe eines primitiven Winkelmessers und eines Kompasses den See winkeltreu vermessen zu können? Denn daß die äußerst exakte Darstellung, vor allem jene des Luganersees, allein aus der Anschauung entstand, ist kaum anzunehmen. Wollte er einen Überblick über die Seen erhalten, mußte er nolens volens auf steilen Pfaden, geleitet von Hirten, die Bergeshöhen erklimmen. Dem heutigen Kartographen, dem Luftaufnahmen zur Verfügung stehen, bleiben solch beschwerliche Wege erspart.

Doch wer die Mühen des Aufstiegs nicht scheut, wird mit einem grandiosen Panorama belohnt: in der Ferne die Nebelfelder der Poebene, bei besonders klarer Sicht soll man gar den goldenen Reflex der *Madunìna* (der Marienstatue auf dem Mailänder Dom) und die Kuppel der Basilika von Superga aufleuchten sehen; zu Füßen die glitzernden Seen, die sich rund um den Lago Maggiore (er trägt zu Recht den Namen «Langensee») scharen; dann wandert der Blick zur endlosen Kette der Seealpen, die Kottischen, Grajischen und die Penninischen Alpen auf der einen, die Rhätischen Alpen auf der anderen Seite, gefolgt von den Lepontischen Alpen (deren Name auf die keltischen Lepontier zurückgeht), bis zum Ortler und dem Adamello.

Durch die ihn unmittelbar umschließende Bergkette erhält der See seine Gestalt. Eingerahmt ruht er zwischen den Gebirgsausläufern von Angera und Arona, dem Mottarone über Stresa sowie dem Sasso di Ferro und der *Biòta* bei Laveno. Auf der rechten Uferseite reihen sich die freistehenden Kegel des Montorfano (der «Verwaiste», nomen est omen) und des Monte Rosso, gefolgt von einer schier endlosen Bergkette: dem Pizzo d'Omo, der Spalavera, der Carza bis zum 2187 m hohen mächtigen Limidario (als *mons limitaris* schied er unterschiedliche kirchliche und zivile Jurisdiktionen) und schließlich der Trosa. Auf der gegenüberliegenden Uferseite ragen der Monte Colonna, der Pian Nave, die Bedroni (der Name verweist auf die hohen Birken, die den Berg säumen), der Lema (ein weiterer *limen* zwischen Diözesen , und heute Ländern), der Tamaro (mit seinen 1962 m die höchste Erhebung dieser Uferseite) und der Paglione.

Wer so den Blick schweifen läßt, ihn von runden oder gezackten Berggipfeln zu den Pässen lenkt, welche die Täler miteinander verbinden, sodann zu den Felsterrassen, wie etwa den Aussichtspunkten von San Rocco bei Campagnano und Pollino bei Premeno, gewahrt die unbeschreibliche Bilderfülle einer lieblichen und herben, sanften und gewaltigen, abwechslungsreichen und eintönigen Landschaft, ohne sie jemals ganz erfassen zu können. Die Erscheinungsformen der Landschaft – Dächer, Türme, Wiesen, Wälder, Gärten, Felder, Brachland, Sümpfe, Fels und Schnee – variieren und potenzieren, je nach Jahreszeit, Stimmung und Augenblick, die Eindrücke. Dem Wasser mit seinen Reflexen, Farb-und Lichtspielen kommt immer die beherrschende Rolle zu. Es ist verständlich, daß manche dem Irrtum erliegen, der Name des Monte Rosa leite sich von den zarten Rottönen ab, in die das fern dominierende Bergmassiv bei Tagesanbruch getaucht ist; vermutlich ist der Name auf das vorlateinische *ròsia* zurückzuführen, eine Bezeichnung, die für ewiges Eis steht (wenn angesichts des Treibhauseffekts von solchem noch die Rede sein kann...).

Die feine Abstufung der Rosatöne, die goldenen Sonnenstrahlen, die durch die Wolken hervorbrechen und das blanke Silber der glitzernden Wasseroberfläche lockern die Symphonie der Grün-und Blautöne auf. Im Herbst herrscht ein grauer Grundton vor und aus den Nebelschwaden und den tief über dem Wasser hängenden Wolken erreicht uns der leise Gesang einer wehmütig-sanften Nymphe.

Jenseits jeder romantischen Überhöhung trifft der über den See und sein Umland schweifende Blick immer wieder auf Spuren menschlichem Wirkens, das bei allem Respekt vor Mutter Natur, ihr doch urbane Grenzen setzte, in Gestalt von Dörfern oder den Glockentürmen, die gleich hinter der ersten Kehre des Ticino sichtbar werden, sowie den weiten Rasenflächen zwischen urwüchsigem Wald, den gepflegten Park-und Grünanlagen, «Fluchten von Brücken und Alleen», dem Gewirr von Dächern in den Ortschaften entlang der Flüsse und schließlich den Wasserkraftwerken der alpinen Seen.

Die Inselgruppen

Die Insel übt auf den Menschen seit jeher eine geheimnisvolle Anziehungskraft aus; sie ist eine Metapher für das Fremde, das andere, ein Tor, das sich zu ungeahnten Räumen öffnet. Der Vorzug der Inselgruppe des Lago Maggiore liegt in ihrer Überschaubarkeit: das Auge kann sie als Ganzes umfassen. Sie wären in einer Stunde zu durchqueren, verweilte man nicht bei den Schätzen, die sich im Laufe der Zeit hier angesammelt haben. Einst prävalierten strategische Gesichtspunkte, daher die Trutzburgen auf der Isola Madre und auf dem kleinen, Pallanza vorgelagerten Isolino San Giovanni (benannt nach Johannes dem Täufer) und vielleicht auch auf der Isola Bella. Zinnenbewehrte Türme und Mauern findet man heute nicht mehr auf den Borromäischen Inseln, doch bei Cannero ragen die Ruinen der Castelli di Cannero noch drohend und wild empor.

Die Burg Vitaliana wurde von Ludwig Borromäus in der zweiten Hälfte des XVI. Jahrhunderts in der konfliktreichen Zeit erbaut, als sein Feudalbesitz durch die französischen Eroberer bedroht wurde. Er fand damals Unterstützung durch die Schweizer, die einige Jahre zuvor das Locarnese an sich gebracht hatten und ihren Herrschaftsbereich weiter auszudehnen gedachten. Nach seiner Versöhnung mit dem Allerchristlichsten König setzte sich Ludwig siegreich gegen die Bedrängung durch die Großherzöge und den Kaiser zur Wehr. Seinen Söhnen gelang es, die Gunst Karls V wiederzuerlangen, und so konnte Mailand erneut auf das Bollwerk an der unsicheren Grenze bauen. Die in Geldgeschäften versierten Schweizer verloren dabei einen Teil ihrer investierten Mittel.

Ein Jahrhundert zuvor war auf den Inseln bereits ein Wachturm, ominöserweise Malpaga («schlechtbezahlt») genannt, errichtet worden. In den Jahren 1402 bis 1414, als sich das Großherzogtum nach dem Tod von Giangaleazzo Visconti in einer Krise befand, spielten die Seefreibeuterbrüder Mazzarditi durch ihr Bündnis mit dem comaskischen Adelshaus Rusca auch eine politische Rolle. Durch Überfälle und Raubzüge brachten sie ein beträchtliches Vermögen an sich und nisteten sich als Herrscher in Cannobio ein; später wurden sie von Filippo Maria Sforza zunächst umgarnt und dann mit eiserner Faust verjagt.

Auf den Borromäischen Inseln sind hingegen seit alters her kleine Fischerdörfchen angesiedelt. Die Isola Superiore («obere Insel»), auch Isola dei Pescatori («Fischerinsel») genannt, ist ab antiquo bewohnt, wie die Kirche mit Relikten aus dem X. Jahrhundert beweist. Die Isola Bella, seit altersher ländlich besiedelt, änderte ihr Gesicht zu Beginn des 17.Jahrhunderts ganz erheblich und verdankt ihr heutiges Aussehen der Phantasie der Grafen Carlo III und Vitaliano VI. Borromeo.

Auf der Isola Madre («Mutterinsel»), sie ist wie die Isola Bella Eigentum der Familie Borromeo, hatte der Baumeister Pellegrino Tibaldi einen Palazzo errichtet und ihn zum Staunen von Morigia mit Spalieren von Zitrusfrüchten, Blütenstauden und Obstbäumen umgeben. Vagliano beschrieb die Insel hundert Jahre später, wobei er diesmal nicht auf die Schriften Morigias zurückgriff, sondern seiner eigenen Phantasie freien Lauf ließ.

Auf Vitalianos VI. Initiative hin waren auf der Isola Bella ein großartiges Palais und ein Prachtgarten entstanden, deren Schönheit die berühmten lombardischen Villen noch übertraf. Die Vollendung des Werks zog sich über Jahrhunderte hin; das Endergebnis war eine einzigartige Symbiose von Natur, Kunst und Künstlichkeit. Weitläufige Treppen, grandiose Festsäle mit Blick auf den See, eine beeindruckende Galerie mit Wandteppichen, eine Gemälde- und Skulpturensammlung ließen den Palazzo zu einem der beliebtesten Museen Italiens werden; zusammen mit den zauberischen Grotten und «Grotesken» bildet er ein wundersames Gesamtkunstwerk. Der Garten wurde stufenförmig in Terrassen aufgeschichtet und entfaltet in Blumenarabesken die volle Pracht der südlichen Pflanzenwelt. Gekrönt wird das Ganze von einer sich gegen den Felshintergrund abhebenden Kavalkade von Statuen, dominiert von einem sich aufbäumenden Einhorn, einem der Insignien der Familie Borromeo: ein «Theater», in dem Barockkonzerte erklangen und vor dessen Kulisse Carlo Maria Maggi Seine verfaßten Verse beiwohnte.

Dem eiligen Besucher, der die Isola Madre links liegen läßt, ist nicht zu helfen. Der im englischen Stil angelegte Garten bietet eine außergewöhnliche Sammlung seltener Pflanzen; im Palazzo tritt der Besucher in die Atmosphäre einer aristokratischen Vergangenheit ein, wenn er sich zwischen kostbarem Mobiliar und Raritäten (etwa dem «Marionettentheater») unter den unauffälligen Blicken einer grämlich dreinschauenden, lebensecht nachgebildeten Dienerschaft in Livree bewegt, die dienstbeflissen Türen öffnet oder Diners serviert.

Wenden wir uns wieder nach Norden. Vor Ronco ob Ascona liegen die beiden Brissago-Inseln wie grüne Smaragde auf dem Wasser. Ihre kleinen, frühmittelalterlichen Kirchen, die Einsiedelei der Humiliaten sowie die Kaninchen, die sich auf Pankratius, der «Kanincheninsel», im XV. Jahrhundert so zahlreich vermehrt hatten, sind verschwunden; doch die Erinnerung an die Baronin St. Léger ist auf den Brissago-Inseln noch immer lebendig. Die Dame russischer Abstammung hatte ein bewegtes Leben; sie ging mehrere Ehen ein und war mit Männern wie Liszt, Joyce, Segantini, Grubicy und vielen anderen befreundet. Sie förderte Künstler wie den Maler Ranzoni aus Intra, der sie in einem berühmten Portrait festhielt, doch in ihren geschäftlichen Angelegenheiten, durch die sie mit der halben Welt in Kontakt stand, zeigte sie sich so wenig gewandt, daß sie schließlich arm und vereinsamt starb. Vergessen jedoch ist sie nicht, legte sie doch den Grundstein für den botanischen Garten, der heute dem Kanton Tessin gehört und dessen exotische Pflanzenpracht zur heiteren und bezaubernden Atmosphäre des Sees beiträgt.

Das Olea Fragrans der Gärten

Già l'olea fragrante dei giardini / d'amarezza ci punge... («Schon erfüllt das olea fragrans unser Herz mit Wehmut...») – diese Verse Vittorio Serenis sprechen vom Zauber der gepflegten Villengärten, die am Rande der Ortschaften entstanden waren und denen sie mit dunkelgrünen Wald-und Wiesentönen ein charakteristisches Gepräge verliehen. Sie gaben der oft kargen Landschaft, in der jeder Hügel landwirtschaftlich genutzt wurde, sei es als Weinberg, Wald oder Weide, einen lieblichen Anstrich.

Es ist geschichtlich belegt, daß auf der Isola Madre schon im frühen Mittelalter, begünstigt durch das milde Klima, Olivenhaine angelegt wurden; jahrhundertealte Olivenhaine, zuweilen von Unkraut überwachsen, finden wir noch heute im Gebiet von Cannero und Colmegna. Später begann man Zitronen und Orangen zu züchten; wilde Zitronenbäume gibt es noch entlang der südseitigen Mauern der Burgen von Cannero. Aus Japan wurden blühende Sträucher eingeführt, wie Azaleen (auch sie inspirierten Sereni: *Maturità scoppiante dei colori / fu vostra la grazia dell'aria / nel lume di primavera...*), Rhododendren und Kamelien; sie alle fanden im Mikroklima des Sees ideale Lebensbedingungen: ein für acidophile Pflanzen geeigneter Boden, mildes Klima und ausreichende Niederschläge.

Mit Hingabe widmen sich zahlreiche Gärtner und Hobbygärtner der Kamelienzucht, da diese Pflanze zur Heranzüchtung von Varianten, immer neuen Farb-und Formkombinationen, besonders gut geeignet ist. Seit vielen Jahren schon finden im Mai allerorten die *Feste della Camelia* statt und das Kameliensortiment, das die Blumenzüchter des Verbano anbieten – sie erwirtschaften inzwischen einen nicht unerheblichen Anteil auf dem Agrarsektor – findet weltweit nicht leicht seinesgleichen.

Zwei Gartentypen erfreuen sich besonderer Beliebtheit. Das klassische Beispiel eines *italienischen Gartens* ist die großzügige Anlage auf der Isola Bella; doch Elemente dieser Stilrichtung finden sich auch in neueren Parks, man denke an die Teiche, Springbrunnen und die je nach Jahreszeit wechselnd bepflanzten, geometrisch gestalteten Beete in den Gärten der Villa San Remigio und der Villa Taranto.

Dem Stilempfinden des XIX. Jahrhunderts entsprach der *englische Garten*, bei dem die Natur zum «Landschaftsgarten» wird. Dieser Gartentyp zeichnet sich durch geschwungene Wege sowie Baumgruppen und Sträucher aus, die in natürlicher Form belassen und nicht geometrisch zurechtgestutzt werden. Allerdings dauert es Jahre, bis die szenographisch gekonnt plazierten Büsche und Bäume zur gewünschten Fülle und Form heranwachsen.

Dieser Stil bestimmt die Gärten der Isola Madre, der Villa Taranto in Pallanza, der Villa Pallavicino in Stresa und, am lombardischen Ufer, den Park der Villa Crivelli in Luino; von den St. Léger Gärten war bereits die Rede. Diese Gartenkultur duldet keine Improvisation, setzt umfangreiche botanische Kenntnisse voraus, da sie sich in langen Wachstumsrhythmen entfaltet. Es galt daher mit der Planung eines solchen Gartens schon Jahrzehnte vor der Errichtung einer Villa zu beginnen, wobei die Auswahl der Sämereien, der Stecklinge sowie die Pflanzenvermehrung durch Senktöpfe große Geduld erforderten. Hilfreich war hierbei auch der Gedankenaustausch mit ausländischen Experten, wie er sich etwa auf internationalen Ausstellungen ergab (die Wiener Ausstellung wurde von Rovelli, dem Patriarchen der «Gärtner» des Verbano beherrscht). Bei der Anlage des kleinen, gepflegten Parks auf der Landzunge Lavello bei Bedero Valtravaglia zog man einen berühmten Freund des Hauses, den Philosophen und Abgeordneten der Radikalen, Giuseppe Ferrari, hinzu. Einige der von ihm importierten Hybriden haben, inzwischen über hundert Jahre alt, die Zeit in verschiedenen Feriendomizilen überdauert.

Doch wollen wir, betört von üppiger Gartenpracht, den urwüchsigsten aller Gärten, den Wald nicht vergessen. Auch Bäume wachsen nicht planlos, wie man an den vereinzelt auf weiter Flur stehenden Nußbäumen sehen kann: einst glaubte man nämlich, zuviel Schatten sei der übrigen Vegetation abträglich. Ihre Früchte waren allerdings als Nahrungs-und Energiequelle begehrt; die Verwendung von Nußöl für Kirchenlichter war freilich untersagt, da bei der Verbrennung zuviel Ruß entsteht. Sich selbst überlassen wächst sich der Wald zwar zum Urwald aus (man betrachte nur auf Photographien des vorigen Jahrhunderts die terrassierten, gerodeten, als Weinberge oder Felder genutzten Uferflächen, die heute zu unwegsamer Wildnis verkommen sind), doch prägt er das Landschaftsbild auf seine Weise. Von den Kastanien war schon die Rede. Während jene, vom Menschen ihrem Schicksal überlassen, degenerierten, breitete sich die Wildkirsche aus dem nämlichen Grund ungehindert aus, da die Vögel die Kerne allüberall fallen ließen (früher wurde dieser Wildwuchs eingedämmt, da die Kirsche von geringem Nutzwert ist). Ähnliches gilt für die im Mai blühende Robinie. Wenngleich die Gärtner sie verschmähen (Robin, der Gärtner der Französichen Könige hatte die nach ihm benannte Pflanze seinerzeit als sensationelle Novität aus Amerika importieren lassen), so wird sie doch von Imkern als Bienenweide geschätzt, dient ferner der Befestigung von Böschungen und gilt zudem als Heilmittel. Im Juni leuchtet an unseren Ufern das Violett der Paulownien, deren Samen sich selbst in Asphalt-und Mauerritzen festsetzt. Und über allem steht unverändert der Birken-und Buchenwald, wobei die Buche, ein majestätischer Baum, das monumentale Urbild aller Bäume, die unangefochtene Königin unserer Wälder ist.

Manifestationen des Glaubens

Auch im Verbano manifestiert sich die gemeinsame Religionsgeschichte des europäischen Kulturraums. Zu den herausragendsten Kennzeichen unseres Landschaftsbildes zählen die Kirchen und so kommt es nicht von ungefähr, daß der «Kirchturm» in jeder Hinsicht als Bezugspunkt einer Ortschaft dient.

Die frühen Gotteshäuser wurden außerhalb der Ortschaften, oft auf einer Anhöhe errichtet, nicht zuletzt, um die Stille der Friedhöfe zu wahren. Hinzu kam die Furcht vor den Toten, auch hygienische Überlegungen waren zu berücksichtigen. Da man sich wenig um die Einfriedungen kümmerte, konnten Tiere ungehindert zwischen den Gräbern in der Erde wühlen und herumscharren; auch kam es vor, daß auf dem Gottesacker Weinreben gepflanzt und Getreide zum Trocknen ausgebreitet wurde.

Grabnischen in der Unterkirche wurden als Bestattungsstätte bevorzugt. War in den Grüften kein Platz mehr, brachte man die sterblichen Überreste der Toten ins Beinhaus; dort trieb man mit den in Reih und Glied aufbewahrten Schädeln und Gebeinen zuweilen makabere Spiele um eines heilsamen memento mori willen. Hier fanden sich die Frauen zur Totenklage zusammen, um mit zeremoniellem Klagegeschrei die Toten zu besänftigen, auf daß sie ihre Gräber nicht verließen, um die Lebenden heimzusuchen.

Die gedrungenen romanischen Kirchen, die wie gestrandete steinerne Schiffe in den Bergtälern standen, wurden allmählich durch komplexere Stilformen abgelöst. Die dekorativen Elemente wurden reicher, doch die wesensimmanente Sprödigkeit dieses Stils ließ überladene Innenräume nicht zu. Den Architekten Beretta aus Brissago, die höchstwahrscheinlich Erfahrungen in den wichtigsten Zentren der Renaissance, in Umbrien, gesammelt hatten, verdanken wir Meisterwerke im Renaissancestil, wie die Kuppelkirchen Madonna di Campagna bei Pallanza und Madonna del Ponte in Brissago. Man ging nun dazu über, Wände und Decken mit Verputz und Stukkatur plastisch zu verzieren, der Zentralbau sowie der krönende Kuppelbau wurden eingeführt (beachtenswert das Ellipsoid von S. Vittore in Intra). Die Entwicklung des Gewölbebaus bot der Freskomalerei große Flächen zur Ausgestaltung; ein schönes Beispiel hierfür sind die Kuppelfresken der Kirche Madonna di Campagna.

Erstaunlicherweise wurde der Glaube an die Wunderwirksamkeit von Wallfahrtsorten im gläubigen Mittelalter nicht in dem Maße gefördert wie dies später geschah. Die großen Stätten zur Förderung der Frömmigkeit entstanden vielmehr erst im XVII. Jahrhundert. Ob es auf die uns eigene Zurückhaltung gegenüber allzu demonstrativen Bekundigungen zurückzuführen ist, mag dahingestellt bleiben; im Verbano entstanden jedenfalls keine Sacro Monte – Wallfahrtsstätten; die geplanten Anlagen in Locarno, Ghiffa und Arona wurden nicht realisiert. Doch nutzten die Bischöfe der Gegenreformation jede Möglichkeit, die Volksfrömmigkeit zu fördern, um so der Ausbreitung häretischer Lehren entgegenzuwirken. In Locarno, wo der Protestantismus im Adel Anhänger gefunden hatte, wurden die Reformierten nicht etwa von der Inquisition, sondern von den Landvögten der katholischen Kantone unter Druck gesetzt und vertrieben.

In den Wirren von Reformation und Gegenreformation ereigneten sich seltsame Dinge: Madonnenbildnisse- und statuen begannen zu weinen; aus den «Wunden» geschändeter Heiligenbilder tropfte Blut; aus dem Fresko der Pietà in Cannobio löste sich eine Rippe; im Gewand der Luineser Madonna del Carmine blieben Arkebusenkugeln stecken... Die Gerichtsschreiber hielten alle Vorkommnisse genau fest, die ihnen von Zeugen berichtet wurden. Wir wollen hier diese geheimnisvollen Begebenheiten nicht näher erforschen; für den Kulturhistoriker ist die Frage, ob und wie das wunderbare Ereignis sich materialisierte, ohne Belang, ihn interessieren vielmehr der Wunderglaube, der den kollektiven Eifer schürte und zuweilen auch fanatische Auswüchse hervorbrachte. Gleichwohl wird der in Cannobio zur Feier des Wunders der Heiligen Seite begangene Gottesdienst auch auf den Freidenker seine Wirkung nicht verfehlen; wenn der Schrein mit der Reliquie, von Weihrauch umhüllt, langsam gegen Himmel gehoben wird, feierlich untermalt von Chorgesang und Orgelklängen, wird auch er ergriffen sein.

Niemand wird ernstlich in Abrede stellen, daß der Glaube im täglichen Leben, das uns stets neue Wunden zufügt, uns ängstigt und verunsichert, Trost und Halt gibt. Er kann jedoch auch Ängsten Vorschub leisten: wenn der Wind rötlichen Saharasand mit sich führte, der sich auf weißem Schnee oder weißen Kohlköpfen wie Blut ausnahm, interpretierte der Volksglauben dies als Blutregen und man fürchtete den Fluch des Himmels. Starb ein Kind bei der Geburt, flehte man zu Gott, er möge es nur für einen Augenblick noch einmal zum Leben erwecken, damit man es wenigstens taufen und somit seine Seele retten könne.

Die Bergbewohner glaubten, auf den Beistand der Himmelsmutter und auf die Fürsprache einer Legion von Heiligen, von denen jeder besondere Gaben besaß, bauen zu können. Der heilige Lucius galt als Schutzpatron der Hirten, die ihn anflehten, er möge sie und ihre Tiere vor Schaden bewahren. In den Zeiten der Pestepidemien, betete man zum heiligen Rochus und zum heiligen Sebastian. Die Steinmetze verehrten die heilige Lucia, die sie vor Augenverletzungen durch Steinsplitter schützen sollte.

So wurden denn an Weg und Steg Feldkapellen errichtet, wo man sowohl auf dem Weg von und zur Arbeit, sowie mit dem Leichenzug Rast machen konnte. An jeder Ecke des Dorfes fand sich ein Bildstock oder eine rührend-naive Votivtafel. Und wenn in der abendlichen Stille zum Ausklang eines mühevollen Tages das Avemaria geläutet wurde, neigte man den Kopf zum Gebet – wie einst auch Dante und *Childe Harold*.

Wasser-, Land- und Luftwege

Jahrhundertelang stellte der Wasserweg die wichtigste Verbindung zwischen den Orten um den Lago Maggiore dar. Durchgehende Uferstraßen wurden erst vor wenig mehr als hundert Jahren angelegt; zu Beginn des Jahrhunderts waren Maccagno und Luino legiglich durch ein schmales, nur 1,50 m breites Sträßchen verbunden. So ist es begreiflich, daß die Bewohner von Campagnano Veddasca auf ihren Pilgerfahrten zum Sacro Monte über Varese dem Wasserweg den Vorzug gaben und lieber von Maccagno nach Luino ruderten, anstatt den Landweg zu wählen (dabei ereignete sich im XVI. Jahrhundert ein tragischer Unfall, bei dem vierzig Pilger ertranken). Dank der von Napoleon angelegten Paßstraße über den Simplon wurden Arona und Feriolo durch einen Verkehrsweg miteinander verbunden; in den 60er Jahren des vorigen Jahrhunderts wurde dann die Nationalstraße, die Intra mit der Grenze verbindet in einzelnen Bauabschnitten fertiggestellt; die Uferstraße zwischen Luino und Laveno wurde freilich erst in den 20er Jahren dieses Jahrhunderts vollendet.

Für den Gütertransport zu Wasser setzte man große Flachkähne mit quadratischen Segeln und Doppelruder am Heck ein. Bereits seit dem XII. Jahrhundert, seit der Eröffnung des Naviglio, des vom Ticino abgezweigten Schiffahrts-und Bewässerungskanals, ist Mailand sozusagen mit dem Lago Maggiore verbunden. Über diesen Kanal wurde das Baumaterial für den Mailänder Dom, der Marmor von Candoglia, verschifft. Die Boote der feinen Leute von einst waren kaum weniger spartanisch ausgerüstet als diese Lastkähne: eine Überdachung, die Schutz vor Sonne und Regen bot, war alles, was sie an Komfort zu bieten hatten. Vornehme Brautleute ließen sich am Hochzeitstag unter Böllerschüssen und Arkebusensalven in diesen Booten übersetzen; ein andermal dienten sie als Fährboote für Mailänder Bischöfe, die in seelsorgerischer Mission im Verbano unterwegs waren. Auf einem dieser Schiffe trat der heilige Karl Borromäus seine letzte Reise über den See an. Es war die Zeit, als eine Pestepidemie im Verbano wütete, und der Mailänder Erzbischof, der sich aufopfernd um die Pestkranken kümmerte, war bereits von der Krankheit befallen, als er an einem kalten Novembertag in Ascona die Rückreise nach Mailand antrat. Der Kuriosität halber sei noch erwähnt, daß die *paroni*, seine Fährleute, dickfellige, abergläubische Menschen, sich gewöhnlich weigerten, Priester an Bord zu nehmen, da es hieß, sie brächten Unglück.

Auch Kriegsschiffe kreuzten auf dem See: so im Jahre 1277, als ein Trupp Cannobiner zur Unterstützung Graf Otto Viscontis gegen die della Torre entsandt wurde; der erbitterte Kampf der beiden Familien um die Vorherrschaft in den Alpentälern der westlichen Lombardei gipfelte in der Schlacht von Germignaga; so auch im Jahre 1340, als Luchino Visconti bei der Belagerung Locarnos die legendären *ganzerre* einsetzte, die ein Bataillon von fünfhundert Mann samt Bewaffnung aufnehmen konnten. Einige Jahrhunderte später rüsteten die Österreicher eine kleine Flotte mit Kanonen aus, deren größte Heldentat die «Beschießung» der piemontesischen Küste war. Bei den Auseinandersetzungen um die von den Partisanen verteidigte freie Republik von Ossola nahm die Luftwaffe der Alliierten 1944 einige Truppentransporter unter Beschuß.

Da der Kanton Tessin und die Region Piemont sich gemeinsam am Ausbau der San Bernardino-Straße beteiligt hatten, lag es nahe, auch den Schiffsverkehr zu fördern. Ein großes Ereignis war der Stapellauf der *Verbano* im Jahre 1826 in Locarno. Die Dampferschiffahrt steckte damals noch in den Kinderschuhen und so wurde der Dampfer – seine Dampfmaschine stammte aus der von James Watt gegründeten Firma Boulton & Watt – gebührend bestaunt. Die Galionsfigur am Bug des Schiffes stellte die keltische Wassergottheit Verbeia dar, welcher der See und sein Umland den Namen Verbano verdanken.

Seit jener Zeit hat sich die Schiffahrt auf dem Lago Maggiore allen Kriegen und Krisen zum Trotz ständig weiterentwickelt. Durch die Tragflügelboote und Katamarane wurde der Pendelverkehr auf dem See immer schneller. Für die Touristen zählen Schiffspartien zu den Hauptattraktionen des Verbano; doch auch als Handelsverbindung kommt dem Wasserweg nach wie vor eine wichtige Bedeutung zu, man denke nur an die seit 1933 zwischen Intra und Laveno verkehrende Autofähre.

Der Eisenbahnbau revolutionierte das Transportwesen und brachte der Region einschneidende Veränderungen. So wurde Arona bereits 1855 durch den Anschluß an die Bahnlinie zu einem wichtigen Umschlaghafen und Verkehrsknotenpunkt. Als die Provinz Novara an die Gotthard-Linie angeschlossen wurde, kam es auch hier zu einer lebhaften Entwicklung von Handel und Tourismus. In Luino machten Fürsten und Regenten, Feldmarschälle und chinesische Fräuleins Station. Zunächst hatte es allerdings um die Streckenführung der Bahnlinie ein Tauziehen zwischen der rechten und linken Uferseite gegeben – hier hätte sich die Verbindung Oleggio-Laveno-Pino angeboten – doch die kontinuierliche Erweiterung des Schienennetzes entzog solchen Zwistigkeiten die Grundlage.

Die Nord-Bahn schloß Laveno an Varese und Mailand an, und mit der Eröffnung des Simplon-Tunnels endete die topographische Isolation der piemontesischen Uferseite. Ein wachsendes Netz von Nebenlinien stellte bald eine Verbindung zwischen den kleineren Seen und dem Lago Maggiore her: die Seen-Rundtour begann in Stresa, von wo aus man per Schiff nach Luino gelangte; von dort kam man mit der Überlandstraßenbahn nach Ponte Tresa am Luganersee, wo man sich nach Porlezza einschiffte; hier nahm man den Zug nach Menaggio und gelangte so an den Comer See, den Lacus Larius, wie ihn die Römer nannten.

Die höchstgelegenen Stellen (Premeno, Mottarone) konnte man schon bald mit Bergbahnen (nach Premeno), manchmal mit Zahnrad-, später auch mit Luftseilbahnen (Mottarone, Cardada) erreichen, und Sessellifte brachten den gehmüden Wanderer bequem zu den schönsten Aussichtspunkten.

Einige Verkehrsknotenpunkte verloren im Laufe der Zeit an Bedeutung, und im Wettlauf mit dem Bus geriet die Bahn allmählich ins Hintertreffen, so daß die kleineren Linien schließlich stillgelegt wurden. Heute können die Straßen das hohe Verkehrsaufkommen kaum noch bewältigen und sind fast ständig von Blechlawinen verstopft. Mit der Inbetriebnahme des Autobahnabschnitts Arona-Gravellone Toce wird die Stille von einst wieder in die Alleen einkehren, man wird wieder den Wind in den Bäumen und das sanfte Schlagen der Wellen vernehmen.

Zeit der Arbeit, Zeit der Muße

Das geschäftige Treiben auf dem Lago Maggiore, das Gewimmel von Lastkähnen und Passagierschiffen zeugt vom regen geschäftlichen Leben des Verbano. Die reichen Fischbestände des Sees sicherten den Fischern ein Auskommen, und zahlreiche Manufakturzweige lebten vom Wasser des Ticino und anderer Zuflüsse, so die Myriaden von Mühlen, Ölmühlen, Walkmühlen, Papiermühlen und Gesenkschmieden. War das Leben und Weben am See früher von Arbeit bestimmt, so prävaliert heute das Vergnügen.

Die wenigen Fischer früherer Tage bevorzugten freilich stille Buchten in Ufernähe, wo man nicht Gefahr lief, von Stürmen überrascht zu werden. Wer fischen wollte, mußte sich zuerst das Fangrecht erwerben; Fangrechte standen zunächst nur dem König zu, der sie durch die Vergabe von Lizenzen sowie durch Versteigerung abtrat. Als besonders erfolgreich bei der Organisation der Vergabe von Fangrechten erwiesen sich die Fischer der Borromäischen Inseln. Manch einer versuchte auch auf illegalem Weg ans Ziel zu gelangen: ein bewährter Trick bestand darin, ungelöschten Kalk in den See zu kippen, was ein Massensterben unter den Fischen zur Folge hatte. Sämtliche Ufergemeinden erließen daher Bestimmungen, die rücksichtslose Praktiken dieser Art untersagten.

Reges Leben herrschte auf dem See auch durch die Holzflößerei. Den ersten Teil ihrer langen Reise in die Städte traten die Baumstämme an, wenn sie aus den Bergwäldern über Holzriesen zu Tal befördert wurden. Als Wildflöße trifteten sie dann durch die Bergbäche, deren Wasser mittels Schwallungen in regelmäßigen Abständen gestaut wurde, um sie schiffbar zu machen. Auf dem See wurden die Stämme zu Gestören verbunden und schließlich der Strömung anvertraut; zuweilen versah man die Flöße auch mit Behelfssegeln.

Regionaltypische Gewerbezweige waren die Leder- und Stoffmanufakturen. Das Rohmaterial für die Erzeugnisse dieser Betriebe lieferten die Schaf- und Ziegenherden. Später wurden Leinenwaren, und ab dem XVIII. Jahrhundert auch Seide hergestellt. In Cannobio begann die Wollverarbeitung bereits im XII.-XIII. Jahrhundert; in der Folgezeit war der Ort für seine Gerbereibetriebe bekannt. Zur Gerbung wurden die Felle und Häute in Gerbbrühen gelegt, als Gerbmittel verwendete man Lohe (zerkleinerte Baumrindenstücke), der Hundekot begegeben wurde – ein Zusatz, der im XVII. Jahrhundert den Ausbruch einer tödlich verlaufenden Epidemie verursachte. Hundert Jahre später führte die Textilbehandlung in Intra zu einem ähnlichen Desaster. Da die Damenwelt schon damals weißer als weißes Linnen bevorzugte, mußten die Gewebe gebleicht werden. Die hierzu verwendeten Substanzen verunreinigten die zuvor klaren und sauberen Gewässer.

Die staatliche Beteiligung an Betrieben ist keine Erfindung unserer Tage, denn eine in Intra ansässige Arkebusenmanufaktur wurde bereits im XVII. Jahrhundert staatlich gefördert; dasselbe Privileg wurde Ende des XVIII. Jahrhunderts der kaiserlich-königlichen Glashütte in Porto Valtravaglia zuteil. Dank seiner Produktivität und des handwerklichen Könnens der hier beschäftigten elsässischen Glasbläser, existierte dieser Betrieb auch ohne staatliche Protektion nahezu zweihundert Jahre lang. Die Glashütte stand zudem Pate bei der Entwicklung der Glasindustrie in Intra und der Keramikmanufakturen von Laveno und Umgebung. Zu Beginn des XIX. Jahrhunderts setzte die Industrielle Revolution auch in unserer Region ein. Während Unternehmer von jenseits der Alpen den Grundstein für die Entstehung eines der wichtigsten Industriezweige der Region, der Baumwoll- und Seidenspinnerei, legten, war die Hutfabrikation der unternehmerischen Initiative Einheimischer zu verdanken. Als die vielversprechende Entwicklung von Wasserflugzeugen begann, entstanden am unteren Ende des Sees luftfahrttechnische Industriebetriebe.

Trotz der wirtschaftlichen Entwicklung entschlossen sich viele die Heimat zu verlassen, teils um bessere Verdienstmöglichkeiten im Ausland zu finden, teils aus Abenteuerdrang. In der Fremde arbeiteten sie als Obstverkäufer, Bäcker, Kaminfeger, Scherenschleifer, Schirmmacher,

Maurer und Bauhandwerker, Ofensetzer, Maler, Köche und Gastwirte, oder schlugen sich als Gepäckträger durch. Letztere schlossen sich in Mailand zur *badìa di fachìtt du lac Maiò* zusammen, einer Gilde, deren Schirmherrschaft im XVIII. Jahrhundert der Feudalherr von Frino, der Marchese Morigia, übernahm.

Es waren nicht allein die sozialen Mißstände, die viele zur Emigration bewogen; manch ein Talent konnte sich erst in der Ferne entfalten. So der in Arona geborene Historiker und Geograph Pietro Martire di Anghiera, der als Berater der Königin Isabella von Spanien Karriere machte und nach der Entdeckung Amerikas durch Kolumbus den Begriff «Neue Welt» prägte. Der aus Intra gebürtige Giorgio Andreoli wurde ein berühmter Keramiker, der aus Domodossola stammende Bartolomeo Scappi machte als päpstlicher Koch (und Kochbuchautor) von sich reden. Den Luineser Maler Bernardino Luini sowie die Maler und Stukkateure Serodine aus Ascona erwähnten wir bereits. Die aus Stresa stammenden Bolongaro machten sich in Deutschland und Holland als Erfinder eines neuen Schnupftabaks einen Namen; der aus Veddo gebürtige Caronesi schließlich wurde in Turin ein gefeierter neoklassizistischer Baumeister. Nicht wenige Auswanderer wurden große Unternehmer, die in halb Europa Aufträge für Großbauprojekte übernahmen. So war der aus Intra gebürtige Caramora maßgeblich am Ausbau des k. u. k. Eisenbahnnetzes beteiligt. Die Schirmmacher aus dem Vergante schließlich eröffneten Geschäfte in Italien und anderswo.

Heute wimmelt der See von bunten Segeln, und das «bianco e compatto poema», das weiße und feingesponnene Gebilde der einst nur vereinzelt auf dem See dahingleitenden Segelboote, gehört vergangenen Tagen an, wie es in Serenis Gedicht *Il Ritorno* heißt. Dem Zeitgeist entsprechend düst man heute mit Motorbooten über das Wasser; doch einige werden träumend noch immer die Segel setzen – für sie bleibt das Segel «un'immagine tesa».

Ausflug in die Bergtäler

Die Kulturlandschaft des Lago Maggiore wurde durch die Lebenswelt der umliegenden Täler nachhaltig geprägt. So wie der See von den Zuflüssen der Bergbäche gespeist wird, so beeinflussten auch die Gegebenheiten des Hinterlandes die gesellschaftliche Wirklichkeit des Verbano. Heute flieht man in die Bergtäler auf der Suche nach ursprünglicher Natur; wer sich nicht nur zum Pilzesammeln auf den Weg macht, wird viel lohnendere Entdeckungen machen, zumal er auf Schritt und Tritt den Zeugnissen eines sinnerfüllteren Lebens begegnet.

Um das Jahr tausend erlebte die Alpwirtschaft ihre Blütezeit; weite Almen waren entweder durch die natürliche Ausdünnung der Vegetation oder durch systematische Rodung der Bergwälder entstanden und wurden als Weidewiesen für die großen Viehherden der Klöster und der kaiserlichen Vasallen genutzt. Als man in den Tälern dazu überging, Wiesen und Felder künstlich zu bewässern, verlor die Transhumanz, die Alpwirtschaft im jahreszeitlichen Wechsel zwischen Tal und Maiensäß, an Bedeutung.

Die Herden reduzierten sich nun auf wenige Stück Großvieh pro Besitzer, zahlreicher wurden hingegen die Ziegen-und Schafherden, auch Viehpacht war nicht selten. Die einst großen Waldbestände wurden durch raubbauartige Abholzung sowie durch die Köhlerei dezimiert; kultiviert wurden nur die Kastanienwälder, da die Kastanie, das «Brot der Armen», vielseitig verwendbar (Harz, Rinde, Frucht) war. Einige Bergdörfer lebten vom Saumverkehr und erschlossen sich dank ihrer paßnahen Lage Absatzmärkte jenseits der Alpen; man erfand ein Rezept zur Herstellung von Hartkäse, der sich wegen seiner Haltbarkeit leicht exportieren ließ. Doch die generell kargen wirtschaftlichen Verhältnisse veranlaßten viele zur Auswanderung.

Mannigfältige Einflüsse prägten den Charakter der hiesigen Menschen. Schon im XV. und XVI. Jahrhundert kehrten weit in der Ferne herumgekommene Handwerksmeister *(maìster)* in ihre entlegenen lombardischen Dörfer zurück, reich an Erfahrung, hatten sie doch womöglich mit dem Sieneser Baumeister Francesco di Giorgio Martini oder dem Maler Perugino zusammengearbeitet. Sie berichteten von Palazzi, Kirchen und Brunnen, die ihre heitere Ausstrahlung dem rötlichen, weichen, leicht zu bearbeitenden Marmor verdankten, der mit dem heimischen harten, grauen Granit- und Gneisgestein so wenig gemeinsam hatte. Mit offenem Mund lauschten die Jungen den Geschichten der Heimkehrer und im Jahr darauf brachen sie zusammen mit ihnen auf, um in der Fremde ihr Glück zu versuchen. Die besorgten Mütter ließen sie ungern ziehen, zumal in einer Zeit, als man Krankheiten, wie der berüchtigten «Franzosenkrankheit», noch wehrlos ausgeliefert war. Andere Eltern hatten weniger Skrupel und «verkauften» ihre Kinder als Gehilfen an Schornsteinfeger. Nur wenige von ihnen schafften den Sprung in bessere Berufe; zu den Ausnahmen gehört wohl jener kleine Kaminkehrer, der später einmal das Dach von Nôtre Dame mit einer Zinkverkleidung versehen sollte.

Die Frauen der Wanderarbeiter mußten fast das ganze Jahr über allein zurechtkommen. Meist waren sie durch Schwangerschaften ans Haus gebunden, wo sie allerdings nach eigenem Gutdünken schalteten und walteten. Die Kehrseite dieser Selbstständigkeit war, daß ihnen auch die Verrichtung der Männerarbeit überlassen blieb. Auf steilen Pfaden trugen sie die schwersten Lasten bergauf und bergab: Heubündel, Kohlensäcke, Lebensmittel, sogar Steine und Mörtel, wenn am Haus gebaut oder die Dorfkirche renoviert werden mußte.

Wer in der Fremde zu Wohlstand gekommen war, wollte dies in kindlichem Stolz auch zeigen. Gelegenheit hierzu boten bedürftige Nachbarn, denen man großzügig aushelfen konnte, sowie Spenden zur Verschönerung der Dorfkirche, die prächtiger und größer als die Gotteshäuser der Nachbargemeinden werden sollte. Die Sippenwirtschaft in den Bergdörfern, der Kampf ums Überleben unter kärglichsten Bedingungen, das eiserne Zusammenhalten der Wanderarbeiter führten zu Rivalitäten zwischen den einzelnen Dörfern. Diese äußerten sich nicht zuletzt in einer bewußten sprachlichen Abgrenzung und bald kam es soweit, daß man den Dialekt des einen Dorfes im Nachbarort kaum noch verstand. Inmitten ärmlicher Hütten erstanden majestätische Kirchen, für deren Bau und Ausstattung die besten Materialien gerade gut genug zu sein schienen; diese wurden zum Teil von einheimischen Handwerkern hergestellt, teils mußten sie von weit her geholt werden, wie etwa der bunte Marmor für die Altäre und Balustraden.

Die Handwerkskunst hat in den Bergtälern eine lange, heute noch lebendige Tradition. Neben der Arbeit studierte man eifrig. Schon lange bevor die öffentlichen Schulen eingerichtet wurden, hatten die Dorfbewohner Lehrer engagiert, die denen, die wegziehen mußten, das nötige Rüstzeug an die Hand gaben, das es ihnen ermöglichte, sich in der Stadt zurechtzufinden und zu behaupten. Später richtete man Schulen für technisches Zeichnen ein, die von der Gemeinde und den Schülern selbst finanziert wurden. Hier lernten die angehenden Maurer Bogenkonstruktionen, die Stukkateure Schablonen zu entwerfen. Mit so geschultem Auge erschlossen sich die Lehrlinge die Kunstfertigkeit der versierten Kollegen und großen Baumeister.

Diese einfachen Handwerksleute errichteten Trockenmauern so gekonnt, daß auch nicht ein Stein aus der Reihe tanzte. Die technisch besser ausgerüsteten Maurer unserer Tage sind nicht mehr in der Lage, die Steine so zu behauen, daß sie lückenlos zusammenpassen; und wer würde sich heute noch zutrauen, ein Dach nach Väterart mit Gneisplatten zu decken? Früher hatte man es noch verstanden, die Bauweise der Umgebung anzupassen. Auf einem Felsvorsprung bei Cannobio klebt, einem Schwalbennest gleich, in pittoresker Lage das Dörfchen Carmine, das vom See aus nicht auszumachen ist. Den ganzen Abhang darunter verschandelt eine Siedlung weißer Villen, in der freilich weniger Menschen leben als in dem winzigen Weiler darüber.

I

I/1 – Dort, wo der Ticino seinen Lauf zum Po wieder aufnimmt, zeigt sich der Monte Rosa in seiner ganzen Majestät, ein Numen und stiller Wächter, der sich vom Ufer aus meist nur erahnen läßt.

I/2 – Die sonst so sanften Wellen des Sees tragen zuweilen Schaumkronen, zuweilen sind sie wild bewegt.

I/3 – Selbst bei bedecktem Morgenhimmel trägt der See ein gold- schimmerndes Gewand, gehalten von einer Fibel: der Isola Madre.

I/4-5-6 – Der östliche Ausläufer des Sees in Richtung Mergozzo. Im Laufe der Zeit wurde durch die vom Toce mitgeführten Geröllmassen dieser Seitenarm vom See abgeschnitten. (Im hiesigen Sprachgebrauch heißt der Toce übrigens die *Tosa;* die lebensspendenden Wasser haben bei uns meist weibliche Namen: die *Maggia*, die *Tresa*, die *Margorabbia*). Die Deltamündung des Toce ist eine weite Flußlandschaft mit Wiesen, Gebüsch und Röhricht. Zu Bild Nr.4: vom Monte *Faié*, dem «Buchenberg» aus aufgenommen. In der Mitte das wuchtige Granitmassiv des Montorfano; aus diesem Stein wurden im XIX. Jahrhundert die Säulen von S. Paolo fuori le mura in Rom gemacht.

I/7 – Die Isola Madre im rötlichen Widerschein der von Wolken verdeckten Sonne: ein Gewitter kündigt sich an.

I/8 – Vom Pizzo d'Omo aus gesehen, bilden die Seen einen einzigen gleißenden Spiegel.

I/9 – Im Widerschein des Abendrots liegen die Isola dei Pescatori und die Isola Bella wie Träume auf dem Wasser.

I/10 – Der See im letzten Licht des Tages: die Silhouette von Intra und der Monte Rosso.

I/11 – Vom östlichen Ufer aus gesehen: Cannobio im Zwielicht.

I/12 – Heller Mittag. Wolken legen Schatten auf den See; im Vordergrund, in Schatten getaucht: Miazzina; eine Naturstimmung, die an Grubicy de Dragons Gemälde erinnert.

I/13-14-15 – Die dicken Wattebäusche der Wolken geben hie und da den Blick auf die Landschaft frei; in der Ferne die Alpenkette; die weißen Schneegipfel bilden einen deutlichen Kontrast zum bunten Kleid der Landschaft.

I/16-17 – Unterhalb der Gipfel des Mottarone und des Morissolo zeichnet ein Nebelband den Wasserlauf nach.

I/18-19 – Aus dem Dunstschleier, der über dem See liegt, tauchen schemenhaft die Inseln auf; darüber der Sasso di Ferro, der Monte Nudo über Laveno und die Spitze des Montorfano.

I/20-21 – Die Südspitze des Sees von Arona bis Sesto Calende; hier tritt der Ticino wieder aus dem See aus und fließt ein Stück weit gemächlich dahin, bevor er dann mit lombardischer Geschäftigkeit den Naviglio und die kleineren Bewässerungskanäle mit Wasser speist.

I/22-23 – Die Bucht von Locarno und Magadino vor dem Maggia-Delta am Nordende des Sees. Die erste Aufnahme zeigt vor dem Hintergrund Locarnos die Überreste der Befestigungsanlage auf dem Morissolo. Diese von Domodossola bis ins Veltlin reichende Verteidigungsanlage hatte General Cadorna in den Jahren 1916-17 zur Abwehr einer befürchteten deutschen Offensive gegen Italien errichten lassen.

I/24 – Luftaufnahme der Bucht von Locarno; auf der linken Seite des lombardischen Ufers die Weiler Tronzano und Bassano. In der Mitte die «Beule» des Monte Borgna. Rechts der kleine Bergsee Delio, dessen Wasserspiegel durch eine Staumauer angehoben wurde. Der See ist ein Ausgleichsbecken des zwischen Maccagno und Tronzano gelegenen Spitzenkraftwerks von Ronco Valtravaglia. Im Hintergrund das Tessiner Ufer von Ronco bis Locarno.

I/25-26 – Der See verliert sich in der Ferne; im Vordergrund die schlichten Zeugnisse einer bäuerlich-religiösen Kultur: auf der Cardada-Alp dient ein ausgehöhlter Stamm als Brunnentrog; die Kreuzsäule steht auf dem Kirchenvorplatz von S. Agata in Cannobio.

II

II/1 – Die Isola Bella: aus der Vogelschau erkennt man deutlich die architektonische Gartengestaltung. In einem der beiden Türme am Fuße der Pyramide befand sich ein Schöpfbrunnen, aus dem man das für die Wasserspiele und zum Begießen der Pflanzen benötigte Wasser aus dem See heraufzog.

II/2 – Isola dei Pescatori: der spitze Campanile von S. Vittore (X. Jahrhundert) überragt die in rötliches Abendlicht getauchten Häuser.

II/3 – Die Isola Bella stellt die geglückte Symbiose eines bescheidenen Dorfes, eines imposanten Palazzos und eines der Hesperiden würdigen Gartens dar. Im Hintergrund die Uferseite von Fondotoce bis zur Punta della Campagnola von Pallanza.

II/4-5-6 – Die Borromäischen Inseln; im Sommer wimmelt der See von Booten, die zwischen Stresa und den Inseln hin und her pendeln.

II/7 – Die Isola dei Pescatori von Osten gesehen; die Häuser reihen sich um das weite Hafenrund, wo einst unzählige Fangnetze zum Trocknen ausgebreitet lagen.

II/8-9 – Die «Fischerinsel» von Westen gesehen, mit dem Bootsstrand, dem Pedun und der Laurasca im Hintergrund. Manche wollen im gezackten Profil des Pedun Napoleons Gesichtszüge erkennen.

II/10-11 – Die Isola Bella, einmal von den ehemaligen Pferdeställen der Familie Borromeo aus, dann vom Schiff aus aufgenommen; auf der zweiten Aufnahme erkennt man die Kirche Ss. Vittore e Carlo, ein Werk Francesco Castellis, sowie rechts das Albergo del Delfino, das durch den Roman A. Fogazzaros, *Piccolo mondo antico* *(Die Kleinwelt unserer Väter)* Berühmtheit erlangte.

II/12-13 – Isola Bella: Detailaufnahme des Gartens. Obelisken und Statuen inmitten von blühendem Oleander, dazwischen die dunklen Säulen der Eiben. Eine Staue auf der obersten Balustrade trägt das Motto der Familie Borromeo: *Humilitas coronata.*

II/14 – Auf den Felsenklippen unweit von Cannero, die Burgruine Vitaliana, mit der Inschrift: «turris in undis edita». Das eingestürzte Dach des Hauptturms wird von üppigem Grün überwuchert. Die Molen des kleinen Hafens sind im See untergetaucht. Links, der Wartturm, das einstige «Verlies»; darunter der felsige Badestrand.

II/15 – Die kleine Insel; der Isolino S. Giovanni (im Besitz der Fam. Borromeo); hier weilten Toscanini und die Fürstin Vittoria Colonna Caetani.

II/16 – Auf den Brissago-Inseln befindet sich ein einzigartiger exotischer Naturpark; im Vordergrund Ronco ob Ascona; im Hintergrund die Riviera del Gambarogno mit den Gemeinden Gerra und Ranzo, überragt vom Monte Paglione.

III

III/1 – Die leuchtendrote Blütenpracht der Rhododendren (und Azaleen) ist aus dem Landschaftsbild des Sees nicht mehr wegzudenken.

III/2 – Stresa, Villa Pallavicino: zwischen dem Brunnen und dem von Kletterrosen überrankten Pavillon, ein mannigfaltiges Blumen- und Sträucherarrangement: Dahlien, Begonien, Zinien, Salvia splendens, celosia plumosa, lantana camara, um nur einige zu nennen.

III/3-4 – Im Mai bestimmen die Farben der Azaleen das Blütenkleid der Ufer: weiß, rosa, zinnoberrot, dann und wann auch violett (oben: die Villa Maria, heute Villa Branca, in Baveno).

III/5 – Verbania-Pallanza: die auf den See hinausgehende Terrasse der Villa Remigio erinnert an die *fin de siècle* Welt ihrer Erbauer, der Della Valle di Casanova und der Browne.

III/6 – Stresa, Villa Pallavicino: Parkidylle mit Tagetesteppich, Brunnen und Pavillon.

III/7 – Stresa, Villa Ducale. Die Villa gehörte einst der Herzogin von Genua und beherbergt heute das Collegio Rosmini, eine Erziehungsanstalt der Rosminianer; der Gründer dieser Kongregation, der Philosoph und Theologe Graf A. Rosmini wirkte viele Jahre in Stresa und fand hier auch seine letzte Ruhestätte.

III/8-9 – Der Blumenflor der Bergwelt: die zierlichen, felsenspaltenden Steinbrechblüten machen ihrem Namen alle Ehre.

III/10 – Im botanischen Garten Alpinia, unweit Gignese, kann man fast das gesamte Spektrum der Pflanzenarten der südlichen Alpenregion kennenlernen und wird obendrein mit einer herrlichen Ausssicht auf den See belohnt.

III/11-12 – Eine Fülle seltener (u.a. *victoria cruziana*) und exotischer Pflanzen verleiht dem paradiesischen Park der Villa Taranto seinen besonderen Charme.

III/13 – Harmonisch komponierte Farbwirkungen: die dunkelgrünen *chamaecyparis* geben dem leuchtenden Rot der Azaleen einen würdevollen Rahmen.

III/14-15-16 – Verbania-Pallanza, Villa Taranto. Vor dem roten Grund des *salvia splendens* entfaltet sich die Palette der Grüntöne von Tannen, Gewürzsträuchern und Eschen; die Villa, mit französisierenden Stilelementen, hält sich diskret im Hintergrund des Parks. In dem von einem schottischen Edelmann angelegten englischen Garten finden sich auch Anklänge an die italienische Gartenkunst.

III/17 – Das am unteren Ufer der Brissago-Inseln aus dem Wasser ragende Zweiggeflecht der Bäume verwehrt, wie in Leopardis berühmten Gedicht, dem Blick «die letzten Fernen».

III/18 – Verbania-Pallanza: der Portikus des Kursaals, der heute als Kongreßhaus dient; im Park die von P. Troubetzkoy geschaffene Büste Toscaninis, der unverwandt zur Insel San Giovanni hinübersieht.

III/19 – Der Park der Villa Taranto aus der Vogelperspektive.

III/20 – Die Brissago-Inseln, Botanischer Garten des Kantons Tessin: Azaleen und blühende Kirschbäume, überragt von Dattelpalmen; subtropische Vegetation und japanische Zierpflanzen gingen hier eine geglückte Verbindung ein.

III/21-22-23 – In vielen Parks finden sich farbenprächtige Vögel wie Pfauen, Goldfasane und Stockenten. Dank neuer Jagdbestimmungen haben sich auch die heimischen Vögel wieder vermehrt: Möwen, Zwermöwen (*sgaritt*), Enten und Wasserhühner; der Schwan ist in der freien Natur wie auch auf Parkteichen Dauergast.

III/24 – Luino kann sich der wohl schönsten Allee am See rühmen. Noch behaupten sich die jahrhundertealten Platanen gegen den Schädlingsbefall und erinnern an die im XIX. Jahrhundert aufgekommene Gestaltung der Uferpromenaden; damals schickte sich Luvino eben erst an, zur Stadt Luino zu werden.

III/25 – Verbania-Pallanza, im Park der Villa S. Remigio.

III/26 – Bunte Aschenkrautintarsien; die zahlreichen Zinerarienarten, die früher als Topfpflanzen kultiviert wurden, erfreuen sich in Stadt- und Privatparks zunehmender Beliebtheit.

IV

IV/1 – Das Standbild Karl Borromäus', des großen Heiligen des Verbano, wacht, weithin sichtbar, über den See. Die gewaltige Statue, der «Colosso di San Carlone», ist ein mit Kupfer verkleidetes Eisengerüst (in der Konstruktion der Freiheitsstatue von New York vergleichbar). Kardinal Friedrich Borromäus, ein Vetter des Mailänder Erzbischofs, hatte sie bei dem Baumeister G.B. Crespi, gen. il Cerano, in Auftrag gegeben. Das Standbild sollte Mittelpunkt einer Sacro Monte-Wallfahrtsstätte werden, die freilich im Planungsstadium stecken blieb. Die Statue, über deren künstlerischen Wert sich heute die Geister scheiden, wurde Ende des XVII. Jahrhunderts errichtet.

IV/2 – Die Stiftskirche Ss. Felino e Gratiniano in Arona gehörte zu einem einst berühmten, auf das Jahr tausend zurückgehenden Kloster, das damals auch die weltliche Herrschaft über Arona und verschiedene andere Orte am See inne hatte. Später war es Sitz eines Jesuitenkollegs; aus jener Zeit stammt die Barockfassade, die den Aufstieg vom alten Marktplatz beherrscht.

IV/3-4 – Arona, Kollegiatkirche S. Maria Nascente: Lunette an der Frontseite mit einem die Geburt Mariens darstellenden Flachrelief (spätes XV. Jahrhundert); daneben eine Teilansicht des Flügelaltars, ein Werk Gaudenzio Ferraris (1511).

IV/5 – Lesa, S. Sebastiano (aus der ersten Hälfte des XII. Jahrhunderts), eine der zahlreichen romanischen Kirchen dieser Gegend; Flußkies und Quadersteine bilden ein harmonisches Mauerwerk.

IV/6-7 – Belgirate, die «alte» Mariä Lichtmeß Kirche; der Campanile weist auf den romanischen Ursprung der Kirche; die Kuppelfresken der Kreuzigungskapelle im Innern stammen aus dem XVI. Jahrhundert und stellen Motive aus der Leidensgeschichte Christi dar.

IV/8-9 – In Baveno steht eine der ältesten Taufkirchen des Verbano. Das oktogonale Baptisterium neben der romanischen Kirche soll aus dem V. Jahrhundert stammen und wäre somit der älteste Sakralbau der Region. Beachtenswert auch der Portikus, der den Vorplatz umgibt und der Kirchenanlage eine harmonische Geschlossenheit verleiht.

IV/10 – Die auf dem Montorfano gefundenen Überreste lassen vermuten, daß es im Mittelalter hier eine Burganlage mit Kirche und Baptisterium gab. Unser Bild zeigt die Vierungskuppel der erhaltengebliebenen spätromanischen Kirche S. Giovanni.

IV/11 – Verbania-Pallanza: der Glockenturm von Madonna di Campagna gehörte zur romanischen Vorgängerkirche. Die Kuppel der 1511 umgebauten Kirche wird dem aus Brissago stammenden Architekten Giovanni Beretta zugeschrieben.

IV/12-13 – Fresken und Skulpturen aus romanischer Zeit schmücken das kleine, unweit von Pallanza gelegene Kirchlein S. Remigio; Apsis und Seitenwände weisen auf das XI. Jahrhundert zurück.

IV/14 – Verbania-Pallanza: die Kuppelkirche Madonna di Campagna ist mit Fresken von Bernardino Lanino, Boniforte Oldoni und Aurelio Luini ausgestattet (XVI. Jahrhundert).

IV/15 – Verbania-Intra: das 1608-1641 erbaute Glockentürmchen ist ein schönes Beispiel für die handwerkliche Meisterschaft seiner Erbauer, die es verstanden, den harten einheimischen Stein kunstvoll zu bearbeiten.

IV/16 – Verbania-Intra: die schon aus weiter Ferne erkennbare Ellipsoid-Kuppel von S. Vittore (entworfen im XVII. Jahrhundert, wurde sie erst hundert Jahre später vollendet) beherrscht das Stadtbild von Intra. Daneben der aus dem vorigen Jahrhundert stammende, künstlerisch weniger geglückte Glockenturm der Aluvisetti-Caramora (1841-1876).

I/17 – Der Friedhof von Vignone über Intra umgibt die der

Schmerzensmutter («Addolorata») geweihte «Rotunde», die ebenso wie der Kreuzweg des Portikus von Lorenzo Peretti, einem aus dem Vigezzo-Tal gebürtigen Künstler, um 1813 mit Fresken ausgeschmückt wurde.

IV/18 – Als einziger Bestand des nie vollendeten «Heiligen Berges» der Dreifaltigkeit über Ghiffa blieben einige Kapellen, eine schöne Kirche sowie eine große Säulenhalle (zur Aufnahme der Wallfahrer) erhalten. Dem Bergtal eignet die anheimelnde Atmosphäre, die Kult- und Andachtsstätten unter freiem Himmel vermitteln, und gemahnt uns unwillkürlich an die Verehrung, die vorgeschichtliche Kulturen den Naturerscheinungen entgegenbrachten; S. Bartolomeo in Monte auf dem Piaggio bei Cannobio übt eine ähnliche Wirkung auf den Besucher aus.

IV/19 – Der Holzaltar von S. Materno in Orasso – ein wahres Kleinod im Cannobiner Tal.

IV/20 – Die aus dem XIII. Jahrhundert stammende Kirche S. Gottardo in Carmine; das Dorf ist ein ansehnliches Beispiel alpiner Baukultur.

IV/21 – Die Kirche S. Ambrogio in Cannobio bewahrt noch das Andenken an den Kapuzinerorden, den der heilige Karl Borromäus hier angesiedelt sehen wollte.

IV/22 – Die Renaissance Wallfahrtskirche der Pietà in Cannobio wurde anläßlich des Wunders der «Heiligen Seite» (1522) errichtet; am Hochaltar eine *Kreuztragung* von Gaudenzio Ferrari, die hier im Ausschnitt zu sehen ist.

IV/23 – Die Kirche Madonna di Loreto, heute unter dem Namen S. Anna bekannt, steht über der Talspalte, durch die der Wildbach Cannobino tost. Auf der Talsohle fließt der Gebirgsbach dann gemächlicher dahin und lädt zum Baden und Angeln ein.

IV/24 – Mitten im Zentrum des alten malerischen Ortes Cannobio befindet sich dieser freistehende Glockenturm aus dem XIII. Jahrhundert. Dahinter der *Paràsi*, der Palazzo del Popolo (1295), Sitz der Gerichtsbarkeit und kommunaler Versammlungsraum.

IV/25 – Seinem Geburtsort Brissago hinterließ der Baumeister Giovanni Beretta als künstlerisches Vermächtnis die Renaissancekirche S. Maria di Ponte, deren schöne Tambourkuppel und Laterne das Pendant zur Vierungskuppel von Madonna di Campagna in Pallanza darstellt.

IV/26 – Ascona: Hochaltar der Pfarrkirche Ss. Pietro e Paolo mit dem Gemälde der Krönung Mariens (1633) von Giovanni Serodine, dem berühmten Asconeser Maler; die Detailaufnahme zeigt den heiligen Karl Borromäus; beachtenswert das ausdrucksvolle Gesicht und die Leuchtkraft des Gewandes.

IV/27 – Der Kreuzgang des Collegio Pontifico Papio, erbaut von Pellegrino Tibaldi. Das Kollegium ist eine Stiftung des Asconeser Patriziers Bartolomeo Papio; es wurde um 1584 im Auftrag Karl Borromäus' erbaut und von Papst Gregor XIII. gefördert; im Sopraceneri (Nordtessin) erfüllte es eine wichtige Bildungs- und Kulturmission.

IV/28 – Der wuchtige, spätromanische Glockenturm von S. Quirico in Minusio.

IV/29 – Muralto: die drei Apsiden von S. Vittore; im XVII. Jahrhundert wurde die Stiftskirche unter Einbeziehung romanischer Bauteile der Vorgängerkirche erneuert; diese war ihrerseits über dem Fundament einer römischen Villa erbaut worden. Das Locarnese ist reich an vorgeschichtlichen und römischen Funden; als Beispiel sei auf die Glassammlung im Castello Visconti verwiesen.

IV/30-31 – Madonna del Sasso über Locarno; die Wallfahrtskirche wird von den Kapuzinern des zur Anlage gehörenden Klosters betreut. Die Kirche sollte die Krönung eines «Heiligen Berges» werden, der freilich nie vollendet wurde. In einer der Kapellen im Innern befindet sich ein Grablegungsgemälde von Antonio Ciseri; der aus Ronco gebürtige akademische Maler hatte sich in Rom und Florenz einen Namen gemacht. Seine Vorfahren hatten sich dort über Generationen hinweg der Quadraturmalerei gewidmet.

IV/32 – Fosano über Vira Gambarogno: der mütterliche Typ der Madonna Lactans erfreute sich vor allem in der sakralen Malerei des XV. - XVI. Jahrhunderts großer Beliebtheit.

IV/33 – Luino: Campanile der Kapelle S. Pietro *in campanea*; die romanische, um 1075 erbaute Pfarrkirche zeichnet sich durch eine schlichte und klare Formgebung aus.

IV/34 – Maccagno: die Kirche Maria della Punta wurde in Zeiten der Pestepidemie, Ende des XVI. Jahrhunderts, aufgrund eines Gelübdes erbaut. Die heute bewaldeten Hänge waren noch vor hundert Jahren Weinbergterrassen.

IV/35-36 – Zu den sehenswertesten Zeugnissen moderner Kunst am Lago Maggiore gehören die von Carlo Rapp für die Mariä Lichtmeß Kirche von Mesenzana entworfenen Glasfenster: im vibrierenden Farb- und Lichtspiel sind Anspielungen auf traditionelle Szenen aus dem Fest der Darstellung des Herrn erkennbar.

IV/37-38-39 – Im abgelegenen Valtravaglia blieben zwei schöne Zeugnisse kirchlicher Romanik erhalten: das kleine Oratorium S. Giorgio in Sarigo (Nr. 37: Detail der Apsis) sowie die um 1150 erbaute Stiftskirche S. Vittore in Bedero (Nr. 39: die Apsis). Im Innern sehenswerte Fresken aus dem XVI/ Jahrhundert; der hier gezeigte Ausschnitt (Nr. 38) stellt eine Szene aus dem Martyrium des heiligen Viktors dar.

IV/40 – Germignaga: im XVI. Jahrhundert wurde die Kirche S. Rocco zur Pfarrkirche erhoben und nunmehr Johannes dem Täufer geweiht (die ehemalige Pfarrkirche dient heute als Friedhofskapelle); harmonisch fügt sich ihre Fassade in das Dorfbild ein.

IV/41-42 – S. Caterina del Sasso. Das Kloster wurde im XIII. Jahrhundert errichtet und bis zum XVII. Jahrhundert mehrfach erweitert. Zum ältesten Bestand gehören Elemente im Kircheninnern sowie der kleine Konvent im Zentrum der Anlage. Gründer soll der selige Alberto Besozzi gewesen sein, der sich hier in eine Einsiedelei zurückzog, um Buße zu tun. Zunächst hielten sich im Kloster Laienbrüder auf; ihnen folgten die Patres des heiligen Ambrosius *ad Nemus*, die dann ihrerseits von den Carmelitern abgelöst wurden.

IV/43 – Leggiuno: die Kirche SS. Primo e Feliciano wurde zu Beginn des IX. Jahrhunderts von Eremberto, einem kaiserlichen Vasall gegründet. In der Kirche finden sich Marmorskulpturen aus romanischer Zeit; die abgebildete Säule gehörte zur Vorgängerkirche.

IV/44 – Ceresolo zu Laveno: das Kirchlein S. Defendente und der romanische Glockenturm.

IV/45-46 – Mit zwei weiteren Beispielen sakraler Freskomalerei wollen wir unseren Rundgang am lombardischen Ufer beenden. Die erste Aufnahme zeigt das Antonio Tradate zugeschriebene *Letzte Abendmahl* in S. Antonio zu Maccagno (frühes XVI. Jahrhundert). Die zweite gibt eine kuriose Szene eines Freskos aus dem XVI. Jahrhundert (in S. Donato, Sesto Calende) wieder: drei in einen mit Salzlake gefüllten Bottich gefallene Knaben werden auf wundersame Weise gerettet; das Wunder wird dem heiligen Nikolaus von Bari zugeschrieben.

IV/47 – Die romanische Kirche S. Vincenzo bei Sesto Calende.

IV/48 – Die Wallfahrtsstätte Madonna di Riva bei Angera hätte sich den Plänen Gerolamo Quadrios (XVII. Jahrhundert) zufolge bis weit ins Hafenviertel hinein ausdehnen sollen. Ausgeführt wurde freilich nur der Bau des Presbyteriums. Im Hintergrund die Rocca Borromea.

V

V/1 – Eines der fünf zwischen Laveno und Intra verkehrenden Fährschiffe (die übrigen vier heißen: *S. Cristoforo, S. Gottardo, S. Carlo* und *Sempione*).

V/2 – Die Hafenanlage des Städtchens Laveno war einst weitläufiger und mit zahlreichen Lastkränen bestückt, die zur Löschung von Kalk- und Holzladungen sowie zum Warenumschlag vom Schiff auf die Schiene benötigt wurden.

V/3-4-5 – Aus dem Schiffahrtsalbum: die *Piemonte* (der Schaufelraddampfer wurde zum Einsatz für Vergnügungsfahrten modernisiert); die *Verbania* (ein Motorschiff, das als Fährschiff oder für Kongressfahrten eingesetzt wird); die *Sempione* (eine Autofähre mit Doppeldeck, Ladekapazität: 90 Fahrzeuge).

V/6 – Der kleine malerische Hafen von Cannero.

V/7-8-9 – Die Passagierschiffe alten Stils werden allmählich von Expreßbooten verdrängt: heute machen Katamarane den Tragflügelbooten Konkurrenz, die einst den Pendelverkehr durch erheblich verkürzte Überfahrtzeiten revolutionierten.

V/10-11 – Landungsbrücke und Anlegestelle auf der Isola dei Pescatori.

V/12 – Mittelalterliche Brücke bei Lavertezzo im Verzasca-Tal, die fälschlicherweise als «Römische Brücke» bezeichnet wird.

V/13 – Die Schrägseilbrücke über die Tresa zwischen Luino und Germignaga – hier fügt sich technische Architektur harmonisch in das Landschaftsbild ein.

V/14 – Bei Intragna stehen sich zwei Brückentypen gegenüber: der aus der ersten Hälfte des Jahrhunderts stammende Eisenbahnviadukt (von hier stürzen sich die bungee jumper in die Tiefe) und die neuere Autobrücke aus Stahlbeton.
Am rechten Ufer der Melazza, das Dorf Golino; im Hintergrund die schneebedeckten Gipfel der Bergkette, die das Maggia- vom Verzasca-Tal trennt.

V/15 – Eine weitere vermeintlich «römische», in Wirklichkeit jedoch mittelalterliche Brücke, welche die S. Anna Schlucht bei Traffiume überspannt. Wer weiß wieviele Opfer die Seefreibeuter Mazzarditi in diese Schlucht stürzten?

V/16 – Die Luftseilbahn Orselina-Cardada über Locarno.

V/17-18 – Bergbahnen führen zu den schönsten Aussichtspunkten hinauf: die Seilbahn Laveno - Sasso di Ferro (974 m); die Kabinenbahn Stresa – Mottarone (1491 m).

V/19 – Ein Trägermast der Kabinenbahn Stresa - Mottarone setzt der Landschaft einen technischen (diesmal nicht störenden) Akzent.

V/20 – Das Kleeblatt des Autobahnkreuzes Gravellona Toce, aufgenommen von einer Senke der Militärstraße auf dem Südhang des Montorfano. Im Hintergrund der Ortasee.

V/21 – Unzählige Male schon fiel die Brücke über den Wildbach S. Giovanni bei Intra Überschwemmungen zum Opfer. Bei der letzten Hochwasserkatastrophe, im Jahre 1991, riß das Wasser zwei Brücken mit sich fort; verschont wurde nur die dem Grafen Teodoro Besozzi (1666) gewidmete Gedenktafel.

V/22 – Die Centovalli - Bahnlinie Locarno-Domodossola überquert bei Ponte Brolla das steinige, mäandrierende Flußbett der Maggia.

V/23-24-25 – Das XIX. Jahrhundert, das große Zeitalter der Eisenbahn, hinterließ eine Architektur, die uns vor Augen führt, daß Technik und Ästhetik durchaus miteinander vereinbar sind: die «klassischen», gußeisernen Säulen im Bahnhof von Arona, der ältesten Station im Verbano; Pfeiler mit Jugendstilelementen in einer alten Station der Zahnradbahn Stresa-Mottarone; der lichtdurchflutete (architektonisch zukunftsweisende) Raum der Zollabfertigung in Luino.

VI

VI/1 – Auf der Uferseite von Castello Valtravaglia standen einst Kalköfen, in denen der aus der Felswand von Travaglia stammende Kalk gebrannt wurde. Bereits im Mittelalter begann der Handel mit gebranntem Kalk, der als Baumaterial für die erzbischöflichen Kastelle, und später für Bauwerke in Pavia und in Mailand (vor allem für den Dom) verwendet wurde. Die weiße Felswand trägt deutliche Spuren der jahrhundertelangen Abtragung. In den 60er Jahren wurden die Brennöfen stillgelegt, das Gelände wurde aufgeforstet; als Relikte der Kalkindustrie ragen heute nur noch die Schornsteine zwischen den Baumwipfeln hervor.

VI/2 – Die alten Lastkähne mußten den Motorschiffen weichen. Werftanlagen entstanden, wie die hier abgebildete bei Baveno-Feriolo.

VI/3-4 – Durch die Gewässersanierung wird auch die Fischerei wieder gesunden. Unser Bild zeigt Fischer von Anno dazumal, unweit der Burg Vitaliana und der Isola Superiore, der «Fischerinsel».

VI/5 – Der Beruf des Fährmanns stirbt langsam aus. Hier ein Veteran mit dem *burcéll*, dem typischen Flachboot.

VI/6 – Fischer von der Isola dei Pescatori («Fischerinsel»).

VI/7 – Nur wenige üben noch das Zimmerhandwerk aus und sind in der Lage, Boote von Hand zu fertigen; hier eine Schiffszimmerwerft in Angera.

VI/8 – Zwischen Baveno uns Suna hat das Steinmetzhandwerk Tradition; hier wird Granit gebrochen und Marmor bearbeitet..

VI/9 – Monatsbilder stellen die für jeden Monat charakteristischen Arbeiten und Feste des ländlichen Lebens dar. Unser Dezemberbild, ein Fresko von Antonio da Tradate, aus der Kirche S. Martino in Ronco ob Ascona, zeigt das Schlachten eines Schweines.

VI/10 – In Ceresolo bei Laveno erinnert ein modernes Ensemble aus Fresken und Holzgittern an einen der letzten Fährmänner und Fischer und beschwört die Zeit der Geschichtenerzähler herauf.

VI/11 – Diese, vor einigen Jahren entstandene Aufnahme hat inzwischen nur noch historische Bedeutung. Zu den typischen Handwerksberufen des Verbano gehörte der des Hutmachers. Die Hutfabrik Panizza in Intra war für ihre Qualitätsprodukte weithin bekannt. In den 60er Jahren wurde der Betrieb geschlossen; das Fabrikgebäude ist heute ein Feriendomizil.

VI/12 – Durch Pflanzschulen und Fischzucht (hier ein Betrieb in Fondotoce) könnten die ehemaligen landwirtschaftlichen Nutzflächen wieder rekultiviert werden.

VI/13 – Die (heute motorisierten) Transportschiffe befördern den an den Flußmündungen ausgehobenen Kies, Sand und Schotter.

VI/14 – Wer die unversehrte Natur liebt, dem sind Steinbrüche und Kiesgruben ein Greuel und er begrüßt die Entscheidung des Kantons Tessin, das Abtragungsvolumen zu reduzieren.

VI/15 – Das Verzasca-Tal wird durch eine gewaltige Staumauer abgeschlossen, an deren Fuß das Kraftwerk liegt.
Die schwindelerregend hohe Talsperre übt eine beklemmende Faszination aus.

VI/16 – Für Wasserskisportler ist der Lago Maggiore ein wahres Paradies.

VI/17 – Kajakfahrer auf «wilden Wassern».

VI/18 – Das elegante Segelboot entspricht dem Charakter des Sees wohl am besten: «...presto la vela freschissima di maggio / ritornerà sulle acque dove infinita trema Luino...» (V. Sereni).

VI/19-20-21 – Freizeitvergnügen am und um den See: das waldige Ufer bei Fondotoce ist für Ausritte wie geschaffen; der Mottarone und andere Gipfel werden nun auch von Mountainbikern erobert;

Inbegriff gesammelter Ruhe: ein Angler bei Fondotoce, «kein Laut der aufgeregten Zeit» dringt in diese Stille.

VI/22 – Drachen- bzw. Deltaflieger lassen sich vom Aufwind an den Steilhängen des Verbano in die Höhe tragen.

VI/23 – Bug an Bug, die Ruder gespannt, gleiten sie über smaragdgrünes Wasser.

VI/24-25-26-27-28 – Golfplätze, geschützt von breiten Bergrücken, tragen zur Erhaltung des offenen Landschaftsbildes bei. Hier die Golfplätze von Stresa: der *Alpino* (Nr.24) und der *Borromeo* (Nr.25-28), sowie von Premeno-Pian und von Sole (Nr. 26, 27).

VI/29 – Vom gezackten Profil des Monte Rosa fällt die Kette der schneebedeckten Gipfel zur runden Kuppe des Mottarone ab – ein Dorado für Skifahrer und Alpinisten.

VII

VII/1 – S. Maria di Campagna in Maggia: ein der Madonna di Re, der Schutzpatronin des oberen Verbano gewidmetes Exvoto (gemalt vom Bauernmaler G.A.Vanoni). Das Votivbild erinnert an die Errettung zweier Bergbäuerinnen bei einem Bergsturz. Die Frau auf der rechten Seite trägt die *sciuèra* oder *civèra*; die zur linken den *barghèi*, darüber die *cadra*: Behältnisse für das Lebensnotwendigste.

VII/2 – Die La Foppa Alp auf dem Tamaro. Durch die moderne Viehzucht geht die Almwirtschaft immer weiter zurück; die Almweiden verwildern mangels Bewirtschaftung und werden von Ginster, Farn und Gestrüpp überwuchert.

VII/3 – Eine Frau aus Orasso im Cannobiner-Tal mit einer Kiepe, dem *barghèi*, auch *résott* genannt und dem *sidelìn*, der Milchkanne.

VII/4 – Intragna im Intrasca-Tal: ein charakteristisches Beispiel ländlicher Siedlungskultur. Die einfachen, zweckmäßigen Formen und die Verwendung von bodenständigen Materialien (Stein, Holz, spärlicher Verputz) schufen eine überzeugende Harmonie von Landschaft und gebauter Umwelt. Die neuere Bausubstanz wirkt dagegen oft wie ein Fremdkörper im Dorfbild.

VII/5 – Vignone über Verbania (im Hintergrund der Mottarone und der Massone). Gegen Ende des vorigen Jahrhunderts setzte in vielen Uferorten eine rege Bautätigkeit ein: vornehme Villen mit Gärten, auch Feriendomizile wurden gebaut und heimgekehrte, zu Wohlstand gekommene Emigranten errichteten stattliche Wohnhäuser.

VII/6-7 – Auf der nordöstlichen Uferseite, im oberen Veddasca-Tal liegen unmittelbar an der schweizerisch-italienischen Grenze zwei Dörfer, die dank der abgeschiedenen Lage ihren unverfälschten Charme bewahrt haben. In den kargen Steinhäusern von Monteviasco und Indemini leben nur noch wenige, meist ältere Dorfbewohner, doch immer mehr stadtmüde Menschen wählen die Bergdörfer zu ihrem Refugium. Monteviasco ist der einzige Ort der Provinz Novara, der nicht mit dem Auto erreichbar, und nur durch eine Seilbahn mit dem Tal verbunden ist. Indemini, einst Grenzort zwischen zwei Diözesen, liegt auf dem Scheitelpunkt zwischen dem Gambarogno und dem Luganese.

VII/8 – Die wildromantische Schlucht der Maggia bei Ponte Brolla; die vom Wildwasser geschliffenen Felsformationen und Gletschermühlen erinnern an die polierten Steinskulpturen des deutsch-französischen Bildhauers Hans Arp, der zeitweilig in Ascona arbeitete und in Locarno seine letzte Ruhestätte fand.

VII/9 – Bosco Gurin, das deutschsprachige Walserdorf des Kantons Tessin. Die Walser errichteten ihre Kornspeicher («torba») auf pilzförmigen Stelzen, um so den Mäusen den Zugang zu verwehren.

VII/10 – Längs des alten Saumpfades zwischen Due Cossani und Curiglia im Dumentina-Tal hatten fromme Bergbauern dem heiligen Karl Borromäus ein Denkmal errichtet. Als erster Mailänder Erzbischof hatte er die südlichen Alpentäler bereist und mit sozialen Initiativen der Gegenreformation in seiner Diözese Geltung verschafft. Aus dem Saumweg wurde eine Autostraße, an der die Dörfler in alter Treue die San Carlo Statue wieder aufstellten.

VII/11 – Berghütte im Centovalli (tief unten, das silberne Band der Melezza) mit blühender Kamelie – Inbegriff der Blumenwelt des Verbano.

VII/12-13 – Palagnedra im Centovalli, Pfarrkirche S. Michele: die farbenprächtigen, spätgotischen Fresken werden Antonio da Tradate zugeschrieben; hier die Madonna di Rè und Christus in der Mandorla, umgeben von den Evangelistensymbolen.

VII/14 – Lozzo im Veddasca-Tal: allmählich werden die steinplattengedeckten Dächer vom Ziegel verdrängt; die Gneisplatten wirken zwar rauh und starr, dennoch lassen sie sich nahtlos schichten und zusammenfügen.

VII/15 – Orasso im Cannobiner-Tal. Ein Zusammenspiel von Kontrasten prägt die regionalspezifische Baukultur: Mauerwerke aus Feldsteinen, Barockkirchen sowie die von den heimgekehrten Auswanderern errichteten Villen, deren Pracht die frühere Ärmlichkeit vergessen lassen sollte.

VII/16 – Premeno, ein vornehmer Ferienort (seit dem XIX. Jahrhundert); die in den 20er Jahren angelegte elektrische Eisenbahnlinie Premeno-Intra entspricht der heutigen Straßenführung.

The Nobility of the Verbano

As far back as the 17th century Friar Paolo Morigia, a well-known figure among Milanese historians, entertained his readers with stories of the nobility and descriptions of the «worthy characteristics» of Lake Maggiore. The good Gesuate, with the excuse of visiting relatives, a wealthy family of Frino, was a familiar sight in the Verbano area. Restless by nature, instead of enjoying his holidays in peace, he rowed from shore to shore, casting his keen and observant eye over everything, always on the move in spite of his advanced years.

The echoes of his blazon tributes were heard far and wide. It was enough that an inquisitive traveller, Johann Georg Keyssler, should recount beyond the Alps the marvels of the Borromeo Bay, illustrating his account with the recently published engravings by M.A. Dal Re, for the young and talented Wolfgang Goethe, reading of those enchanted islands at home in misty Frankfurt, to be inspired to adopt the Lake as the country of his gentle Mignon. This is the land she longs for in the song, «where the lemon tree blooms, in the dark foliage the golden oranges glow.»

The author of *Wilhelm Meister* can be forgiven for never having come to see the Lake with his own eyes. The horizon of poetry is higher and, at the same time, more secret than the physical reality that provides creative inspiration. It took the writer Guido Gozzano some time to understand this: in his poem, *Grandmother Speranza's Friend*, he wrote about a sojourn at Villa Treves but any specific reference to the «peaceful Belgirate» of the original version disappeared entirely in a later one. Other visitors to these shores have been less reseved. Stendahl, as everyone knows, considered the Verbano one of the most beautiful places in Italy, equalled only by the Vatican, Santa Croce in Florence, and the slopes of Vesuvius.

But the book *In Praise of Lake Maggiore* has already been written, so here we will just mention a few of those ghosts of the past which inhabit and are evoked by the landscape. Lesa and Stresa were witnesses to the association of two of those great spirits, Alessandro Manzoni and Antonio Rosmini. Theophile Gaultier had the opportunity to observe one of their encounters and was impressed by their «discussions to which there were no earthly solutions as they dealt with the profound mysteries of the soul, of the infinite, and of eternity.» From one end to the other the Lake is rich in the memory of artists: Toscanini's stays on the Isolino at Pallanza, Hemingway and Shaw's visits to Stresa, Frobenius at Biganzolo, and Rilke, George, Joyce, Gide, Hesse and Remarque in the Locarno area; on Monte Verità a handful of transgressive Central European artists, theosophers, naturalists, and anarchists gathered at the beginning of this century. It is said that the intense anomaly of the magnetic fields that exist at Ascona was responsible for the whirlwind of geniality and extravagance that occurred there.

Many painters and sculptors took up prolonged residence: Gignous, Arp, Arturo Martini, Russolo, Tozzi... to name but a few. And not only did these shores shine from reflected light: a significant number of skilled artisans were born or originated from here, as well as distinguished native sons like Bernardino Luini, whom it has been ascertained came from a Luinese valley, the Berettas of Brissago, the Serodine family, Piccio, Caronesi, Daniele Ranzoni, Paul Troubetzkoy (whose father, a Russian prince, left his homeland to reside at Ghiffa where his passion for botany has left us, as testimony, a variety of conifer, the *chamaecyparis troubetzkoyana*), Filippo Franzoni, Achille Tominetti, Gian Filippo Usellini, Luigi Broggini, and finally, in the literary field Plinio Martini, and Luino's two famous friends and contemporaries, Vittorio Sereni and Piero Chiara.

* * *

But nobility can be lost and the risk is even greater nowadays when the entire Italian and European countryside is being threatened by a wave of devastating vulgarity. After Morigia's time and up to the end of the last century, however, little was lost and much was gained. On the shore opposite the Castle of Angera – a crenellated fortress of irregular pink blocks – the compact interlacing of walls and towers that was its mirror image at Arona, and birthplace of Carlo Borromeo, disappeared: but near the original site a colossal copper statue was raised at the top of a Sacro Monte, which was to be dedicated to the saint. Considered a bit kitsch by some, it nonetheless was able to fill believers with wonder, as the religious politics of the Counter-Reformation demanded. To avoid favouritism, a memorial celebrating Felice Cavallotti and the progressive fortunes of free thought was erected just a stone's throw away.

Over time many medieval castles were destroyed or fell into ruin and in their place were built noble palaces and aristocratic mansions. Later, hotels large and small began to dot the western shore and, to a lesser extent, the Lombard side of the Lake. With great understanding of the landscape (often directed by the Sons of Albion) a luxuriant flowering of surrounding parks and gardens followed. Morigia had already tasted and admired both the sweet and the bitter oranges that grew here, but to them were added other species, many of exotic origins: cedars of Lebanon, conifers of every type including sequoias, camphors, beeches, red maples, magnolias, paulownias, mimosa, fragrant olives, and passionflowers. The Lake has since become famous for its camelias, azaleas, and rhododrendrons.

In the center of the Borromeo Bay is the island palace that is the miracle of the 1600's. Pride in its lineage, but also in the masterly perfection of taste dictated by the creative scenography of its shape and setting, allowed the noble Borromeo family to transform a small fisherman's island into an extraordinary complex of art and history. The original village was extended and built up into the form of a palace, crowned by its garden that hovers over the water, embodying the dream of an era: that of changing nature into a marvel of art.

It was as if an exceptional behind-the-scenes director had over the centuries conceived the supreme artifice of the island. Originally called Isabella in honour of the wife of Carlo III Borromeo, it is now known as Isola Bella, or the Beautiful Island, in contrast to the natural and unaffected fascination of Isola dei Pescatori, and the very different approach to the art of gardening on Isola Madre.

In the wake of these predecessors came other creators of parks. One of the first was the Scottish captain, Neil MacEacharn, who transformed the slopes of Pallanza's Castagnola Point into the world-famous gardens of Villa Taranto, said to have been named in honour of an ancestor who was made a «duke» of that Apulian city by Napoleon. Not to be ignored are the other parks in the area, already open to the public or awaiting much needed restoration, like Villa Pallavicino at Stresa, Villa S. Remigio in Pallaza (also in Castagnola), and the ex-residence of the Troubetzkoy family, now known as Villa Ceriana Marina, at Ghiffa. On the Brissago Islands the St. Léger Garden has been saved for both science and the landscape, with its botanical garden pleasingly poised over the waves. And to complete the picture of the Verbanese archipelago, the Castles of Cannero must be included, where the encircling walls of the Vitiliana fortress offer the modern-day sailor the same views admired by Morigia.

The heart of the Lake has thus been splendidly enhanced. But the shores have not failed to enrich themselves either. Consider the churches. We can regret the loss of Romanesque edifices that were absorbed by the great Baroque flowering, and greet with joy the restorations which have rescued the medieval basilicas of Bedero Valtravaglia and Muralto, both dedicated to S. Vittore, almost as if to underline a common Ambrosian denominator of early Verbanese Christianity. But we can also recognize that to the modest and monotonous contours of medieval rooftops, be they red tile or grey stone, resonant and fair accents of later periods added variety to the harmony of the whole: like the cupola of a third S. Vittore, at Intra, the incomplete Sanctuary of Riva at Angera, S. Giuseppe at Luino, the Madonna della Punta at Maccagno, San Carlo of Magadino and the Pietà at Cannobio (the same cannot be said of Laveno, overwhelmed as it is by the massive dimensions of its «new church»).

The complex mass of the Sanctuary of S. Caterina, a succession of rocky precipices and airy galleries, clings dramatically to the Rock of Bàllaro. On other occasions large churches or monasteries were built in the open countryside, like the Madonna «di Campagna,» or «of the Countryside,» just outside Pallanza. Here, as in its twin, the Madonna del Ponte, at Brissago, the Romanesque structure was lightened by perforating its tiberium. Near Sesto Calende the Abbey of S. Donato combines both modern and medieval elements, reminders of a Pavese intrusion into the dioceses of Milan.

If we extend our gaze to the surrounding hills and valleys we find a number of sanctuaries and several unfinished Sacri Monti, built and appreciated not only as centres of faith, but also as shady balconies overlooking the Lake or perched above ravines carved out of the mountainsides. Numerous too are the welcoming churchyards where both religious festivals and village fairs are held in spaces created on a human scale, places where one can rediscover life's serene equilibrium.

* * *

The rural landscape has been radically altered over time. The small fields of rye and legumes, the orchards, the great expanses of vineyards, and the olive groves have all vanished, even though they were a traditional part of local agricultural history. The chestnut trees, endangered by disease and often neglected, have deteriorated, but still, in June, their flowering branches outline the paths of age-old toil and fatigue.

Pastures have become overgrown with untamed vegetation – juniper, gorse and brambles – and are rarely cut back by state forestation crews. The native woods, full of birch, beech, ash, maple, oak and alder trees – and dotted with red berries, holly, sorb and tamarind – are renewed with flora and re-populated with fauna that was once common, like chamois, stags and deer, as well as (an artificial intrusion this) an irrepressible horde of wild boar. Soon the wolves and bears, here and there present in the last century may return. On the other hand, the many herds and flocks of sheep that used to be a typical sight have all but disappeared.

Incredibly, nature has been able to re-establish itself where even the most secluded places showed the unmistakable signs of man's presence: in the thickest woods every leaf, every dead branch, every root, and even the empty chestnut husks were once gathered for the daily use of both man and beast.

* * *

Once the abandon of the mountains began, and the seasonal trade migrations – means of economic progress and cultural promotion – were replaced by the mass flight towards Europe and the Americas, the transport revolution, which would bring even greater benefits to the coastal towns, loomed on the horizon.

The Napoleonic road over the Simplon Pass, the improved Gotthard and San Bernardino Passes, and especially the introduction of a regular steamboat service were incentives for an economic evolution towards increased trade, tourism, and industrial expansion. As far back as the mid-19th century Stresa could boast of the monumental hotels along its reinforced shores that still enjoy international prestige today. Then followed those of Belgirate, Baveno, Pallanza and Locarno, where the abandon and deterioration of some of those noble edifices is now regretted. Magadino, a steamboat terminal, had short-lived success as a hotelier; later Luino would experience the same fate. Whereas Cannero, a favourite destination of the English, has managed to maintain its discreet and aristocratic 19th-century holiday atmosphere.

Every town located on the water had its port and landing stages to accomodate the smaller boats which ferried passengers from their ships, anchored at large, to the shore. The loss of most of these original stations belonging to the Navigation Company is greatly lamented. One which has survived, however, is the «tetòia» at Intra; legacy of an earlier era it has since become a local meeting-place to chat and gossip.

The history of the coastal roads, the railways, and, more recently the motorway, has been more complicated. After the engineering feats of the alpine tunnels, railway engineers were able to confer dignity as well to their «works of art.» Exemplary of this ability is the great iron bridge over the Ticino River at Sesto Calende with its carriageway built above the tracks; pleasing too, in their sober majesty, are the train stations at Arona and Luino. Fortunately the swift and reliable shuttle of ferries between Intra and Laveno saved the area from the disaster of having a pontoon bridge constructed that would have irremediably destroyed the harmony of the Lake. We have not been so lucky with roads and tunnels, and the massive walls and barriers built to protect against landslides. It is with difficulty that the charm of Sereni's «Road of Zenna,» the title given to two of his poems, can be recognized today.

The development of industry brought about the extinction of the mills, olive and wine presses, mallets, and fulling mills that were once common. The lime kilns were the last to go and have left a legacy of great «cathedrals on the water's edge,» as they used to be called: tapered turrets at the foot of the calcerous walls from which the lime was taken. One would like to see that cemetery of industrial archeology which is the white Rock of Caldé, now a landmark of the Lake, preserved as a rugged testimony to a laborious past.

Spinning mills and cotton-works were founded, followed by various types of factories, most often wisely hidden away at the bottom of the valleys. A few lacerations on the landscape were allowed but those old and impoverished smokestacks can almost be considered with respect and nostalgia today; like the forge that after much sacrifice turned out that widespread prosperity which we can no longer do without, and which, were it not confused with progress, would be ungenerous to revile.

The worst was to come in the 1960's. One is tempted to smile when reading of the indignation expressed by Alda Negri, in the early years of this century, at the proliferation of «pretentious cottages» built in styles that clashed with the pure and simple lines once common to both patrician villas and more humble dwellings. The gentle schoolmistress suggested that those monsters of bad taste should be «dynamited.» Today they do not seem such eyesores thanks to the cornice of gardens that has grown up around them; in fact many people would like to see them more scrupulously protected.

The great number of second homes that sprang up in the area were mostly constructed by Milanese or by Northern Europeans seeking a vacation spot in the sunny south, but they have left wounds on the environment that will be healed with difficulty. The lack of respect for the natural environment and the vulgarity of the indiscriminate building that was permitted along the shores corresponded to the deterioration of the original residential centres, caused by the willingness of the population to sell off their cultural identity to anyone wanting to buy, regardless of class or nationality.

But it would seem that better times are ahead. The tardy institution of building guidelines and restrictions should block any further blights on the landscape; the re-growth of the woods can repair the rents and conceal any wounds. The reserve of natural beauty is immense, and on these pages an incomplete inventory can be enjoyed as seen through the talented and experienced lens of Carlo Pessina, a photographer with the sensitivity of one who loves the mountains. The Lake invites everyone to love it and defend it. This comes naturally to those who recognize it as a source of history, culture, humanity, and incomparable beauty.

When the view, rising up from the shore, opens out and the blue perspective of the water widens and expands, when the green garland of mountains crowned with their wreaths of snow reaches up to the limitless azure sky, marbled with passing clouds, we are filled with the infinite which plays upon the keyboard of our senses. Each time is a new experience and we are caught up in the joy of April breezes, the thrill of a boat-ride on a summer's morning, the subtle melancholy of the bracing September air, the sweetness of autumnal mists over the hills tinged purple and gold, the peace of a sunny winter's day when the flames of the distant horizon bring to mind the eternal. Because this is the Lake: a liquid reverberation of divine creation and, at the same time, a mirror of mankind.

A look around the lake

The earliest known map of Lake Maggiore is the one drawn by the humanist and loyal follower of Ludovico il Moro, Domenico de' Belli, called «il Macaneo» on account of his native origins. The document was added to the incunabulum, today extremely rare, that he had sent to Ultrico Scinzenzeler's Milanese press in 1490. But the engraved representations have a rather unusual history: the engraver must have been an apprentice because he neglected to reverse the incised drawing of the Lake on the plate, as is necessary in the printing process. The same thing happened with some of the inscriptions and little could be done to remedy the situation, even with a second printing. In spite of the glaring mistake, if the page is held up to a mirror, the image of the Verbano (including the Ceresio area) is actually much closer to reality than what later cartographers were able to do in the 16th and 17th centuries.

It does not seem possible that the drawings, especially the complicated one of Lake Lugano, were the result of mere visual impressions. One can imagine «il Macaneo» plying the waters of one lake and then another, boatman at the oars, while he bent over a rudimentary protractor or compass, connecting with triangles the main vertices of the shores. And when it came time to relate the various stretches of water to each other, his only recourse was to pant after the shepherds as they climbed up to the summits; an effort unthinkable to today's cartographer who has helicopters and airplanes at his disposal.

But the reward for such effort is a breath of fresh air and a breathtaking view. The eye can wander to the far-off mists of the Plain of the Po and on clear days even catch a glimpse of the dazzling gold of the Milanese *Madunìna* and the cupola of Superga near Turin. It can then circle round to the other smaller lakes surrounding Lake Maggiore (thus justifying its name), and finally rise up to the snowy arc that curves around from Monviso to the Ortles and the Adamello peaks. The Alps, Marittime, Cosie, Graie, and Pennine on one side, and Retiche on the other, crown those nearby mountains whose names come from our ancestors, the mysterious Leponzi people.

The Lake is shaped and enlivened by the hills that encircle it: the two spurs of Angera and Arona, which seem to have been carved by a chisel to open up the watercourse, the first significant peaks of the Mottarone, above Stresa and, above Laveno, the Sasso di Ferro and «la Biota» (in Italian the mountains are sometimes considered feminine); then, following one upon the other, on the Western shore, the isolated Montorfano (*nomen omen...*), Monte Rosso and the uninterrupted chain that begins with Pizzo d'Omo, Spalavera, Carza and up to the 2,187 metres above sea level of the dominant Limidario (*mons limitus* which delineates a number of religious and civil juridictions), and finally the Trosa peak. The opposite shore reveals Monte Colonna, Pian Nave, the Bédroni (named for the gigantic birch trees that continue to thrive there), Lema (another *limes*, or boundary, between dioceses, and today, countries), Tamaro (the highest peak at 1,967 m), and Paglione.

From the pointed peaks and the rounded heights, from the mountain passes that connect the valleys in an uninterrupted dialogue, from the terraces overlooking dizzying precipices, like at San Rocco di Campagnano and at Pollino, near Premeno, it is possible to observe variations in a landscape that is both gentle and severe, delicate and strong, diverse and uniform, without ever being able to master it.

Like a kaleidoscope, the elements of the land – rooftops, towers, meadows, woods, gardens, cultivated fields (now few and far between), barren ground, marshes, rocks, and snow – change their appearance depending on the season, the atmosphere, and the time of day. But the leading character is always the water that distributes reflections, exalts masses of colour, and improvises unexpected bursts of light. One might be forgiven for thinking that Monte Rosa, that massive peak that reigns majestic and remote, gets its name from the colour which subtly reddens it at sunrise. Instead, it comes from a pre-Latin term, *ròsia,* which refers to eternal glaciers (greenhouse effect permitting).

The multiple gradations of red and pink, as well as the fine gold of the sun filtered through the clouds and the silver of brightly shining surfaces, soften the dense rhythm of greens and blues; and not to be forgotten is the autumnal domination of greys, when from out of the mists and the low-lying clouds, the song of a fair and melancholic nymph floats out to us over the water.

As we look around the Verbanese landscape, leaving aside any romantic notions, the sign of man's presence can be seen everywhere, respectful of Mother Nature, but tenaciously directed towards subduing and refining her. Villages and bell-towers that appear at the first bend in the Ticino, clearings in the midsts of wild forest, the well-tended foliage of parks and gardens, «successions of bridges and avenues,» the crowded rooftops of towns built along the rivers, and even the subaltern mirror of the small alpine lake enslaved by a hydroelectric power plant.

The archipelagos

Islands have always aroused in man a subtle fascination; metaphors for places elsewhere and different, prisons opened wide towards unimaginable freedom. The islands of Lake Maggiore have the advantage of their reduced size: they can be taken in at a glance and visited in no time at all, if one is not detained by their treasures, accumulated over the centuries. In ancient times they were part of the area's defense system. Castles were built, as on Isola Madre and Isolino S. Giovanni Battista (called St. John the Baptist's Island because, as was the practice in the past, the church was never absent and often included a baptistry), and perhaps on Isola Bella, too.

The towers and crenellated walls have disappeared from the Borromeo Islands, but they still intimidate, dilapidated and overgrown, from the Vitiliana fortress, just off the shores of Cannero. It was built by Ludovico Borromeo in the second decade of the 1500's, during a period of hardship, when his feudal dominion was being threatened by the advancing French. He was backed by the Swiss who had recently seized possession of the Locarnese region and had their sights on lands beyond. Eventually reconciled with the very devout Christian king, Ludovico was able to withstand and then triumph over both ducal and imperial sieges. His heirs regained the favours of King Charles V and Milan could then count on them to guard the uncertain and troublesome border. The Swiss, not yet the banking experts that they are today, ended up making a loss.

A century had passed since the towers of the sinister Malpaga castles had been constructed on the two small reefs. Between 1402 and 1414 they became the stronghold of the Mazzarditi brothers, infamous pirates of the Lake who, during the Ducal crisis following the death of Giangaleazzo Visconti, played an important political role by allying themselves with the Rusca family of Como. They managed to accumulate a considerable fortune by stealing, terrorizing the locals, and abusing power, and cut out a small dominion at Cannobio – until Filippo Maria, having first flattered them, crushed them with an iron fist.

Other islands were, and are still today, home to fishermen, like the two «Iselle.» Isola Superiore (inhabited since ancient times as the 10th-century remains of its church demonstrate), is known as Isola «dei Pescatori» (or the Fishermen's Island). On Isola Inferiore, which was originally occupied in part by a small cluster of rustic fishermen's huts, a complete transformation was begun in the 17th century by the talented and imaginative Carlo III and his son Vitaliano VI Borromeo.

Isola Madre already had a palace, designed by Pellegrino Tibaldi, surrounded by a garden with rows of flowering plants and trees bearing citrus fruits and other varieties, which had greatly impressed Morigia.

Giovanni Vagliano, writing a century later, for once did not have to borrow from the Gesuate's prose to write enthusiastically of the Island that was by then known as Bella.Vitaliano VI created a grand palace and garden that was intended to surpass in beauty the most famous Lombard estates. The venture lasted two centuries but left a highly original amalgam of nature, art and artifice. Broad staircases, stately halls opening out onto the vista of the Lake, a monumental gallery of tapestries, and collections of paintings and scultures, make the palace one of the most popular museums in Italy. It accompanies, along with a wealth of grottos and «grotesques,» the wonderful complexity that is its garden. Earth was brought in to build up a series of stepped terraces, upon which an arabesque of flowerbeds was then planted. Statues were placed against a backdrop of rock, at the top of which reared up a unicorn, part of the Borromeo heraldic insignia. This formed a «theater» where the Milanese verses of Carlo Maria Maggi were recited and where concerts echoing Baroque harmonies were held.

Isola Madre is often neglected by the hurried visitor but should not be. The garden, redesigned in the English manner, exhibits an extraordinary sampling of rare and exotic plants. In the palace one can breathe the air of an aristocratic past while wandering among the valuable furnishings and precious relics (including the little marionette theatre that was originally on Isola Bella), under the discreet eyes of mannequins dressed in livery, poised and ready to open a door or offer a plate to guests.

Let us return north where, just over the Swiss border, lie two small green islands off the shores of Ronco d'Ascona. The early Romanesque churches, the Hermitage of the Humble, and the rabbits that once proliferated in the 1400's, have all disappeared. Today the Brissago Islands are bound to the memory of the Baroness St. Leger, a noble lady of Russian origins, who was famous for her numerous marriages and her extraordinary friendships (with men like Listz, Joyce, Segantini, Grubicy... to name but a few). Patron of Verbanese artists like Daniele Ranzoni, who portrayed her in a well-known painting, she demonstrated a total lack of experience in international business affairs and died poverty-stricken and alone. But she had laid the foundations for a botanical garden which today is under confederal protection and whose blooms inspire wonder and the serene contemplation of the waters below.

The fragrant olive of the gardens...

Already the fragrant olive of the gardens / pricks us with its bitterness... The verses of Vittorio Sereni evoke the bourgeois fascination with the well-kept gardens that surrounded the suburban villas which began to spring up outside population centres. Gardens that displayed a prevalence of dark foliage which was quite distinct from the existing green universe of native woodland and meadows. They also added a touch of order to a landscape often unadorned and geared towards the practical, where every outcrop was utilized for cultivation, vineyards, or grazing pasture.

The mild climate had already favoured the growth of olive groves in Massino and on Isola Madre as far back as the Middle Ages, as documents show. Fine groves of secular majesty, many now overgrown with weeds, can still be found near Cannero and Colmegna. Then came the lemon and orange groves: today wild lemons still survive along the sunny walls of the Castles of Cannero. And finally, from Japan, the flowering plants for which the Lake is famous were introduced: azaleas (again Sereni: *Ripeness bursting with colour / yours was the grace of the air / in the light of the spring*), rhododendron, and camelias, which found in the local climate the ideal environment: suitably acid soil, mild temperatures and adequate rainfall.

The cultivation of camelias, adaptable as they are to generating innumerable varieties and inexhaustable combinations of form and colour, is pursued by an extended family of enthusiasts and professional gardeners. For years a Camelia Festival has been held in May and Verbanese floriculturalists – no longer negligible components of the rural economy, as these times demand – offer a sampling of specimens with few rivals anywhere in the world.

Two types of garden compete for attention in this area: Italian and English. The garden *all'italiana* is exemplified by Isola Bella (which has been a model for miles around) and is also to be found in reduced form in the parks of Villa San Remigio and Villa Taranto. It offers the ideal setting for the addition of pools and fountains and for alternating different kinds of flowers, in the various colours that the seasons allow, arranged in geometric forms.

From the 1800's the dominating fashion became the English garden. Its re-elaboration of the environment reconstructed a skilfully contrived naturalness, with its web of shady avenues, trees, and flowering hedges, all designed along soft and voluble lines. However, this type of garden needed more time for its trees, which were planted with a clever scenographical spirit, to reach their anticipated heights.

Thus were conceived the parks of Isola Madre and for the most part those at Villa San Remigio, Villa Taranto, Villa Pallavicino and, looking over to the «lean shores» across the Lake, Villa Crivelli at Luino. The creators of these gardens never improvised but availed themselves of a good botanical background, and followed slow and lengthy preparative schedules. Sometimes a garden would be planted decades before the construction of its adjoining villa was begun. Much care and patience was also shown in the selection of seeds, cuttings, and plants, which often included research abroad, especially during the great international exhibitions. For example, Rovelli, the patriarch of Verbanese «gardeners,» made a notable impression at Vienna. For the small but well-tended Longhi garden, located at Lavello in Bedero Valtravaglia, Giuseppe Ferrari, an illustrious family friend, philosopher and Radical Deputy, was asked to bring back a number of plants from Paris on one of his many trips to that city. Some of those hybrids imported from France have survived, more than a century later, in an area now full of tourist «residences.»

Dazzled by these luxuriant images, one must not forget, however, the spontaneous garden that is the native woodland. A sign of order was already noticeable in the distribution of walnut trees, isolated as they were in meadows because their shade was considered harmful, even though they were a source of both food and light. (The use of their oil was prohibited for altar lamps because of its dense black smoke.) Now abandoned, the woods have grown into an impossible tangle, but have never completely lost their importance.

Aside from the chestnut trees which have already been mentioned, the experienced eye can recognise different flowering species. In April wild cherry trees, which have multiplied out of all proportion thanks to birds that carried the cherry stones every where (once, due to the scanty utility of this tree, its expansion was kept under control), blossom white. May is the month of the robinia, or pseudo acacia, which is scorned by gardeners today (and to think that Robin, royal gardener to the kings of France, brought back a speciman all the way from America as a great novelty), but appreciated by bee-keepers and used in fortifying embankments and healing the damages perpetuated by man. And in June, all along the Lakeside, violet-coloured oases of paulownia can be seen, often sprouting out of cracks in the asphalt or in walls, where the seeds are also able to take root. Higher up in the hills the trunks of birches and beeches offer comfort; the latter is the undisputed king of the mountain, solemn and detached, like a monument to the arboreal matrix of this earth.

The presence of the sacred

The Verbanese area is no different from the rest of Europe where the Christian presence is recognizable for the overlapping of innumerable signs that are the constant reminders of a common faith. Churches then, have become the principle landmarks in the environment, and it is not an accident that, if one wants to refer to the spirit of a town or village in a word, that word is symbolized by its «campanile,» or bell-tower.

The oldest churches were built outside inhabited areas, often in prominent and isolated locations, so that the tombs would be surrounded by silence. Fear of the dead, or more simply concern for hygiene kept the locals away for a time. Later no one was afraid to meet with friends, or spread corn out to dry, or even to plant vines in the cemeteries, whose walls were left to crumble, allowing animals in to scratch among the graves.

In any case, burial niches under the church floor were preferred. When these spaces were filled to overflowing, the mortal remains were collected in the charnel house; the skulls and bones juggled into patterns like the beads on a rosary, to awaken a healthy recognition and repentance of sins that would favourably influence the soul's destiny. The village women would gather for periodical mourning with showy ritual lamentations aimed at keeping the dead quiet so that they would not return and trouble the living.

From the rugged Romanesque churches, ships of stone run aground in the hills, more complex themes were taken up. Due to a sort of ingrained reluctance, the increasingly rich decoration never went beyond the interior spaces of later churches. The Berettas of Brissago, who had certainly worked in the cities, perhaps even in the Renaissance meccas of Umbria, remained faithful to the stone of their ancestors, and poised heavy masses in the air by perforating the upper storeys of the Madonna di Campagna in Pallanza and the Madonna del Ponte at Brissago. Later, plaster and stucco-work , the invention of spaces within a central plan, and the crowning of cupolas (like Intra's S. Vittore with its elliptical example) prevailed. Great vaults were offered up to frescoes, like those of the Madonna di Campagna.

Paradoxically, it was not the credulous Middle Ages that sustained the miraculous fame of the sanctuaries. Those complex and intricate vehicles of piety were assembled in the 17th century. Lake Maggiore, perhaps because of the local resistance to any excess display of ostentation, remained without «Sacri Monti» since those begun at Locarno, Arona and Ghiffa were never completed. But the bishops of the Counter-Reformation did not miss an opportunity to consolidate the devotion of the natives as a defence against the spread of heresy. There was already the dangerous precedent at Locarno, where Lutheranism had won followers among the nobility and had been repressed, in the first half of the 16th century, not by the Inquisition, but by the *condottiere* of the Catholic Church.

Here and there Madonnas on the walls began to weep. The wounds inflicted by violaters of the faith on sacred images began to bleed. A rib fell out from a fresco of the «Pieta» at Cannobio. The scapular of the Madonna del Carmine at Luino stopped shots fired from a harquebus. Scrupulous notaries recorded what witnesses claimed to have seen...We pause at the threshold of mystery, limiting ourselves to observe that for the social historian the concrete reality of those incredible events was not as relevant as the widespread belief in the miracles, which fed a collective enthusiasm, and often a religious fanaticism as well. But even to the incredulous, a shiver runs down the spine when, at Cannobio, during the annual celebration of the Miracle of the Sacred Rib, the shrine containing the reliquary slowly rises up towards the airy recesses of the church, accompanied by clouds of incense and choir voices as the organ solemnly rings out.

The great consolation that faith offers, and its ability to mitigate the often unsustainable rigours of an existence that is constantly troubled by old and new anxieties, cannot be ignored. A celestial curse was feared whenever the reddish sands of the Sahara, carried by the wind, were deposited on the snow or on the rough outer leaves of cabbages, bringing to mind Biblical rains of blood. The momentary resurrection of the stillborn child was evoked so that it could at least be baptized, and thus assured a place in Paradise.

The man of the mountains knew – or believed – that he could count on the great Heavenly Mother and a legion of saints, each one with his own virtues, for help. Shepherds called upon San «Luguzzone,» without really knowing exactly who that Lucio was, knowing only that he had given himself the task of protecting men and beasts. To escape pestilence, Saints Rocco and Sebastian were appealed to, and stone-cutters venerated Santa Lucia, who protected their eyes from stray chips.

So it came as no surprise to find that every mountain path was dotted with small chapels, where one could rest or take cover as one worked, transporting the dead for example; or that every corner of a village displayed a wayside shrine or a naive votive fresco. And in the deep silence of the evening, as the tolling of the Ave Maria brought yet another day of toil to a close, each member of the community bowed his head in prayer, just as Dante and Aroldo once did.

Travel by water, land, and cable

For centuries waterways provided the main economic, cultural, and social links within the Verbanese area. To get to the Sacro Monte of Varese, pilgrims from Camagnano Veddasca preferred going by boat, rather than take the coastal road (destiny, however, proved to be cruel when, at the end of the 16th century, forty of them were victims of a shipwreck). The present roads along the Lombard shores are no more than a century old; even at the beginning of the 1900's, the «provincial» road between Maccagno and Luino was little more than a path, just one and a half metres wide. And even though the Simplon Road connected Arona with Feriolo as far back as the time of Napoleon, and the «national» between Intra and the Swiss border was built in fits and starts during the 1860's, the road from Luino to Laveno was only completed in the 1920's.

Large flat-bottomed boats, with square sails and double oars that served as tillers, transported great quantities of goods across the water. The Lake effectively flowed as far as Milan once the Naviglio canal was opened, back in the 12th century. This was how the city's Duomo was brought down, granite block by granite block, from the quarries of Candoglia. The boats of the «nobility» were only slightly fancier, with their parsimonious canopy roofs which offered protection from the sun and rain. They were used to accompany newlyweds of good families, amid the sounds of crackers being let off and volleys of harquebus shots, as well as Milanese prelates on their pastoral visits.

They also carried Carlo Borromeo on what was to be his last journey. Returning from Ascona, in the cold and damp November air, he was chilled through to the bone. The trip, which should have been fast and direct given his condition, instead necessitated a number of stops. The only thing to do was to preach, urging on the prayers of the local «paroni,» a tough and rugged people used to denying embarkation to priests whom they considered bringers of bad luck. On that day they witnessed, in fear and dismay, the agony of the dying Saint.

There was no lack of warships on the Lake either. They were used in the Cannobiese expedition against the Torriani, in the service of Ottone Visconti in 1277, which was followed by the Battle of Germignaga. Later, the mythical «ganzerre,» with their capacity of five hundred armed men, were employed by Luchino Visconti in the Siege of Locarno (1340). A few centuries later, the Austrians equipped a small flotilla with cannons, but its short career was ended when it was bombarded from the Piedmontese shores. And during the Republic of Ossola more than one ferry-boat, engaged in transporting troops, was ambushed by Anglo-American air forces.

When the Canton of Ticino and the Piedmont Region sponsered the construction of the new San Bernardino road, it seemed logical to extend the links with Northern Europe by means of a regular boat service. The «Verbano» was launched in 1826 near Locarno, its figurehead adorned with an imaginary deity of the same name. People were astonished to see the boat powered not by wind-filled sails, but by the fires of a steam engine. Already used on the unsucessful Milan – Venice route, it was built by the workshops of the Englishman Watt.

The Navigation Company has continued to operate uninterruptedly through wars and economic crises. The fleet has been enlarged over the years and today boasts modern hydrofoils and – the most recent addition – new catamarans. In general, the boat routes have increasingly catered to tourism, but the Intra – Laveno line (with its ferries purpose-built since 1933), carries heavy traffic and greatly facilitates the economic integration between the two shores.

A second transport revolution was caused by the advent of the railways. Arona was served by 1855, and constituted an irreplaceable bridgehead for navigation on the Lake. Later the Novarese was linked with the Gotthard route and streams of traffic began pouring into the resort areas. Princes and other royalty, field-marshals, and Chinese ladies with tiny feet which they did not hesitate to show to the locals who rushed to see them, passed through Luino. For years it was debated whether to develop a railway line along the Lombard shore (Oleggio – Laveno – Pino) or across the Lake; the conflict was soon resolved when tracks were extended on both sides.

The Northern Line connected Laveno with Varese and Milan. The Simplon Tunnel rescued the southern stretch of the Piedmontese shore from isolation. Secondary lines branched out from the Verbano to the other lakes: from Luino it was possible to catch a local train to Ponte Tresa (on Lake Lugano), then take a boat to Porlezza, where another train could be boarded for Menaggio, finally reaching Lario (on Lake Como). And before long one could also reach some of the nearby summits by electric train or rack-railway (Premeno and Mottarone), later replaced by cable cars (Mottarone and Cardada). Once at the top chair-lifts could be taken to the most panoramic heights.

The changing importance of the railway junctions and the growth of regular bus services caused the decline of many lines, and the complete disappearance of the minor ones. Today roads are jammed with tourist coaches and heavy traffic, but once the motorway between Arona and Gravellona Toce is opened, it should restore to the Lakefront some of the tranquility of the 19th century, accompanied only by the gentle rustling of leaves and the peaceful lapping of the waves.

Days of toil, hours of leisure

The great expanse of the Lake, crowded as it was with large cargo boats and lighter rowing boats shuttling passengers back and forth, was always an integral part of the routine work that bound one shore to the other. The depths of the Lake offered up a plentiful supply of fish, and running water powered manufacturing (a myriad of mills, presses, fulling mills for textiles, and paper mallets) that was often located near the shores. Today, however, few people still work on the water – the majority seek only to enjoy themselves.

In the past fishing was practised, but only by an authorized few who preferred the docile stretches of stationary water, or «pools,» where they did not have to fear unexpected and sudden storms. For fishing rights it was necessary to deal with whomever held the «royalty,» which was the right reserved to the king and passed on by him through a chain of succession, the last contract being given to the highest bidder. Shrewd economic organization was therefore necessary and, in no time, the fishermen of Iselle distinguished themselves. Not that fraud did not exist. One trick was to throw quicklime into the ports, causing the indiscriminate death of all the fish in that part of the Lake. Wisely, municipal statutes soon forbade this cruel practice.

The Lake became quite animated when timber was floated down from the forests to the cities. The technique was learned by observing nature, the «buzze,» or torrents at their fullest, that carried uprooted trees downhill. The trunks started their journey down the mountainside in chutes called «ciovende» that were cut from the nearby woods. They were then transported via mountain streams. When the water was scarce, improvised water-courses were created by causing a break in temporary dams. Once on the Lake, the trunks were tied together into enormous rafts which were pushed towards their destination by the water's currents, or by the wind when temporary sails were rigged.

In manufacturing, the most important industries were those concerned with leatherworking and the production of textiles. Alpine herds provided the necessary raw materials. Later hemp, linen and, after the 18th century, silk, were added to the factories' output. As early as the 12th and 13th centuries, woolen fabric was woven at Cannobio, and then the tanning of hides caught on, using tannic baths of pinewood bark (infused with canine excrement...). For this reason the industry was blamed for a lethal epidemic that occurred in the 1600's. Intra faced a similar situation a century later when cloth manufacturers were considered responsible for pollution caused by their famous «sbianche,» or bleaching process, in which various concoctions were added to stream water to render fabric as white as possible, which fashion demanded, and on which ladies, as well as housewives, insisted.

Semi-public companies are not a recent invention. In the 17th century, a harquebus manufacturer at Intra enjoyed public patronage, as did the royal imperial glassworks at Porto Valtravaglia. The latter has since prospered on its own industriousness for almost two hundred years, benefitting from the employment of Alsatian glassblowers. It was the precursor of other local glassblowing industries (at Intra), and later ceramics factories (at Laveno and in the Lombard hinterlands). When the industrial revolution arrived at the beginning of the 19th century European entrepreneurs built big cotton and silk mills, but it was local inspiration that gave rise to the successful hat factories. When the future seemed to be in seaplanes aeronautic industries were established not far away.

And yet this did not stop the majority of the male population from following the route of emigration, driven not only by necessity, but also out of a longing for new and distant horizons that was common among young people. They pursued humble trades: as porters (who united in Milan in the «badia di fachitt du lac Maiò,» which came under the protection of the feudatory of Frino, the Marquis Morigia, in the 18th century), costermongers, bakers, cooks and hoteliers, chimney-sweeps, knifegrinders, umbrella-sellers, stove-fitters, and decorators, but especially as «maister,» or master craftsmen of masonry and other manual arts within the building industry.

Some reached the top, and not only those who had studied. Pietro Martire di Angera (a native of Arona) who, as an influential advisor to Queen Isabella, christened Colombus's great discovery the «New World»; Georgio Andreoli of Intra who became a famous master potter at Giubbio; Bartolomeo Scappi from Dumenza who was chef to the popes (and writer of culinary treatises); the Luini and Serodine families who have already been mentioned. The Bolongaras of Stresa made a name for themselves in Holland and Germany by inventing new blends of snuff, and these are only a few examples. Many emigrants became important publicworks entrepreneurs, winning contracts all over Europe, like Caramora, from Intra, who constructed railways in Austria-Hungary. And then there were the umbrella-makers of the Vergante who opened shops and factories all over Italy and the world.

Today the waters of the Lake are plied by recreational sailboats of every size and colour; boats that Vittorio Sereni, on one of his trips back to Luino, found far more numerous than the roadstead boats of the past, and noted their «dense white poetry» that was like a «clearing» which opened up in his heart. And even though the general inclination in these extroverted times tends towards the speed and excitement of motorboats, sailing on the Lake still remains the «searched-for image» of dreams.

Ascending the valleys

The historical, economic, and social reality of the Lake cannot be imagined without taking into consideration the valleys that surround it. Like the great bodies of water which are fed by the rivers that flow into them, the community and its customs have always been influenced by the hinterlands. Today we return to them in search of an uncontaminated landscape. The valleys offer the visitor interested in more than just hunting for mushrooms an inexhaustable variety of excursions, many of which also bear witness to a significant past.

As far as we know, alpine communities flourished around the year 1000. Broad summer pastures and mountain alpages, blessed with a natural scarcity of vegetation, or periodically cleared by man, provided grazing land for the large herds belonging to important monasteries or influential royal vassals. Down on the plains it became common practice to irrigate the fields, and the transfer of flocks and herds from one pasture to another diminished. The herds were eventually reduced to a few large head per family, with a greater number of sheep and goats being kept, although livestock sharing was not unusual.

There were also the woodland resources which, over time, were impoverished by indiscriminate and abusive deforestation for the production of coal, although the careful cultivation of chestnut trees was never neglected since even its resin and bark were utilized. Some valleys were able to profit by holding the exclusive rights to transalpine transport. They also did everything possible to develop hard cheeses that could be traded afar. But the call to emigrate was inevitable and so strong that an elite group of carpenters and master craftsmen started a precedent in the early Middle Ages that proved to be the forerunner of a later trend.

The character of the people – who were anything but uncouth shepherds and woodsmen – found nourishment in a variety of sources. In the 15th and 16th centuries, «maìster» (*magistri* in Latin) who had worked in Perugia, either under Francesco di Georgio Martini or preparing the walls for Perugino's frescoes, returned to their remote villages along the Lombard shore and described what they had seen: palaces, churches and fountains that were built out of rose-coloured stone, easily carved into airy fretwork, and so very different from their own. Young village boys listened in amazement and the following year would depart en masse, subject to the drawing up of official contracts *ad artem* (while their mothers stayed behind, imagining the dangers that lay in wait for their sons, like the dreaded «mal francese,» or syphilis, plague of the century). Their contemporaries on the opposite shores were «sold» to unscrupulous chimneysweeps whom they followed everywhere until their experience of housetops and gutters prepared them for nobler skills. One of them even covered the entire roof of Notre Dame in Paris with zinc.

Women were left on their own for most of the year, tied to the cycle of winter pregnancies and childbirth, but they held title to a matriarchal position which gave them plenty of autonomy. In exchange, hard manual labour was demanded of them, like carrying heavy loads up steep goat paths: ricks of hay, sacks of coal, victuals, and stones and slaked lime when work needed to be done on local dwellings or on the village churches.

Returning native sons who had made their fortunes abroad were generous with aid to their old neighbours. and were especially munificent to the church so that it would be larger and more beautiful than those nearby, and reflect their new wealth and status. Political factions, disputes over the few resources available, and the closed emigrants' guilds often provoked ferocious rivalry between villages as well as the desire to distinguish themselves from one another, even to the point of deliberately altering their local dialects so as to render them unrecognizable outside the community. And in the smallest hamlets magnificent churches were constructed, using the best materials and craftsmanship available, which was furnished on the spot by skilled artisans, or procurred from afar at great cost to the local people (the polychrome marbles of altars and balustrades, for example).

This past world has left us a substantial cultural legacy, preserved not in books or in writing, but handed down through the expert manual ability necessary, not only to work the most unwieldy materials, but also to fashion the tools needed to do so. The people of the valleys did not underestimate the value of an education either. Long before the idea of public schools had been proposed, they hired salaried teachers to instruct future emigrants so that they would be able to survive in the cities. Later drawing schools for artisans were established, paid for by the community and the pupils. The mason had to be able to build an arched wall and the plasterer had to know how to prepare the moulds for cornices. But the best way to learn was as an apprentice, where one could observe with an alert and vigilant eye the secrets of the trade, eventually «stealing» them from those who were older and more experienced. Poor, but never miserable, they knew how to build a drystone wall without leaving one stone out of place. The learned mason of today does not know how to break up the stone so that all of the blocks will fit perfectly and anonymously; and no one dares anymore to cover a roof with the rough pattern of the tradional «piode.» Our ancestors knew how to creatively modify the environment without humiliating it. Carmine, an ancient cluster of houses perched decoratively on a spur of rock above Cannobio, is not even noticed from the Lake, while below it, a veritable eruption of small white houses that pock-mark the entire mountainside has not even managed to accomodate a corresponding number of inhabitants.

I

I/1 – Here, where the Ticino River begins its course towards the Po, Monte Rosa is revealed in all of its majesty, a deity that keeps watch over the Verbano but only occasionally allows glimpses of its magnificence from the distant shores of the Lake.

I/2 – The motion of the waves is not always soothing; it can at times be playfully exciting or can menacingly threaten the sailor caught unawares.

I/3 – The overcast dawn cannot brush away the patina of antique gold from the royal mantle of the Borromeo Bay. Isola Madre is its jewelled clasp.

I/4-5-6 – The western branch towards Mergozzo. One arm of the Lake remained cut off from the main basin by the gravel deposited there, over the course of centuries, by the River Toce, or «Tosa» as it is called locally (in this area the maternal aspect of nature is preferred and the feminine gender used: la «fiùmm,» la «Maggia,» la «Tresa,» la «Margorabbia»...). The Fondotoce flood plain extends out in a wide arc of meadows, wooded areas and dense reed thickets.
A view taken from Mount Faié, an ancient beechwood, as its name suggests in dialect. In the center is Montorfano, a mighty mass of «miaròlo,» the valuable white granite used to turn out the columns of the new St. Paul's Outside the Walls Church in Rome.

I/7 – The clouds conceal Isola Madre in rose-tinted shadow, prelude to a storm.

I/8 – An aerial view from above Pizzo d'Omo: the lakes shimmer like sheets of shiny metal.

I/9 – The deep purple light of dusk is reflected from the sky onto the water creating a halo over the two jewels floating on the surface of the waves: Isola dei Pescatori and Isola Bella.

I/10 – The evening isolates compact blocks of colour; Monte Rosso, the contours of Intra, and the dying rays of light over the Lake.

I/ll – From the eastern shore Cannobio is lost in the opacity of the sunset which lends a final iridescence to the Lake.

I/12 – The clouds, at noon, send evening shadows over the Lake. Miazzina, in the foreground, is enveloped in shadow. A scene that would have been appreciated by the artist Grubicy de Dragon, whose paintings represented similar atmospheric conditions.

I/13-14-15 – Banks of cloud whose silence is disturbed only by the droning of an airplane, allow glimpses of the panorama below to filter through; the sweeping circle of the Alps dominates the landscape. The snowline clearly separates the winter whiteness of the peaks from the brushstrokes of colour below.

I/16-17 – From the peaks of the Mottarone and Morrisolo streams of vapour seem to be pointing out the way towards the Ticino.

I/18-19 – When the Lake disappears under a delicate veil of clouds the crests of the Sasso del Ferro, Monte Nudo, above Laveno, and the tip of Montorfano emerge like ephemeral islands.

I/20-21 – The mouth of the Lake from Arona to where the Ticino begins at Sesto Calende. The river seems to be enjoying its last moments of peace before having to face up to its duties to Lombard industriousness and distribute its beneficial waters to the Naviglio and the irrigation canals of the plains.

I/22-23 – At the extreme opposite end of the Lake, the delta of the Maggia River reserves a secluded stretch of water between Locarno and Magadino. In the first photo Locarno is in the background. In the foreground can be seen the remains of the fortifications on Monte Morrisolo which were part of an extensive line of defense, from Ossola to Valtellina, that General Cadorna wanted built in the years 1916-17 to block a feared German invasion via Switzerland.

I/24 – An aerial view of the Locarnese basin; on the left, the Lombard shore and the two small hamlets of Tronzano and Bassaro. In the center is the «hump» of Mount Borgna (which is what its name means in local dialect) and on the right is Lake Delio, a small alpine lake whose size and depth were increased when two artificial dams were constructed. Its basin acts as a giant surge tank: by day it feeds the turbines of an enormous hydro-electric plant hidden away in the rocks at Ronco Valgrande, between Maccagno and Tronzano. At night the water is re-pumped to the top, utilizing the excess energy created in the system. The next day the cycle repeats itself. In this way the periods of maximum consumption are advantageously compensated for. In the background are the shores of the Canton of Ticino, from Ronco sopra Ascona to Locarno.

I/25-26 – The Lake disappears into the distance, and in the foreground humble artefacts bear witness to a past existence of toil and piety: the hollow trunk of a drinking trough at Alpe Cardada, above Locarno, and a cross-bearing column in the churchyard of S. Agata's, above Cannobio.

II

II/1 – Isola Bella. From the air it is possible to fully appreciate the admirable design of its garden. One of the two towers that flank the central flight of steps housed the «noria» which mechanically pumped water for the fountains and the garden up from the Lake.

II/2 – Isola dei Pescatori. The bell-tower of the medieval Church of S. Vittore (10th-century) with its pointed cusp, towers above the houses which are now enveloped in shadows inflamed by the setting sun.

II/3 – Isola Bella in a photogragh that illustrates more clearly the relationship between the original cluster of fishermen's huts, the palace, and the gardens, which their Baroque creator compared to those of the mythical Hesperides. In the background the shores from Fondotoce to the Castagnola Point can be seen.

II/4-5-6 – The Borromeo Archipelago. In summer the Lake is full of motorboats shuttling back and forth between Stresa and the Islands.

II/7 – The eastern side of Isola dei Pescatori. The row of fishermen's houses pivot around the wide arch of the portico in the foreground, which was once crowded with fishing nets spread out to dry.

II/8-9 – Isola dei Pescatori seen from the west, and from the east. In the latter view, one of the many so-called «profiles of Napoleon» which are said to be scattered throughout the Alps, can be recognized in the serrated outline of Pedun, seen in the background along with the Laurasca peak.

II/10-11 – Isola Bella, first taken from the shore, with a detail from the antique Borromean stables, and then from the water.
In the second scene the Church of Ss. Vittore and Carlo can easily be recognized, the work of Francesco Castelli. On the right is the Delfino Hotel, made famous in Antonio Fogazzaro's *Piccolo Mondo Antico.*

II/12-13 – Isola Bella: a detail of the gardens. Obelisks and statues are inserted in a great flowering of oleander, interrupted only by the well-shaped cones of two yew trees. On the highest balustrade a statue bears the *Humilitas coronata*, the famous heraldic insignia of the Borromeo family.

II/14 – The picturesque ruins of the Vitaliana fortress on the two small reefs just off Cannero, «*turris in undis edita...*» as the dedicatory inscription declares. The roof of the central keep has collapsed and is crowned with thick vegetation. The jetties that once enclosed the little port have long been submerged by the water. To the left, the keep known as «the prison» today looks down benignly on the bathers who come ashore onto the rocky beach.

II/15 – The Isolino di S. Giovanni, which is also Borromean property, had both Princess Vittoria Colonna Caetani and Arturo Toscanini as residents earlier in this century.

II/16 – A highly regarded botanical garden is located on the larger of the two Islands of Brissago. In the foreground, the hamlet of Ronco sopra Ascona, and in the background, the Gambarogno riviera with the villages of Gerra and Ranzo, dominated by Mount Paglione.

III

III/1 – The bright blooms of rhododendrons (and azaleas) have become synonomous with the Lake's image.

III/2 – Stresa, Villa Pallavicino. Between the fountain and the gazebo made of climbing roses, different species of flowers and shrubs alternate in masterly combinations of colour (dahlias, begonias, zinnias, *salvia splendens, celosia plumosa, lantana camara...)*.

III/3-4 – In May the shores burst into colour: azaleas bloom white, pink, vermillion, and even violet. (above: Villa Maria, now called Villa Branca, at Baveno)

III/5 – Verbania-Pallanza. The classical terrace of Villa S. Remigio, built by Della Valle di Casanova and the Browns, looks out towards the centre of the Lake and recalls the dignified and sedate atmosphere of the fin de siècle.

III/6 – Again Villa Pallavicino at Stresa: carpets of bright marigolds flank the flagstone path which leads to the clearing where the fountain and the gazebo, already seen, are found.

III/7 – Stresa, Villa Ducale. The 19th-century portico of the villa that once belonged to the Duchess of Genoa opens onto the dark green cedars of Lebanon at the bottom of the garden. Today it is home to the International Centre for Rosminian Studies, thus linking two great spirits of the past – that of a sober and discreet aristocracy and that of the celebrated thinker who lived and died at Stresa.

III/8-9 – No less than the gardens, the rocky mountainsides also reveal unexpected colour. Faithful to its name, saxifrage, or «stone-break» as it is commonly called, penetrates rough cracks and fissures and blooms in splashes of delicate harmony.

III/10 – The goal of the Alpinia Garden, located near Gignese, is to acquaint visitors with alpine flora, surprising for its variety of forms and colours. Anyone who loves the mountains should pay a visit in support of this praiseworthy public initiative, *rara avis*. (It also offers an impressive view over the Borromeo Bay between Stresa and Verbania from an area that has remained unspoiled by the reckless exploitation of the building industry.)

III/11-12 – Many a garden has attempted to include exotic specimens in its display. Villa Taranto has managed to do so masterfully with its waterlillies and rare examples of *victoria cruziana*.

III/13 – A carefully laid-out garden wisely balances its arrangement of colours; here the exuberant reds and pinks of the azaleas are framed and tempered by the solemn dark foliage of the *chamaecyparis* in the background.

III/14-15-16 – Verbania-Pallanza, Villa Taranto. The bright red carpet of *salvia splendens* paves the way for the gradations of green displayed by the firs, calycanthus (strawberry shrub), and the ash trees beyond. The villa, with its pleasing frenchified lines, retreats with discretion into its park. Leading to its entrance is a small Italian garden placed within the general «English», or more precisely, considering the origins of its creator, «Scottish,» framework.

III/17 – From the lower shore of the Brissago Islands, a latticework of branches rises up from the water and reaches towards the distant heavens.

III/18 – Verbania-Pallanza. The colonnaded porch of the Kursaal, once Villa Branca, later a short-lived club, is now a convention centre and discotheque. In the park that faces the Isolino di San Giovanni a bust of A. Toscaninl, by P. Troubetzky, looks out over the water in seeming contemplation of the Lake.

III/19 – Only from the air can the complexity of the conception of Villa Taranto's vast park be observed and appreciated.

III/20 – The Brissago Islands. In the confederal botanical garden the huge phoenix palm towers above azaleas and cherry blossom. The scent of the tropics and the delicacy of the almost Japanese atmosphere come together in what is today considered a typically Verbanese harmony.

III/21-22-23 – Rare fauna, like peacocks, golden pheasants, and royal ducks has been introduced into many of the area's parks... but recently, thanks to changes in Italian hunting laws, numbers of native wild birds have returned to these shores. Besides the familiar seagulls and seacobs (called «sgarìtt» in dialect), ducks and bald coots are frequently seen, and swans are now permanent guests on the Lake, along uninhabited shores as well as in protected harbours.

III/24 – Luino can boast the most beautiful avenue of trees on the Lake. The double row of age-old plane trees has been endangered by a lethal fungus but the stately trees have resisted and endured as a testimony to the genial 19th-century idea of a lakeside promenade. It was conceived at a time when Luvino was on its way to becoming a «city» (and for the occasion changed its name to Luino).

III/25 – Verbania-Pallanza: Villa S. Remigio. There is an almost unworldly look about the twisted branches of this wisteria vine clinging to a stake.

III/26 – A polychromatic inlay of groundsel. The addition of this variety of flower into both private and public gardens has increased greatly in the last few years. Its use was once limited to small domestic flowerbeds.

IV

IV/1 – The sacred image of the «Saint of the Verbano,» Carlo Borromeo, keeps vigil over the Lake. «Sancarlone» was constructed of copper plates laid over a core of concrete masonry and an iron latticework frame (in some ways anticipating Eiffel's concept for the Statue of Liberty in New York). Proposed by his cousin, Cardinal Federico Borromeo, the colossus was designed by Cerano, but the idea of a Sacro Monte dedicated to the great archbishop was not a success. Only a few of the planned chapels were ever built, and these were later destroyed or abandoned. The statue, which was originally intended as the culmination of the pilgrimage, was raised at the end of the 17th-century. Today it stands in monumental isolation, and onlookers are divided into those who admire its grandiloquence and those for whom it typifies the worst of Baroque excess.

IV/2 – The Church of Ss. Felino and Gratiniano in Arona. A famous Benedictine monastery founded before the year 1000 originally stood on this site. It had civil dominion over Arona and other territories around the Lake. It was later the seat of a Jesuit College, and it was then that the spectacular transformation of its facade took place. Today it dominates the road up from the old marketplace.

IV/3-4 – Arona, The Collegiate Church of S. Maria Nascente. A lunette on the facade with its lovely bas-relief of the Nativity (late 1400's) and a detail of the polyptych which also depicts a Nativity scene, an outstanding work by Gaudenzio Ferrari (1511).

IV/5 – Lesa, Church of S. Sebastiano (1st half of the 12th-century): one of the many Romanesque oratories of the region. Rough natural stone from the river is united with cut blocks in a harmonious composition.

IV/6-7 – Belgirate. The «old» Church of the Purification of Maria. The bell-tower reveals the Romanesque origins of the structure and inside, the vault of the Chapel of the Cruxifiction is decorated with late 16th-century frescoes inspired by the Passion Story (shown here a detail).

IV/8-9 – Baveno conserves one of the oldest baptismal churches on the Lake. The octagonal baptistry to one side of the Romanesque church has been attributed to the 5th-century (and thus would be the oldest Christian edifice in the area). Notable too is the portico that encloses the churchyard and underlines the unity of this rural ecclesiastical complex.

IV/10 – Montorfano. In the early Middle Ages there was very probably a castle here with an attached church and baptistry, of which remains have been found. A detail of the «tiburio» of the extant Church of S. Giovanni Battista, from the late Romanesque period, is illustrated here.

IV/11 – Verbania-Pallanza, Madonna di Campagna. The Romanesque bell-tower is from the original church. The construction of the actual building was begun in 1511 and was crowned with the splendid octagonal dome and lantern, attributed to Giovanni Beretta.

IV/12-13 – Frescoes and sculptures from the Romanesque period decorate the beautiful little Church of S. Remigio in Pallanza, which conserves in its apse and walls evidence of its 11th-century origins.

IV/14 – Verbania-Pallanza. The Madonna di Campagna is adorned with a rich cycle of frescoes executed by Bernardino Lanino, Boniforte Oldoni and Aurelio Luini in the 2nd half of the 16th-century.

IV/15 – Verbania-Intra: The lovely small belfry of S. Marta's dates from the 17th-century and demonstrates great skill in the working of the difficult stone that came from the local valleys.

IV/16 – Verbania-Intra. The elliptical cupola of S. Vittore, projected as early as the 1700's (the church was subjected to overlapping plans by F. Cagnola, F. Pessina, and G. Zanoia), but completed only in the following century, dominates the rooftops of Intra, and from a distance characterizes the town's skyline. Next to the church, but less successfully realized, is the 19th-century bell-tower built by Aluvisetti-Caramora (1841-76).

IV/17 – The cemetery at Vignone, above Intra, was built around a lovely 19th-century «rotunda» dedicated to Our Lady of the Sorrows. Its interior, as well as a Via Crucis cycle that winds around the lower half of the porticoed chapel, were frescoed around 1813 by Lorenzo Peretti from Val Vigezzo.

IV/18 – The Sacro Monte of the Trinity, located above Ghiffa, was never finished; however a few of the original chapels, a small church and a vast arcade that were destined to welcome devout pilgrims, can still be seen. The wide valley fully manifests the fascination that these sacred places, set in the wilds of nature, hold for the visitor who is not unmindful of prehistoric man's worship of the woods, the water and the rocks. Fortunately this area has been declared a regional park. (Another interesting example of a sacred spot found in a woodland setting is the Church of S. Bartolomeo in Monte at Piaggio di Cannobio.

IV/19 – An unexpected flash of gold in the hills comes from this splendid wooden altarpiece in the Church of S. Materno at Orasso in the Cannobina Valley.

IV/20 – The 14th-century Church of S. Gottardo at Carmine with its paved churchyard overlooking the Lake. The small village is an excellent example of how mountain communities were once built.

IV-21- The Church of S. Ambrogio at Cannobio preserves the memory of the Capuchin Convent that S. Carlo Borromeo had wanted established in the town.

IV/22 – The Sanctuary of the Pieta at Cannobio was erected to commemorate the miracle of the «Sacred Rib Bone» (1522) and contains a precious altarpiece with a «Crucifiction» by Gaudenzio Ferrari. A detail is reproduced here.

IV/23 – The Church of the Madonna of Loreto, today more familiarly known as S. Anna, dominates the precipice formed by the Cannobina torrent that, after tumbling down between the rocks of the narrow gorge, subsides into a wide pond. It is a favourite destination of bathers and fishermen.

IV/24 – The centre of Cannobio revolves around its isolated bell-tower (completed at the beginning of the 1200's), a sober and powerful construction. The town hall, or «Parasì» (as it is called locally), seat of justice and communal assemblies, was built at the end of the 13th-century, and can be glimpsed in the background.

IV/25 – At Brissago, which was his birthplace, Giovanni Beretta left a testimony to his art in the lantern and cupola of the Madonna del Ponte, twin to Pallanza's Madonna di Campagna.

IV/26 – The parish church of Ascona contains an altarpiece by the great local artist, Giovanni Serodine. Shown here is the extraordinary figure of S. Carlo, his surplice vibrant with light, his face raised in ecstasy to the Coronation of the Virgin (1633).

IV/27 – The cloisters of the Papio College at Ascona were planned by Pellegrino Tibaldi who was commissioned by Carlo Borromeo, pontifical executor of the last will and testament of Bartolomeo Papio, an Ascona native who had accumulated his wealth in Rome in the 16th-century. The College has exercised a wide-ranging educational as well as cultural role in the area.

IV/28 – The massive medieval bell-tower of S. Quirico's at Minusio, might have originally been a watch tower.

IV/29 – Muralto: the Church of S. Vittore, absidal view. This exceptional collegiate church was built on the remains of a paleo-Christian basilica which had been constructed on the site of a Roman villa. All of the Locarnese area is rich in pre-historic and Roman remains, including a splendid collection of glassware on display at the Visconti Castle museum.

IV/30-31 – The Madonna del Sasso above Locarno is still home to a Capuchin Convent. It was meant to be the culmination of a Sacro Monte, one of the oldest planned, but it was never completed. The church contains a «Deposition from the Cross» by Antonio Ciseri, a painter who rose to fame in the second half of the 19th-century in Rome and in Florence, where his family had sojourned for generations. He was a well-known exponent of the minor decorative arts.

IV/32 – Fosano di Vira Gambarogno. This impressive «Madonna, del Latte» (Our Lady of the Milk) exemplifies the popularity that this type of fresco painting enjoyed in the area, particularly in the 15th and 16th centuries.

IV/33 – Luino, the bell-tower of the Church of S. Paolo «in campagna.» This medieval parish church dates from about 1075 and is notable for its characteristically rustic stone-work.

IV/34 – The Church «della Punta» dedicated to the Virgin at Maccagno. Built at the end of the 16th-century in thanks for deliverance from the plague, the oratory seems to be projected onto the Lake from a dark background of woods. (Until the last century the shore was terraced and thickly covered with vines.)

IV/35-36 – Modern religious art is not well represented on Lake Maggiore but a pleasing exception are the stained-glass windows designed by Carlo Rapp which decorate the church at Mesenzana. In the medley of light and colour allusions to traditional themes based on the Purification of the Virgin, to whom the church is dedicated, can be recognized.

IV/37-38-39 – Two important Romanesque churches are located in secluded Valtravaglia: the small Oratory of S. Georgio at Sarigo (detail of the apse) and the large collegiate Church of S. Vittore at Bedero, built around the middle of the 12th-century which conserves valuable frescoes (detail of «The Martyrdom of S. Vittore,» early 16th-century).

IV/40 – Germignaga. Church of S. Rocco. In the 17th-century it replaced the old parish church, which was relegated to the position of cemetery chapel, and added «S. Giovanni Battista» to its name. The undulating Baroque facade is dramatically framed by the town's main exit.

IV/41-42 – S. Caterina del Sasso. The monastery was built in the 13th-century and was enlarged in various stages up to the 1600's. The oldest sections can be seen inside what is today the church, as well as in the small convent at the centre of the complex. Founded by the Blessed Alberto Besozzi, who withdrew to the hermitage in expiation of his guilt, history tells us that it was first home to a group of monks not belonging to any specific order and then was taken over by the Fathers of S. Ambrogio *ad Nemus*. It was finally passed on to a Carmelite order.

IV/43 – Leggiuno: Church of Ss. Primo and Feliciano, founded by Eremberto, a royal vassal, in the 1st half of the 9th-century. It contains precious marble reliquaries from Roman times. In this photograph a column from the original church can be seen.

IV/44 – Ceresolo di Laveno: the small Church of S. Defendente with its lovely Romanesque bell-tower.

IV/45-46 – A complete survey of the religious frescoes found in the Verbano would require many more pages than this volume permits, but before leaving the Lombard shore, it is worth having a look at a «Last Supper» (detail shown here) from the 16th-century attributed to Antonlo de Tradate (Maccagno, Church of S. Antonio) and a detail of the unusual scene depicting a miracle attributed to S. Nicola of Bari (the resurrection of three boys from a vat of brine), a 16th-century fresco from the Church of S. Donato at Sesto Calende.

IV/47 – Another lovely Romanesque church is that of S. Vincenzo located in the countryside near Sesto Calende.

IV/48 – The Sanctuary of the Madonna di Riva at Angera should have been much larger, according to the original 17th-century plans by Gerolamo Quadrio, and would have extended down to the port which lies in front of it. Only the presbytery was constructed and then finished off with a mediocre modern facade. In the background the Borromeo fortress that dominates the town can be seen.

V

V/1 – One of the five ferryboats that make the crossing between Intra and Laveno (the others are the «S. Cristoforo,» the «S. Gottardo,» the «S. Carlo» and the «Sempione»).

V/2 – The old port of Laveno was once much larger and was equipped with quay-cranes for unloading ships full of lime and wood and for transferring the cargo onto waiting trains.

V/3-4-5 – A Navigation Company photo album: the old «Piedmonte» which is now modernized for group excursions and no longer powered by steam or by paddle-wheel; the «Verbania,» a large boat used for conventions and as a car ferry; the «Sempione,» a double-decker car ferry with a capacity of 90 automobiles.

V/6 – The charming pier at Cannero.

V/7-8-9 – Passenger ferry-boats have yielded to newer craft capable of greatly reducing the crossing times: catamarans now compete with hydrofoils which, when they were first introduced, profoundly changed the face of Lake transport.

V/10-11 – The dock at Villa Taranto and the landing stage on Isola dei Pescatori: horizons which always remind one of those with whom a smile or an embrace were shared.

V/12 – The ancient bridge of Lavertezzo in Valle Maggia that locals exaggeratedly refer to as «Roman.» It is notable, however, for its construction and for the way in which it is integrated with its surroundings.

V/13 – This photograph of the modern bridge over the Tresa between Luino and Germagnana, with its background of factory roofs, composes a picture of abstract perfection. Even today technology occasionally manages to form images of unusual beauty.

V/14 – At Intragna, two different types of bridges: the first, made of metal, was constructed in the 1st half of this century for the Centovalli railway line (bungee-jumping from here has become popular among bold enthusiasts). Behind it is a much more recent structure of reinforced concrete, built for motor traffic. Along the valley floor the Melazza River and a glimpse of the church at Golino can be seen. In the background are the snow-covered peaks that separate the Maggia and Verzasca Valleys.

V/15 – Another so-called «Roman» bridge (actually medieval), once known as the Agostana, built over the S. Anna gorge near Traffiume. More than one victim of the Mazzarditi family was flung over the precipice.

V/16 – The chairlift to Cardada, above Locarno. Halfway up the mountainside the mechanized means of ascent passes over a path that was once travelled regularly by the local people as they went about their daily routine. Today it is more often used by the leisurely hiker.

V/17-18 – Cableways quickly carry passengers up from the Lake to the highest peaks: the «basket-lift» from Laveno to the Sasso di Ferro (974 m above sea level) and the cable-car from Stresa to the Mottarone (1491 m). These ascents offer an exciting ride and a progressively wider panorama the higher one gets.

V/19 – The pylons of the Stresa-Mottarone cable-car add a touch of technology to the view without overstepping the bounds of environmental damage.

V/20 – The cloverleaf of the motorway at Gravellona Toce, taken from the old military road along the southern slope of Montorfano. Lake Orta shimmers in the distance.

V/21 – The bridge over the S. Giovanni River at Intra has been damaged by flooding more than once since its construction. The last time, which occurred in 1991, the water swept away two of its spans but spared the memorial plaque with an inscription dedicated to Count Teodore Bozzi (1666).

V/22 – The Locarno-Domodossola line of the Centovalli railway passes over the exposed rocky riverbed of the Maggia which has been hollowed out into sinuous meanderings by the current.

V/23-24-25 – The great 19th-century age of the railways has left evidence of a still-pleasing compatiblity between the demands of technical progress and aesthetic sensibility. The slender cast-iron columns of the oldest Verbanese station, at Arona, ingeniously call to mind classical civilization. The decorative Art Nouveau ironwork inserted between a pillar and beam at the abandoned station of the old rack-railway from Arona to Mottarone is pleasingly refined. The expansive luminosity of the bright and spacious Customs Hall at Luino anticipates modern architectonic inventions.

VI

VI/1 – The shoreline of Castello Valtravaglia was once studded with lime-kilns. After extracting the lime from the cliffs of Travaglia slaked lime was produced and exported as far back as the Middle Ages. It was used in the construction of archiepiscopal palaces and later for building in Milan (especially the Cathedral) and in Pavia. The white calcerous spur still shows signs of that centuries-old man-made erosion. On the re-forested shore the towers of the furnaces, which were active until the 1960's, can still be seen.

VI/2 – The slow shuttle of cargo boats has been replaced by motorboats plying the waters and, as a consequence, has given rise to the development of a ship-building industry and storage facilities. Here a shipyard at Baveno.

VI/3-4 – Fishing promises to become increasingly popular as a series of purification plants around the Lake are completed. Shown here are some fishermen of the past with their nets near the Castles of Cannero and just off Isola Superiore (the Fishermen's Island).

VI/5 – Professional boatmen were once a common sight, essential as they were for ferrying people and goods from shore to shore. The photograph shows a «burcéll,» the flat-bottomed boat typical of the Lake.

VI/6 – Another fisherman on Isola dei Pescatori.

VI/7 – Followers of the ancient art of carpentry, who were able to build boats by hand using the traditional methods of the past, have not entirely disappeared from the area. Shown here a shipyard at Angera.

VI/8 – The stone-cutting trade is traditional along the stretch of shore between Baveno and Suna where granite is quarried (and other marbles are brought to be worked). Machines have long since replaced manpower and his once tangible imprint has all but been forgotten.

VI/9 -Testimony to a rural way of life that has all but disappeared are the frescoes of «monthly» cycles found in some rural churches. Shown here is the month of December and the slaughter of a pig in a fresco by Antonio da Tradate in the Church of S. Martino at Ronco sopra Ascona

VI/10 – At Ceresolo di Laveno is a curious montage of fresco and wooden half-timber decoration on the side of this house where Min, one of the last boatmen and fishermen of the village, lived – a reminder of times when history and legend were transmitted orally.

VI/11 – The only photograph in our survey which no longer corresponds to reality is this image from years gone by that testifies to the manufacturing tradition of the Verbano, especially of the Intra area. Located directly on the shore, the Panizza Hat Factory was synonomous with high-quality headgear up to the 1960's.
The structure has recently been transformed into a tourist residence.

VI/12 – Large tracts of land are being reclaimed for the cultivation of flowers and nursery plants. The photograph shows a nursery at Fondotoce.

VI/13 – Modern cargo boats are a frequent sight on the Lake as they transport sand and gravel, sifted from the river deltas or excavated from the hillsides, to construction sites around the Verbano.

VI/14 – The mines and quarries in the area are viewed with hostility by those who believe in environmental conservation. They deplore the active trade that exists with the Canton of Ticino who, for their part, have wisely restricted the exploitation of natural resources.

VI/15 – The dam on the Versasca River near Locarno has replaced the water's natural course with a plunging cement barrier that is not without its vertiginous fascination.

VI/16 – Water-skiing is a sport particularly suited to the Lake.

VI/17 – Kayakers frolic in the swirling waters of the valleys.

VI/18 – Sailing remains the sport best associated with the nobility of the Lake: «soon the fresh sails of May / will return to the waters / where Luino shimmers infinite...» (V. Sereni).

VI/19-20-21 – Various recreational activities are enjoyed in the Verbano area. Fondotoce, with its marshy flatlands and wooded shoreline, has many easy and pleasant paths for horse-back riding. Mountain bikes are becoming an increasingly common sight on the Mottarone and in the surrounding hills. Again at Fondotoce the amateur fisherman finds peace and tranquility in his solitary pursuit.

VI/22 – Delta-plane enthusiasts have no problem in finding cliffs suitable for taking off from in the hills around the Lake.

VI/23 – Pointed prows and straining oars skim over the turquoise expanse of water.

VI/24-25-26-27-28 – Wide rounded hilltops offer ideal locations for golf courses, thus renewing that favourable balance between meadowy expanses and wooded thickets which was once characteristic of alpine grazing pastures. Shown on this page are the Alpino (n. 24) and Des Isles Borromeo courses above Stresa (nn. 25-28), and Pian di Sole at Premeno (nn. 26-27).

VI/29 – A procession of snow-covered peaks descends from the serrated outline of Monte Rosa down to the rounded hump of the Mottarone, offering inexhaustible possibilities to skiers, mountaineers, and alpinists.

VII

VII/1 – This picture was presented as a votive offering to the Madonna of Re, venerated as patron all over the Upper Verbano, by two mountain women who escaped being swept away by a landslide. (Painted by G. Antonio Vanoni and on display in the Church of S. Maria di Campagna at Maggia). The woman on the right is carrying a «sciuéra» or «civéra,» and the other has on her back a «barghéi» on top of which can be seen a «cadra.» Various small containers – a white cloth sack and pails – along with a scattering of stones are depicted as they tumble down the mountainside.

VII/2 – Alpe La Foppa, on Mount Tamaro. Modernized breeding systems have reduced the number of cattle raised in the mountains and, as a consequence, the pasturelands are now overgrown with broom, ferns, briars and brambles.

VII/3 – A woman from Orasso in Valcannobina with her «barghi» (elsewhere called a «résott») and a «sidelin» full of milk.

VII/4 – A rustic view of Intragna in Valle Intrasca. The sobriety of traditional building materials (stone, wood, and a limited use of plaster), and a simplicity of line are distingushing features of mountain architecture and make recent intrusions of incongruous materials and the use of gaudy colours (including white) even more disturbing.

VII/5 – Vignone, above Verbania (in the background are the Mottarone and Massone peaks). The hilltowns are ornamented with elegant parks and villas that were built towards the end of the last century. Some were weekend or summer homes, but many were the definitive residences of locals who had made their fortunes abroad, symbolic of the economic heights they had attained.

VII/6-7 – At the extreme end of Valle Veddasca, on the eastern side of the Swiss-Italian border, are two villages of singular charm. These compact «piles» of stones are home to only a few elderly villagers but are animated by the many mountain-lovers who have chosen them as a weekend retreat. Monteviasco is the only hamlet in the Province of Varese that cannot be reached by car. It is connected to the valley below by cable-car. Indemini did not share the same fate as its valley, gravitating instead towards Gambarognano and the Lugano area. Once it was just located in a different diocese, now it is located in a different country.

VII/8 – Gorges of the Maggia near Ponte Brolla. The water has carved rounded and smoothly polished forms out of the rock that are said to have been the inspiration for the abstract sculptures of Jean Arp, a French artist who lived in Ascona.

VII/9 – Bosco Gurin: the only «walser» village in the Canton of Ticino. The elevated barn rests on carved wooden supports in the shape of mushrooms, called «torba,» which prevented rodents from climbing up into the building.

VII/10 – The old mule-track between Due Cossani and Curiglia in Valle Dumentina. The devout highlanders decided to erect a monument here to S. Carlo Borromeo, who was the first of the Ambrosian prelates to personally visit these extreme territories of the archdiocese. The statue, possibly 17th-century, and the tall column were then removed to the side of the more recently-built carriageway.

VII/11 – A kind hand has planted a camelia, flower of the Lake, near this restored mountain hut in the heart of the Centovalli region.

VII/12-13 – Palagnedra in the Centovalli, Church of S. Michele. The frescoes here by the Locarnese artist, Antonio de Tradate, – the «Madonna di Re» and «Christ in the Mystical Mandorla supported by the symbols of the Four Evangelists» – make a striking impression, like a bright and unexpected flowering in the desert.

VII/14 – Lozzo, in Valle Veddasca. Throughout the valleys roofs in «piode» are gradually being replaced by modern roofing tiles. Although these tradional stone tiles have a rough and rather harsh-looking appearance up close, they have the virtue of rendering an overall effect of a modulated and gently sloping pitch.

VII/15 – Orasso in Valcannobina. Typical of the mountains is the contrasting dialogue between the rustic patterns of the stone walls, the ornamentation of 17th-century churches, and the «civil» tone of the homes built by returning emigrants who wished to distinguish themselves from the humble traditions of their youth and their native environment.

VII/16 – Premeno has been a well-known tourist resort for over a century. In the 1920's it was linked to Intra by an electric train. Today's modern road was built over its tracks.

Noblesse du verbanais

Dès le début du XVIIe siècle, frère Paolo Morigia avait déjà fait connaître à ses lecteurs la noblesse et les précieuses qualités du Lac Majeur, petit jardin historique milanais. Les nombreuses visites que ce brave jésuate avait rendues à sa famille, les seigneurs de Frino, lui avaient permis de fréquenter de manière assidue, le Verbanais. Voyageur infatigable, malgré un âge avancé, ce dernier, au lieu de se reposer, allait de rive en rive toujours prêt à tout noter.

L'écho de cette renommée retentit au loin. Il suffit qu'un voyageur curieux décrivit au-delà des Alpes les merveilles du Golfe Borromée, se servant des incisions que Dal Re avait depuis peu sorties de presse, et qu'un jeune homme talentueux, Wolfgang Goethe, dans les brumes de Francfort, découvrit au travers de ses lectures ces îles enchantées, pour qu'il utilisât le lac qui devint la patrie de son personnage charmant et rêveur, Mignon. C'est bien ici la terre de la poignante chanson, «là où fleurit le cèdre et où scintillent au-dessus du feuillage brun les orangers d'or».

On peut pardonner à l'auteur de *Wilhelm Meister* de n' être jamais venu personnellement sur le lac, l'horizon de la poésie étant plus élevé et aussi plus secret que celui de la terre, source d'inspiration. Il fallut aussi à Guido Gozzano un certain temps pour le comprendre: pour *l'Amica di nonna Speranza,* il avait utilisé un séjour à la villa Treves, mais la «calme Belgirate» de la première édition disparaissait dans la dernière. D'autres visiteurs illustres ont montré moins de retenue. Nous savons que Stendhal a parlé du Verbanais comme un des lieux les plus beaux d'Italie, comparable seulement au Vatican, à S. Croce de Florence et aux pentes du Vésuve.

Mais le volume *L'Eloge du Lac Majeur* est déjà considérable aussi nous contenterons-nous ici, de noter quelques unes des présences incorporelles que le paysage réserve et évoque. C'est entre Lesa et Stresa que se noua l'amitié de deux grands esprits, Alessandro Manzoni et Antonio Rosmini. Théophile Gautier, ayant eu l'opportunité d'observer de loin une de leurs rencontres, parle de «discussions qui ne peuvent trouver de solution ici-bas, car elles traitent des mystères profonds de l'âme, de l'infini et de l'éternité». D'une extrêmité à l'autre, le lac porte en lui le souvenir d'autres poètes: des séjours de Toscanini à l'Isolino de Pallanza, de Hemingway et Shaw à Stresa; de Frobenius à Biganzolo, de Rilke, George, Joyce, Gide, Hesse et Remarque dans le Locarnais; la colonie du Monte Verità, où au début du siècle se réunit une poignée transgressive d'artistes, de théosophes, de naturistes, d'anarchistes d'Europe Centrale: la cause de ce tourbillon de génie et d'extravagance sembla être l'anomalie intense du champ magnétique terrestre qui se manifeste à Ascona.

Des peintres et sculpteurs comme: Gignous, Arp, Arturo Martini, Russolo, Tozzi, y séjournèrent longtemps... Si ces rives furent célèbres ce ne fut pas seulement de manière indirecte, car elles ont vu naître non seulement une foule d'artisans de valeur mais aussi, Bernardino Luini dont l'origine d'une vallée de Luino est maintenant certaine, les Beretta de Brissago, les Serodine, le Piccio, Daniele Ranzoni, Paul Troubetzkoy (son père, prince russe, avait quitté sa patrie afin de s'établir à Ghiffa où une variété de conifères, le *chamae cyparis troubetzkoyana,* témoigne encore de sa passion pour la botanique), Filippo Franzoni, Achille Tominetti, Gian Filippo Usellini, Luigi Broggini, et pour terminer, en littérature: Plinio Martini et la grande saison de Luino des contemporains et amis Vittorio Sereni et Piero Chiara.

***

Malheureusement la noblesse peut se perdre et le risque aujourd'hui en est grand, lorsqu' une vague dévastante de vulgarité déferle sur tout le paysage italien et européen. De Morigia jusqu'à la fin du siècle dernier, cette noblesse du lac s'était constamment enrichie. Face à la forteresse de Angera – dentelle de claveaux équarris rose – on ne trouve plus l'entrelacement serré de murs et tours de la forteresse de Arona où naquit Charles Borromée: mais dans son voisinage on éleva le colosse de cuivre, au sommet du «Sacro Monte» inachevé qui devait être consacré au saint:

probablement un peu *kitsch*, mais capable de provoquer l'émerveillement des croyants ainsi que l'exigeait la politique religieuse de la Contre-Réforme; et afin d'éviter toute injustice, tout à côté du San Carlone, une urne de marbre sur de hautes colonnes célèbre, avec Felice Cavallotti, le destin progressif de la libre-pensée.

De nombreux châteaux médiévaux ayant disparu ou bien étant en ruines, la rive occidentale s'est couverte de demeures cossues, puis plus tard d'hôtels grands et petits, et il en fut de même, mais en moindre mesure, pour la rive lombarde; autour des constructions s'est développée une science du paysage (due aux fils d'Albion) qui a entraîné une exubérance de parcs et jardins. Morigia en avait déjà eu un aperçu, mais aux orangers et aux bigaradiers qui faisaient son admiration, sont venues se joindre des espèces végétales de provenance exotique: cèdres du Liban et conifères de toutes sortes, séquoias, camphriers, hêtres et érables rouges, magnolias, pawlonias, mimosas, *olea fragrans* et passiflores. Mais désormais ce sont les camélias, les azalées et les rhododendrons qui font la renommée du Lac.

Le miracle du XVIIe siècle se trouve au centre du Golfe Borromée. Non seulement l'orgueil d'un lignage mais aussi l'oeil du maître et le goût équilibré de la création de décors, permirent à l'illustre famille de transformer une petite île de pêcheurs en un extraordinaire centre d'art et d'histoire, où le village lacustre se prolonge et se transforme en un palais, couronné d'un jardin en terrasses, réalisant ainsi le rêve de l'époque: changer la nature en oeuvre d'art.

Un metteur en scène talentueux et secret a, au fil des siècles, réglé le plus grand artifice de celle qui, après avoir été Isabelle, en l'honneur de l'épouse de Charles III Borromée, est devenue pour tous la Belle parmi les îles; le charme rustique et spontané de l'Isola Pescatori, tout comme la manière de comprendre l'art des jardins de l'Isola Madre lui servent de contrepoint.

D'autres créateurs de parc suivirent le sillage des grands prédécesseurs: parmi eux, le capitaine écossais Mac Eacharn qui transforma les marcottes pauvres de la Castagnola, parc devenu par la suite célèbre, de la Villa Taranto, nom qui lui fut attribué en l'honneur d'un ancêtre que Napoléon avait fait «duc» de la ville des Pouilles. Il ne faut point oublier les parcs, déjà ouverts au public ou encore en attente d'être organisés, comme celui de la villa Pallavicino à Stresa, celui de la villa S. Remigio à la Castagnola de Pallanza, ou bien encore celui de l'ex-villa Troubetzkoy et enfin Ceriana Maineri. Sur les îles de Brissago le jardin St Léger, jardin botanique au bord de l'eau est réservé à la science et au paysage. Et pour compléter la liste des archipels nous devons encore mentionner les récifs de Cannero dont les murs d'enceinte de la forteresse Vitaliana offrent encore aujourd'hui la vision que Morigia en eut alors.

Si le coeur du lac n'a jamais cessé de développer sa splendeur, les rives, elles, se sont enrichies. Considérons les églises. On peut, bien sûr, regretter les édifices romans absorbés par les fioritures baroques, mais il nous faut apprécier avec joie les restaurations qui nous ont rendu les basiliques de Bedero Valtravaglia et de Muralto, toutes deux consacrées à St Victor, ce qui semblerait indiquer une même origine ambrosienne du premier christianisme dans le Verbanais. Nous pouvons remarquer que dans le modeste profil monocorde des toits médiévaux, de tuiles rouges ou de pierres grises, des touches vives et délicates ont modifié l'harmonie d'ensemble: citons comme exemple la coupole d'un troisième S. Vittore, à Intra, le sanctuaire inachevé de Riva à Angera, l'église de S. Giuseppe à Luino, la Madonna della Punta à Maccagno, le San Carlo de Magadino ainsi que la Pietà de Cannobio (on ne peut ici faire figurer Laveno, écrasée par la masse de l'«église neuve»).

L'ermitage de S. Caterina s'est étendu en masses compactes, enracinées à la roche, en une succession d'abîmes rocheux et d'arcades aériennes, sur le Mont Bàllaro. D'autres fois des temples ou des monastères ont pu surgir en rase campagne, comme ce fut le cas de la Madonna justement appelée «di Campagna» hors Pallanza, ou bien encore la construction romane s'aérait d'une tour-lanterne ajourée comme la Madonna de Brissago, sa contemporaine. Près de Sesto

Calende, l'abbaye de S. Donato mêle des structures modernes aux souvenirs archaïques d'une invasion pavese dans le diocèse de Milan.

Il nous faudrait aussi porter notre regard vers les montagnes et les vallées, là où de nombreux sanctuaires et quelques «Sacro Monte» inachevés furent l'occasion de créer, non seulement des centres de foi, mais ausi des balcons ombragés, au-dessus du lac ou bien au-dessus de gorges creusées dans la roche; les porches accueillants où se fondent agréablement procession et fête populaire, sont nombreux, espaces créés à la dimension humaine qui permettent à l'homme de retrouver la sérénité de son propre équilibre.

* * *

Le paysage champêtre s'est radicalement transformé. Les misérables petits champs de seigle et de légumes, les vergers, les grandes étendues de vigne, les petites oliveraies que les histoires nous avaient transmises, ont disparu. La maladie tout comme les greffes non faites font perdre aux châtaigniers leur beauté; mais cependant, aujourd'hui encore, lorsqu'arrive le mois de juin, la floraison des bourgeons trace sur les flancs de la montagne le parcours d'un labeur séculaire.

Les pâturages, parfois amputés par l'afforestation d'état, sont envahis par les ronces, les genèvriers et genêts. Le bois local, composé de bouleaux, hêtres, frênes, érables, chênes, aunes – légèrement tachetés de baies rouges de houx, sorbiers et tamariniers – redevient de plus en plus touffu et se repeuple non seulement d'une faune ancienne de chamois, cerfs, daims mais aussi d'une orde de sangliers, cette dernière incontenable et artificieuse. Le retour des loups et des ours, présents au siècle dernier, n'est peut-être pas si éloigné. Le nombre des troupeaux, de brebis et de chèvres, que l'on trouvait sur les hauteurs, est en grande diminution.

Peu à peu la nature sauvage regagne du terrain, là même où le site le plus écarté portait la marque évidente d'une présence humaine; au coeur du fourré, chaque feuille, chaque rameau sec, chaque fruit ou racine tout comme les bogues vides des châtaignes étaient ramassés afin de servir aux nécessités de l'homme et du bétail.

* * *

Tandis que l'on ressentait déjà l'abandon de la montagne, les anciennes migrations des métiers saisonniers – cause de progrès économique et de promotion culturelle – faisaient place à la fuite vers les régions transalpines et les Amériques; les révolutions des transports et de l'industrie, qui allaient favoriser les villages riverains, voyaient le jour.

La route Napoléon du Simplon, les cols du Gothard et du S. Bernardino améliorés, mais surtout le service régulier des bateaux à vapeur sur le lac, furent les éléments déterminants de l'évolution de l'économie vers des commerces intensifiés, le développement du tourisme naissant et l'implantation de l'industrie.

Dès la moitié du XIXe siècle, à Stresa, la promenade au bord du lac, s'enorgueillit d'hôtels monumentaux qui conservent encore leur prestige international; ensuite ce fut le tour de Belgirate, Baveno, Pallanza et Locarno où on peut déjà regretter l'abandon et la dégradation de quelques nobles édifices. Magadino, terminus du bateau à vapeur, eut une gloire hôtelière éphémère, plus tard ce fut Luino. Cannero, site très apprécié des Anglais, conserve l'atmosphère des séjours discrets et raffinés du XIXe siècle.

Chaque village au bord du lac se dota de ports et de points d'abordage pour permettre aux barques d'atteindre facilement les bateaux à moteur ancrés au large. On ne peut que déplorer la disparition de quelques unes des vieilles gares, la marquise de Intra, devenue un lieu de rencontres et de causeries agréables, subsiste tel un document historique.

Par contre l'organisation du réseau du littoral, routes, chemins de fer, et tout dernièrement autoroute, fut plus difficile. La construction des tunnels terminée, les ingénieurs ferroviaires surent apporter à leur « oeuvre d'art » une certaine dignité. A Sesto Calende, le grand pont métallique sur le Tessin, ayant une route au-dessus de la voie de chemin de fer, est, à cet égard, exemplaire; des gares, à la sobre majesté, comme celles de Arona et Luino sont plaisantes. La rapidité des navettes des bacs entre Intra et Baveno a permis d'échapper à la laideur d'un pont flottant, qui aurait irrémédiablement détruit l'unité du lac. Les routes et galeries, grandes murailles et barrières anti-éboulement n'ont pas eu la même chance. C'est avec bien des difficultés que l'on retrouve l'enchantement de la *Strada di Zenna* que Sereni utilisa comme titre de deux poignantes poèsies lyriques.

L'évolution de l'industrie a fait disparaître les modestes établissements d'une époque: moulins, pressoirs, pilons et foulons. Les fours à chaux furent les derniers à disparaître, laissant un héritage de « cathédrales au bord de l'eau », ainsi que les décrit une heureuse expression: donjons élevés au-dessus desquels se dressaient les falaises calcaires dont on tirait la matière première. La déchirure blanche de la roche de Caldé est désormais caractéristique du lac et l'on souhaiterait que ce cimetière de l'archéologie industrielle fusse sauvegardé comme témoignage du travail et des fatigues humaines.

Et finalement c'est la naissance des filatures et cotonneries, l'implantation d'établissements variés, heureusement cachés au fond des vallées. Il y eut bien quelques blessures, mais aujourd'hui c'est avec respect et tendresse qu'il nous faut contempler ces vieilles cheminées abandonnées; elles représentent le noyau central d'où, après mille difficultés, commença pour tous la prospérité à laquelle nous ne saurions renoncer et qui ne doit pas être méprisée si toutefois, nous ne la confondons pas avec le progrès.

Les années soixante ont vu le pire. Aujourd'hui nous sourions à la lecture du dédain manifesté par Ada Negri, au début du siècle, contre la prolifération des « pavillons prétentieux », fort éloignés de la pure simplicité qui, autrefois, distinguait aussi bien le palais que la masure. La douce institutrice alla même jusqu'à souhaiter le dynamitage de ces monstres de mauvais goût. De nos jours, grâce à l'encadrement des jardins qui les entourent nous les voyons d'un autre oeil et nous souhaiterions même les voir jouir d'une plus grande protection.

La prolifération des « résidences secondaires » provoquée par les milanais et les gens du Nord à la recherche de vacances ensoleillées, a produit des blessures qui se cicatrisent bien difficilement. Au manque de respect pour l'environnement naturel, à la vulgarité des établissements hors de prix sur les rives, correspond le déclin des souches anciennes, piégées par l'abandon que les résidents ont fait de leur identité culturelle, sans distinction aucune de classe ou de nationalité.

Nous sommes peut-être à l'aube de temps meilleurs. Les restrictions urbanistiques tardives ferment la porte à d'autres métastases; le reboisement panse les blessures et occulte les bubons. La réserve de beauté est encore immense et on peut en faire ici un inventaire incomplet grâce aux images de Carlo Pessina, prises avec la sensibilité de celui qui aime les Alpes et les Préalpes comme sa patrie, avec en plus l'expérience aguerrie du grand photographe. Invitation qui s'adresse à tous, afin d'aimer et de défendre ce lac comme cela arrive à qui en connaît les ressources historiques, culturelles, humaines tout comme son ineffable beauté.

Remontant du rivage la vue s'aère et l'horizon bleu des eaux se dilate et se détend, au-dessus c'est le poids de la masse verte des montagnes, couronnées ici et là d'un panache de neige alors que plus haut s'ouvre sans limite le bleu du ciel, strié par le passage des nuages, c'est alors que l'infini nous pénètre et fait vibrer le clavier du sentiment: se renouvelant sans cesse, nous sommes surpris par la joie des brises d'avril, l'ébriété folle des courses sur l'eau les matins d'été, la légère mélancolie de l'air vif de septembre, la douceur des brumes d'automne sur les monts recouverts de pourpre et d'or, la paix des après-midi ensoleillés d'hiver lorsque les flammes de l'horizon lointain nous renvoient à l'éternel. Car le lac c'est tout cela à la fois: liquide qui reflète la création divine et miroir de l'homme.

Regard sur l'environnement

A notre connaissance la première représentation cartographique du Lac Majeur est celle qu'en fit un humaniste dévoué à Ludovico il Moro, Domenico de Belli, originaire de Maccagno ce qui lui donna le surnom de «Macaneo». La carte fut unie à l'incunable, extrêmement rare aujourd'hui, qu'il fit tirer en 1490 sur la presse milanaise de Ultrico Scinzenzeler. La reproduction xylographique a une histoire fort curieuse. L'inciseur, probablement un débutant, omit de renverser le contours du lac de manière spéculaire, comme cela doit se faire avec la matrice; la même chose se produisit pour quelques légendes et un deuxième tirage améliora fort peu les choses. Malgré cette grossière erreur, si l'on regarde la carte dans un miroir, on découvre une image du Verbanais (et du Ceresio) beaucoup plus proche de la réalité que tout ce que les cartographes des XVIe et XVIIe siècles auraient pu faire.

J'aime à imaginer Macaneo sillonnant longuement les eaux des deux lacs, les bateliers ramant tandis que penché sur un goniomètre rudimentaire ou une boussole, il réunit par des triangles les points principaux des rives. On ne peut un seul instant penser que le dessin, tout spécialement le dessin tourmenté du lac de Lugano , provienne d'une simple impression visuelle. Lorsqu'il fallut relier les différents miroirs, il n'eut qu'à suivre péniblement les bergers qui remontaient les alpages pour atteindre les sommets, fatigue que l'on ne peut certes comparer à celle du cartographe actuel qui peut bénéficier d'avions, voire même d'hélicoptères.

Double récompense puisque poumons et vue s'enrichissent: le regard peut errer jusqu'aux lointaines brumes de la plaine du Po, et lorsque l'air est pur, certains experts affirment que l'on peut même apercevoir le scintillement d'or de la *Madunìna* milanaise ainsi que la coupole de Superga, puis le regard peut se tourner vers les miroirs lacustres plus ou moins importants qui se pressent autour du Majeur (en justifiant ainsi le nom) et enfin s'élever vers l'arc immense que forment les Alpes Maritimes, Cottiennes, Grées et Pennines d'un côté, Rhétiques de l'autre, couronne qui prend ses noms des mystérieux Lépontiens, du Monviso à l'Ortles et à l'Adamello.

C'est de l'enceinte des hauteurs qui l'enserrent que le lac puise forme et vie. Des deux éperons que le burin semble avoir creusés à Angera et à Arona, pour ouvrir un passage aux eaux, jusqu'aux premiers sommets imposants du Mottarone au-dessus de Stresa et du Sasso di Ferro et la *Biota* de Laveno. Sur la rive droite on peut noter les cônes isolés du Montorfano *(nomen omen...)*, du Mont Rose, et la chaîne ininterrompue de Pizzo d'Omo, Spalavera, Carza jusqu'aux 2187m du point culminant du Limidario (*mons limitaris* parmi diverses juridictions religieuses et civiques) et enfin la Trosa. De l'autre côté se succèdent le Mont Colonna, Pian Nave, les *Bedróni* (qui prend son nom de l'alignement des bouleaux qui s'y trouvent encore), Lema (autre *limes* parmi des diocèses et même aujourd'hui des nations différentes), Tamaro (qui avec ses 1962 m est le sommet le plus élevé de cette rive), et finalement Paglione.

Des cimes en aiguilles et des collines en mamelons, entre l'une et l'autre, des cols reliant les vallées en un discours ininterrompu, des terrasses au-dessus des précipices vertigineux, comme les belvédères de San Rocco près de Campagnano et de Pollino, près de Premeno, on peut apprécier la variété d'un paysage à la fois doux et dur, faible et fort, changeant et continu, sans jamais pouvoir l'appréhender.

La nature des sols – toits, tours, prés, bois, potagers, cultures (désormais disparues), terres stériles, paludes, roches, neiges – multiplie les effets au changement des saisons, de l'atmosphère et même de l'heure. L'élément essentiel est toujours l'eau, qui distribue les reflets, exalte les taches de couleur et les lueurs de lumière inattendues. On peut pardonner l'erreur de celui qui pense que le nom du Mont Rose provient de l'empourprement délicat de l'aube sur le massif qui veille solitaire, là-haut, très haut, mais c'est probablement au terme pré-latin *ròsia* signifiant les neiges éternelles (si toutefois l'effet serre le permet...) qu'il faut le rattacher.

Les innombrables gradations de rose, tout comme l'or fin du soleil filtrant au travers des nuages et l'argent des surfaces brillantes et lisses, brisent la densité du poème des verts et des bleus, sans oublier la suprématie des gris de l'automne quand nous parvient, étouffé par les brumes et le voile au-dessus de l'eau, le chant mélancolique d'une douce nymphe.

Si nous lisons le paysage verbanais sans aucun transport romantique, nous remarquons constamment la marque de la présence humaine, respectueuse de la domination de la nature-mère mais cherchant avec ténacité à l'atténuer et à l'adoucir: qu'il s'agisse de villages ou de clochers qui surgissent au détour de la première boucle du Tessin, d'étendues de prés entre les bois sauvages, de la chevelure ordonnée des parcs et jardins, «fugues de ponts et d'avenues», fourmillement de toits, de villes construites sur les gravillons des rivières, et même l'humble miroir du petit lac alpin asservi aux installations hydroélectriques...

Les archipels

L'île a toujours éveillé en l'homme une subtile fascination, métaphore de l'ailleurs et du différent, c'est la prison grande ouverte vers des libertés inimaginables. La dimension réduite des îles est un avantage certain. D'un seul coup d'oeil on les embrasse et en une heure seulement on peut en faire le tour si, toutefois, on ne se laisse pas attirer par les trésors que le temps y a accumulés. Autrefois leur utilité était plutôt tournée vers la guerre; des châteaux se dressaient comme sur l'Isola Madre et Isolino (appelé St. Jean Baptiste car les anciens manoirs avaient tous une église et souvent même un baptistère qui prenait son nom du Précurseur) et peut-être même sur l'Isola Bella. Tours et enceintes crénelées ont disparu de l'archipel Borromée; mais celles de la forteresse de Vitaliana, près de Cannero, bien qu'en ruines et abandonnées, s'élèvent menaçantes.

Ludovico Borromeo la construisit dans la deuxième décennie du XVIe siècle, à une époque troublée, où le pouvoir féodal était mis en discussion par les conquérants français. Les Suisses qui s'étaient emparés depuis peu du Locarnais et dont l'intention était d'aller plus loin, lui apportèrent leur soutien. Réconcilié avec le roi très chrétien, Ludovic résista ensuite victorieusement aux sièges des ducs et empereurs. Ses fils rentrèrent en grâce auprès de Charles V et Milan put compter sur ce bastion, gardien d'une fragile frontière. Les Helvètes, non encore aguerris aux pratiques bancaires, perdirent une partie de leurs crédits.

Un siècle plus tard on vit surgir sur les îlots un autre donjon, au nom inquiétant de Malpaga. Durant la crise du Duché, entre 1402 et 1414, après le décès de Giangaleazzo Visconti, les frères Mazzarditi, corsaires d'eau douce, jouèrent un rôle politique en s'alliant aux comasques Rusca. Grâce aux vols et aux abus, ils accumulèrent un important patrimoine, faisant de Cannobio un petit domaine, jusqu'à ce que le poing de fer de Filippo Maria les écrasa.

D'autres îles, comme les deux «Iselle», accueillirent et accueillent des villages de pêcheurs. La Supérieure (dont les restes du Xe siècle attestent l'ancienneté) est par antonomase appelée des Pêcheurs. Au XVIIe siècle, l'Inférieure, jusqu'alors partiellement occupée par un hameau rustique, subit une transformation révolutionnaire provoquée par le talent et la créativité de Carlo III et Vitaliano VI Borromeo.

En son temps Pellegrino Tibaldo avait déjà participé à la construction d'un palais sur l'Isola Madre, et tout autour s'étaient tissés des alignements d'agrumes et de plantes à fleurs et à fruits qui faisaient l'émerveillement de Morigia. Ecrivant un siècle plus tard, Vagliano ne fut pas obligé d'emprunter la prose du Jésuate pour célébrer l'Ile qu'on commençait déjà à nommer la Belle, il lui suffit d'utiliser ses propres impressions colorées comme le soleil d'un feu d'artifice.

Vitaliano VI y avait élevé un grand palais et un jardin qui devaient dépasser en beauté les demeures lombardes les plus prestigieuses. L'entreprise dura des siècles mais elle a donné naissance à un amalgame unique de nature, art et artifice. Vastes escaliers, salons grandioses, ouverts sur le lac, une galerie monumentale de tapisseries, collections de peintures et sculptures font de ce palais un des musées les plus visités d'Italie, où grottes et grottesques accompagnent la merveilleuse construction du jardin. Apportée talus après talus, la terre des terrasses en pentes, est couronnée par une arabesque de parterres et sur fond de roches d'une chevauchée de statues, au sommet desquelles trône la licorne, insigne parmi d'autres des Borromeo: «théâtre» dans lequel on récita, les vers de Carlo Maria Maggi, et où retentit l'harmonie mélodieuse de musiques baroques.

Le visiteur pressé néglige, à tort, l'Isola Madre. Le jardin refait à l'anglaise, offre un extraordinaire échantillonnage de plantes rares; à l'intérieur du palais, le visiteur respire l'air d'une aristocratie passée, tout en se promenant parmi des décorations précieuses et des reliques (dont «le petit théâtre de marionnettes» de l'Isola Bella) sous le regard discret des mannequins imperturbables, en livrées de la maison, prêts à vous ouvrir la porte ou à vous tendre un plat.

Retournons au Nord. Devant Ronco d'Ascona deux langues de terre verdoient. Les îles de Brissago, d'où ont disparu les petites églises du haut moyen-âge , disparu aussi l'ermitage des Umiliati, tout comme les lapins qui y proliféraient au XVe siècle, sont essentiellement liées au souvenir de la «baronne» St. Léger, dame d'origine russe, à la vie aventureuse, aux nombreux mariages et aux amitiés extraordinaires (Liszt, Joyce, Segantini, Grubicy...). Mécène d'artistes verbanais comme Ranzoni qui l'immortalisa par une toile célèbre et qu'une incapacité totale à gérer ses affaires conduisit à mourir seule dans l'indigence. Cependant elle avait établi les bases du jardin botanique qui aujourd'hui est sous protection confédérale et dont les floraisons exotiques favorisent la contemplation émerveillée et sereine des eaux.

L'oléa parfumée des jardins

Déja l'oléa parfumée des jardins / d'amertume nous blesse... Les vers de Vittorio Sereni évoquent le charme bourgeois du jardin bien entretenu entourant les demeures qui se multiplièrent autour des villages et que la prédominance des tons sombres fit ressortir sur l'étendue verte des bois et des prés. Une touche de délicatesse dans un paysage souvent dépouillé, tourné vers l'utile et où chaque escarpement est mis à profit pour culture, vigne, bois ou pâture.

La douceur du climat avait déjà favorisé le développement des oliveraies, signalées à Massino et sur l'Isola Madre durant le haut moyen-âge; autour de Cannero et de Colmegna on trouve encore de beaux oliviers à la majesté séculaire, même si les mauvaises herbes tentent de les étouffer. Puis ce fut le tour des plantations de citronniers et d'orangers; des citronniers sauvages survivent le long du mur ensoleillé entre les châteaux de Cannero. C'est du Japon qu'arrivèrent les plantes à fleurs: azalées (citons encore Sereni: *Maturité éclatante des couleurs / vous fûtes la grâce de l'air / dans la lumière du printemps...*), rhododendrons, camélias qui trouvèrent dans le microclimat du lac, le milieu idéal: terrains adaptés aux végétaux acidophiles, climat tempéré et pluvosité correcte.

Une vaste famille d'amateurs et de jardiniers se consacrent à la culture du camélia, cette fleur pouvant générer d'innombrables variétés aux possibilités de formes et de couleurs inépuisables. Depuis plusieurs années, en mai, se succèdent les Fêtes du Camélia et les floriculteurs verbanais – composante non négligeable de l'économie agreste, telle que l'exige notre époque – offrent un échantillon de produits qui ont bien peu de rivaux dans le monde.

Deux styles de jardin se disputent l'admiration. Le jardin à l'italienne, en l'occurence celui de l'Isola Bella est exemplaire; mais des parcs plus récents comme celui de la villa San Remigio et de la villa Taranto possèdent des zones de ce genre, idéales pour y placer des miroirs d'eau et alterner en formes géométriques, différentes floraisons dont les couleurs varient selon les saisons.

Depuis le XIXe siècle c'est le goût *anglais* qui domine avec la réélaboration du milieu, volonté de reconstruire en un naturel savant la trame des allées en une volubilité mobile, sans jamais superposer des formes géométriques abstraites aux massifs d'arbres et aux haies fleuries. Mais il est alors nécessaire de le programmer longtemps à l'avance pour que les arbres de haut fût, que l'on veut mettre en évidence, puissent acquérir la majesté espérée.

C'est dans cet esprit que furent créés les parcs de l'Isola Madre, de la villa Taranto à Pallanza, de la villa Pallavicino à Stresa, ou même encore pour élargir notre point de vue à la « rive maigre » la villa Crivelli à Luino; nous avons déjà mentionné les îles St. Léger. Ces parcs ne sont pas le fruit de l'improvisation mais ceux qui les créèrent, surent se donner de solides connaissances botaniques et respecter les rythmes très lents de la préparation. Le jardin devait être programmé des décennies avant la construction de la villa, on sélectionnait avec minutie graines, boutures et marcottes, et les recherches se poursuivaient à l'étranger au cours des grandes expositions (le patriarche des jardiniers verbanais Rovelli s'illustra à celle de Vienne). Pour le jardin plus petit mais néanmoins bien entretenu à la pointe de Lavello de Bedero Valtravaglia, on eut recours à un ami de la maison, Giuseppe Ferrari, philosophe et député radical, qui avait conservé des rapports constants avec Paris. Quelques unes des hybrides qu'il avait importées vivent encore plus que centenaires.

Aveuglés d'images luxuriantes nous ne devons point pour autant oublier le jardin spontané que représente le bois. On pouvait remarquer un ordre dans la distribution des noyers, isolés dans les prés, car on pensait que leur ombre était nuisible même s'ils apportaient nourriture et lumière, bien que l'utilisation de l'huile pour les illuminations ecclésiastiques ait été interdite à cause de la fumée qu'elle dégageait. Si livré à lui-même, le bois est devenu inextricable (c'est avec étonnement que l'on voit sur des photos du XIXe siècle des portions de rives terrassées et nues parce que cultivées en vigne ou champ, alors qu'aujourd'hui elles sont recouvertes d'une selve désordonnée) il n'est cependant pas privé de voix.

Nous avons déjà parlé des châtaigniers. L'oeil exercé reconnaît de temps à autre d'autres floraisons, en avril le blanc des cerisiers sauvages qui se sont multipliés démesurément, les oiseaux en transportant partout les noyaux (autrefois on en réduisait l'expansion, jugée de peu d'utilité). En mai c'est le tour des robiniers, méprisés des jardiniers (quand on pense que Robin, jardinier des rois de France, les avait importés d'Amérique comme une grande nouveauté) mais appréciés des apiculteurs et prompts à raffermir les pentes abruptes et à cicatriser les plaies de l'homme. En juin le long des rives, c'est le mauve des oasis de paulownias dont la graine s'infiltre jusque dans les anfractuosités de l'asphalte et des murs. Plus haut c'est la consolation des futaies de bouleaux et de hêtres; ce dernier, solennel et détaché, tel un monument à la matrice des arbres de cette terre, est bien le roi incontesté de la montagne.

Présence du sacré

Les terres du verbanais ne se dissocient pas de la réalité européenne, où la pensée chrétienne se remarque par la superposition de nombreux signes, rappel constant d'une foi commune. Les églises sont, de toute évidence, la principale référence du milieu ambiant; et ce n'est pas un hasard, si, lorsque nous voulons exprimer la réalité d'un pays, c'est grâce à son « clocher » que nous pouvons le situer.

Les temples les plus anciens furent construits en dehors des lieux habités, souvent en hauteur et dans un site sûr, l'isolement permettant d'assurer la tranquillité des sépulcres. Peur des morts ou plus simplement souci d'hygiène: même si on n'hésitait pas à bavarder dans le cimetière, à y étaler les grains pour les sécher et même à y planter la vigne. Les murs d'enceinte étaient fort peu entretenus et les animaux picoraient librement parmi les tombes.

Mais on préférait les sépultures sous le sol de l'église. Lorsque ces chambres souterraines étaient pleines, on recueillait les restes dans des ossuaires: crânes et tibias disposés en filigrane servaient au jeu dans l'intention d'éveiller une saine résipiscence pour le destin de l'âme. Parfois les femmes s'y réunissaient pour les lamentations périodiques, ces plaintes rituelles bruyantes devaient tranquilliser les morts afin qu'ils ne reviennent pas déranger la maison des vivants.

Des modestes églises romanes, nefs de pierre ancrées parmi les monts, on passa à des thèmes plus complexes. Une sorte de timidité innée empêcha la décoration toujours plus riche de s'étendre sur les espaces internes. Les Beretta de Brissago, qui avaient travaillé en ville, probablement en Ombrie dans les mecques de la Renaissance, restèrent fidèles à la pierre des ancêtres et réussirent à élever de lourdes masses, perçant les tours-lanternes de la Madonna di Campagna à Pallanza et de la Madonna di Campagna du Pont à Brissago. Ce fut ensuite la prédominance des plâtres et des stucs, l'invention des espaces à plan central, le couronnement des églises par des coupoles (comme dans le cas à Intra de la coupole elliptique de S. Vittore). De grandes voûtes permirent les fresques comme à la Madonna de Campagna que nous avons déjà mentionnée.

Il est assez paradoxal de constater que ce ne fut pas essentiellement le moyen âge crédule qui alimenta la renommée miraculeuse des sanctuaires. Les grands objectifs de piété furent réalisés au XVIIe siècle. Le Lac Majeur, probablement à cause d'une certaine réserve naturelle, n'eut pas de «sacro monte» car les tentatives faites à Locarno, à Ghiffa ainsi qu'à Arona ne furent jamais achevées. Les évêques de la Contre-Réforme ne perdirent aucune occasion pour consolider les dévotions locales, en égide au développement des hérésies. Il y avait eu le dangereux précédent de Locarno où le luthéranisme avait fait des prosélytes parmi la noblesse et qui fut brisé, non pas par l'Inquisition, mais par les gouverneurs des cantons catholiques.

Ici et là, des Vierges sur les murs se mirent à pleurer; les blessures provoquées par les profaneurs sur les images sacrées versèrent du sang; une côte se détacha de la fresque de la Pietà à Cannobio; le scapulaire de la Vierge du Carmel de Luino arrêta les balles d'arquebuses... Ces déclarations des témoins étaient enregistrées par des notaires scrupuleux; nous nous arrêterons au seuil du mystère, nous limitant à observer que pour l'historien de la société ce qui importe, ce n'est pas tant la réalité matérielle d'un évènement prodigieux, mais plutôt la croyance diffuse qui alimente les élans aussi bien que les fanatismes collectifs. L'incrédule, lui-même, ne peut s'empêcher de ressentir un frisson quand à Cannobio, durant la célébration du miracle de la côte sacrée, des nuages d'encens enveloppent le reliquaire qui s'élève lentement tandis que choeurs et orgues retentissent solennels.

Nul ne peut nier que la grande consolation apportée par la foi, adoucit l'insoutenable dureté du quotidien, que peurs anciennes ou nouvelles troublent continuellement. Lorsque le sable roux du Sahara, apporté par le vent, se déposa sur les neiges ou ... sur les feuilles rugueuses des choux, rappelant les pluies de sang bibliques, on craignit la malédiction céleste. On invoqua la résurrection momentanée de l'enfant mort à la naissance, afin de pouvoir être baptisé et s'assurer ainsi le paradis.

L'homme de la montagne pensait – ou croyait – pouvoir compter sur l'aide de la mère céleste, d'une légion de saints ayant chacun sa virtualité. Les bergers s'adressaient à saint «Luguzzone», sans véritablement savoir qui était ce Lucius, mais lui confiant un énorme travail de protection des hommes et des bêtes. Pour échapper aux épidémies, on invoquait saint Roch et saint Sébastien, les tailleurs de pierres, eux, vénéraient sainte Lucie pour qu'elle protège leurs yeux des éclats.

C'est la raison pour laquelle, des chapelles, devant lesquelles on pouvait s'arrêter ou se protéger sur les parcours des travaux ou dans le transport des morts, ponctuaient tous les sentiers de la montagne, et que chaque angle du village se prévalait d'un tabernacle ou d'une naïve fresque votive. Et dans le grand silence du soir, lorsque retentissait l'Ave Maria qui terminait une journée de labeur, tout un chacun, comme «Dante e Aroldo», s'inclinait en une prière muette.

Par eau, par terre, par câble

Pendant des siècles la voie d'eau fut le principal noeud des liaisons économiques, culturelles et humaines dans la région de Verbania. Les pélerins de Campagnano Veddasca, en route pour le Sacro Monte de Varese, préfèraient prendre, entre Maccagno et Luino, le bateau plutôt que la voie de terre (mal leur en pris puisqu'à la fin du XVIe siècle quarante d'entre eux périrent dans un naufrage). Les routes du littoral n'ont pas plus d'un siècle; au tout début du XXe siècle, il n'y avait entre Maccagno et Luino qu'un sentier départemental, certes, mais d'une largeur de un mètre cinquante! A l'époque napoléonienne la route du Simplon unissait Arona à Feriolo mais par contre la «nationale» entre Intra et la frontière, elle, naquit peu à peu au siècle dernier dans les années '60, la voie le long du littoral entre Luino et Laveno ne fut achevée que dans le courant des années '20 de notre siècle.

Les grosses barques à fond plat, à la voile carrée et au double aviron de l'arrière pour barre, transportaient des quantités de marchandises. Le Lac se terminait à Milan depuis le XIIe siècle, époque à laquelle le Naviglio avait été ouvert. C'est cette voie que suivirent, depuis Candoglia, toutes les pierres du Dome. Les barques «nobles» étaient légèrement plus ornées, un minuscule auvent protégeait du soleil et de la pluie. Accompagnées des tirs de mortiers et des salves d'arquebuse, elles transportaient les époux d'importance ainsi que les prélats milanais en visite pastorale; elles accompagnaient Charles Borromée en son ultime voyage. Lui qui avait toujours exigé des parcours rapides, il s'en revenait de Ascona par petites étapes, les os enfiévrés, dans l'humidité froide de novembre. Et pourtant, il continuait à prêcher, incitant à la prière les *paroni*, gens durs, habituaient à refuser le passage aux prêtres parce qu'ils portaient malheur; et ce jour-là, effrayés, ils assistaient à l'agonie d'un saint.

Les bateaux de guerre ne manquèrent pas pour l'expédition des gens de Cannobio contre les Torriani en 1277, afin de soutenir Ottone Visconti, la bataille de Germignaga s'ensuivit, les «ganzerre» grosses barques qui pouvaient transporter 500 hommes en armes, furent utilisées par Luchino Visconti au siège de Locarno en 1340; quelques siècles plus tard, les Autrichiens, équipèrent une petite flotille de canons, flottille qui finit sa carrière avec le bombardement de la rive piémontaise. Durant l'éphemère rèpublique de l'Ossola, plus d'un bateau utilisé pour le transport de miliciens subi des attaques d'avions anglo-américains.

Lorsque le Canton du Tessin et le Piémont favorisèrent la nouvelle route du S. Bernardino, il sembla normal de prolonger la liaison avec l'Europe du Nord grâce aux cours d'eau. Près de Locarno, en 1826, fut lancé le *Verbano*, sa figure de proue était ornée d'un dieu éponyme imaginaire. Les gens furent frappés de stupeur lorsqu'ils le virent se déplacer non plus grâce aux voiles mais grâce au feu d'une machine à vapeur, construite dans les ateliers anglais de Watt, et déjà utilisée sans succès pour la liaison Milan-Venise.

Malgré les guerres et les crises économiques, la navigation a continué jusqu'à nos jours. La flotte devint de plus en plus importante et aujourd'hui elle s'enorgueillit d'hydrofoils modernes – et tout dernièrement – des nouveaux catamarans. Les voies lacustres ont peu à peu renforcé leur vocation touristique; cependant, entre Intra et Laveno le bac (spécialement conçu à cet effet depuis 1933) transporte un traffic lourd et assume la fonction très utile d'intégrateur économique entre les deux rives.

L'arrivée des chemins de fer a provoqué une seconde révolution dans les transports. Dès 1855, Arona en était dotée ce qui constitua une tête de pont irremplaçable pour la navigation. Le novarais fut relié par la ligne du Gothard, ce qui permit à des courants de circulation surtout touristiques de se déverser sur les lieux de séjour. Princes et régnants passaient par Luino tout comme les feld maréchaux, ainsi que les nobles chinoises qui n'hésitaient pas à montrer leurs pieds minuscules au peuple étonné et curieux. On avait longtemps discuté de l'opportunité de développer la ligne ferroviaire sur la rive gauche (Oleggio-Laveno-Pino) ou au contraire d'utiliser la rive droite; mais rapidement les divergences trouvaient une solution qui consistait à étendre le réseau ferroviaire.

Ainsi les lignes Le Nord unirent Laveno à Varese et Milan. La construction du tunnel du Simplon sortit la rive piémontaise de son isolement, tout au moins en ce qui concernait la partie méridionale. Des lignes secondaires se ramifièrent entre Verbania et les lacs mineurs; on allait de Stresa à Luino, et on poursuivait par un petit train jusqu'à Ponte Tresa; une fois réembarqué pour Porlezza on reprenait le train pour Menaggio pour rejoindre finalement les accostages du Lario. Pour atteindre les sommets (Premeno, Mottarone) il y eut rapidement les petits trains de montagne (Premeno) parfois à crémaillère et ensuite des funiculaires (Mottarone, Cardada). Des télésièges emportaient les visiteurs jusqu'aux balcons panoramiques les plus suggestifs.

L'importance variable des noeuds de communication, puis l'adoption des autobus, ont causé la décadence de certaines lignes ferroviaires et la disparition des moins importantes. Aujourd'hui on ne compte plus les autocars de touristes et les camions qui encombrent les routes. L'autoroute de Arona à Gravellona Toce redonne aux promenades le long du lac, la paix qu'elles dégageaient au XIXe siècle, parmi le doux murmure des feuilles et le calme clapotis de l'onde.

Jours de labeur, heures de loisirs

La grande étendue d'eau, qui reliait une rive à l'autre, pleine de bateaux de transport tout comme de bacs, qui assuraient le va et vient des personnes, ne fut jamais étrangère à la minutieuse trame du travail. Le coeur du lac fournissait une pêche abondante, les eaux courantes alimentaient des manufactures (myriades de moulins, pressoirs, foulons de tissu et papier, tricots) qui souvent se trouvaient près de la rive. Aujourd'hui, ceux qui se fatiguent sur l'onde sont bien peu nombreux; par contre, la plupart des amateurs y recherche les divertissements.

Peu d'adeptes pratiquaient la pêche, préférant les miroirs tranquilles des eaux douces, les «piscines», où on ne pouvait craindre les tempêtes imprévues. Il fallait tenir compte de celui qui détenait le «droit régalien», droit réservé au roi et qui partant de lui était transmis de concession en concession, la dernière par une adjudication au plus offrant. L'organisation économique devait donc être avisée et bien vite les pêcheurs des Iselle s'y révélèrent fort habiles. Les fraudes ne manquaient certes pas. Un vieil expédient consistait à jeter de la chaux vive dans les ports, provoquant ainsi la mort de tous les poissons. Les statuts des communes riveraines sagement interdirent cette pratique de vol.

Le lac s'animait plutôt grâce au flottage du bois, allant des forêts aux villes. On s'inspirait des inondations qui déposaient sur des rives lointaines le bois arraché par les torrents en crue. Les billes de bois étaient tout d'abord dirigés vers le bas, le long de glissières taillées dans le bois, les *ciovende*. Le transport s'effectuait dans les torrents des montagnes; on remédiait au manque d'eau par des flux imprévus, provoqués par l'effondrement d'une digue artificielle. Sur le lac on liait les troncs entre eux pour former de grands radeaux, qui étaient confiés au courant et au vent lorqu'on y dressait arbres et voiles provisoires.

Le travail des peaux et tissus occupait le premier rang dans l'activité des manufactures. Les troupeaux des alpages offraient la matière première, on y ajoutait chanvre et lin et, à partir du

XVIIIe siècle, la soie. A Cannobio, celui de la laine était déjà florissant au XIIe siècle et au XIIIe s'y ajouta le tannage des peaux qui se faisait à l'aide de bains tanniques à base de sciure de sapin (et d'infusion de crottes de chien...) et c'est à cette cause que l'on attribua l'épidémie mortelle du XVIIe siècle. Les mêmes difficultés se rencontrèrent à Intra un siècle plus tard avec une pollution provoquée par les célèbres «blanchiments»; l'eau de torrent à laquelle on ajoutait des mélanges variés donnait au tissu une blancheur exceptionnelle que les dames et ménagères enviaient.

Les «participations d'état» ne datent pas d'aujourd'hui, déjà au XVIIe siècle, une fabrique d'arquebuses de Intra jouissait d'une protection publique, tout comme la vitrerie de Porto Valtravaglia, monopole impérial à la fin du XVIIIe siècle. Cette dernière vécut de son travail pratiquement pendant deux siècles, ayant même engagé des souffleurs alsaciens, elle fut promotrice d'autres industries, tout d'abord, vitrières (à Intra) puis de céramiques (à Laveno et à l'intérieur du pays). Ce fut ensuite la révolution industrielle. Dès le début du XIXe siècle, des entrepreneurs transalpins donnèrent vie à la grande période des filatures de coton et des soieries; les fabriques de chapeaux doivent leur succès au génie local. Lorsque le moment des hydravions fut venu, de grandes industries aéronautiques virent le jour au bord du lac.

Néanmoins, poussée non seulement par le besoin mais aussi par l'envie de découvrir de nouveaux horizons, une grande partie de la population masculine s'engageait sur les routes de l'émigration. Les métiers que ces hommes pouvaient exercer étaient humbles: porteurs (unis à Milan dans la *badìa di fachìtt du lac Maiò*, qui, au XVIIe siècle, était sous protection du feudataire de Frino, le marquis Morigia), vendeurs des quatre-saisons, mitrons, ramoneurs, rémouleurs, réparateurs de parapluie, mais surtout *maìster*, maîtres-maçons et tout ce qui concernait le monde du bâtiment, fumistes et peintres voire même cuisiniers et aubergistes.

Parmi eux quelques uns réussirent: non seulement ceux qui avaient étudié, comme Pietro Martire d'Angera (né à Arona) qui, conseiller influent de la reine Isabelle, baptisa la grande découverte de Christophe Colomb du terme «nouveau monde»; Giorgio Andreoli devint un céramiste renommé de Intra à Gubbio; Bartolomeo Scappi de Dumenza, fut cuisinier des papes et auteur de traités de cuisine; nous avons déjà cité les noms de Luini et de Serodine. Les Bolongaro de Stresa, inventant de nouveaux mélanges de tabac (à priser), se firent un nom en Allemagne et en Hollande; le Caronesi de Veddo fut un architecte néo-classique célèbre à Turin, et ce ne sont là que quelques exemples. Nombreux furent ceux qui devinrent de grands entrepreneurs en travaux publics, assumant des contrats en Europe, comme Caramora de Intra qui construisit des lignes de chemins de fer en Autriche-Hongrie. Des fabricants de parapluies développèrent leur industrie en Italie et dans le monde entier.

Aujourd'hui ce sont les bateaux de plaisance aux voiles multicolores qui sillonnent les eaux; Vittorio Sereni, revenant à Luino, estima ces voiles bien plus nombreuses que les barques d'antan, ressentant leur «blanc poème compact» comme un trou ouvert en plein coeur. Bien que notre époque extravertie préfère les moteurs, il n'en reste pas moins vrai que la voile représente aujourd'hui encore l'«image tendue» du rêve.

A la découverte des vallées

On ne peut concevoir la réalité historique, économique et humaine du lac sans considérer son lien avec les vallées qui l'entourent; tout comme l'étendue d'eau puise ses ressources des torrents qui y confluent, société et coutume sont et ont été influencées par l'arrière-pays. Aujourd'hui, notre recherche de pureté nous permet de redécouvrir ses paysages incontaminés, et l'excursionniste dont le but n'est pas seulement de ramasser des champignons, y trouvera d'innombrables destinations toutes différentes. Ces vallées lui offriront en plus le témoignage d'un riche passé.

C'est très probablement autour de l'an Mil que les centres alpestres connurent leur plus grande prospérité; vastes pâturages, les alpages amplifiés par la raréfaction naturelle de la végétation ou par l'abattage systématique des bois, offraient des pâtures aux grands troupeaux des monastères importants, ou des puissants vassaux royaux. Par la suite dans la plaine, l'irrigation des prés ainsi que l'arrosage des marcites eurent pour conséquence la diminution de la transhumance.

Le troupeau se réduisit à quelques grosses têtes par famille et à un nombre plus important de chèvres et de brebis même si la coutume du cheptel n'était pas rare. La ressource sylvestre quant à elle avait été appauvrie par les coupes excessives et se trouvait réduite à produire du charbon. Cependant on ne négligea jamais la culture soigneuse du châtaignier dont on utilisait sciure et copeaux. Quelques vallées, elles, s'enrichirent grâce au transport exclusif au-delà des Alpes; on s'ingégnia à produire du fromage dur qui pouvait être vendu au loin. Mais la poussée de l'émigration, préconisée depuis le haut moyen-âge par une élite de charpentiers et de maîtres-maçons, fut inévitable.

Le caractère de cette population – non pas bergers et bûcherons grossiers – avait été alimenté de diverses nourritures. Dans les villages éloignés de la rive lombarde, dès les XVe et XVIe siècles, revenaient les maîtres (*maister* magister, en latin) qui avaient, fort probablement, travaillé avec Francesco di Giorgio Martini et effectué le crépi pour le Perugino. Ils parlaient de pierres, rosées et aisées à travailler, différentes de leurs pierres grises et dures, de lieux où d'harmonieux ajours donnaient aux palais, églises et fontaines un aspect souriant. Les enfants, qui allaient devoir les suivre l'année suivante, les écoutaient, yeux écarquillés, sachant qu'il leur faudrait stipuler un contrat *ad artem* (les mères au foyer redoutaient les dangers, le piège de la peste du siècle, le «mal français»). Leurs camarades sur l'autre rive, pouvaient eux, être vendus à des ramoneurs sans scrupules qu'ils allaient devoir suivre, Dieu seul sait où, jusqu'au moment où tirant expérience des toits et gouttières ils allaient pouvoir affronter des travaux plus nobles, quelques uns n'allèrent-ils pas jusqu'à Paris recouvrirent de zinc le toit de Nôtre-Dame!

Les femmes demeuraient seules une grande partie de l'année, liées au cycle des maternités hivernales, mais titulaires d'une sorte de matriarcat qui, tout en leur donnant une plus grande autonomie, exigeait d'elles la prise en charge de durs travaux, le transport de lourds chargements de foin, charbon et nourriture, le long de sentiers escarpés; mais aussi de pierres et de mortier lorsqu'il fallait réparer la maison ou l'église.

Celui qui avait fait fortune à l'étranger, voulait témoigner de sa réussite, et cet orgueil naïf le poussait à aider ses compatriotes et à doter généreusement son église pour qu'elle dépassât en beauté et en dimension celles des villages voisins. Les factions des alpages, les querelles pour les maigres ressources nécessaires à la survie et la corporation fermée des émigrés éveillaient de féroces rivalités entre villages, tout comme l'envie de se distinguer qui conduisait à modifier le dialecte au point de le rendre incompréhensible pour le voisin. C'est ainsi que s'élevèrent, au milieu de quelques maisons, des temples majestueux pour lesquels on recherchait le mieux, généralement on utilisait les compétences locales, mais on n'hésitait pas, au prix de sacrifices, à aller fort loin chercher ce mieux (pensons aux marbres polychromes des autels et des balustrades).

Ce monde nous a laissé en héritage une grande culture, conservée non pas à l'intérieur de livres et écritures, mais véritablement transmise grâce aux gestes précis, nécessaires à celui qui veut utiliser les outils de travail et modeler les matières les plus ingrates. Les habitants des montagnes n'ignoraient pas l'utilité de l'étude; à une époque où on ne parlait pas encore d'écoles publiques, ils engagèrent des instituteurs pour que l'émigrant apprît les rudiments indispensables à une vie en ville. Plus tard ils instituèrent des écoles de dessin, payées par la communauté et par les élèves; le maçon devait cintrer un mur, le plâtrier devait donner formes aux corniches. Cet apprentissage leur permettait aussi de voler le secret du savoir-faire du maître.

Ces pauvres, mais jamais miséreux, savaient façonner un mur à sec sans qu'une seule pierre ne dépassât. Aujourd'hui le maçon prétentieux ne sait pas frapper la pierre pour la placer à l'endroit juste sans affectation; comme il ne tente même plus de recouvrir les toits du tapis hirsute des lauzes. Les ancêtres, eux, surent modifier le milieu de manière créative sans jamais l'écraser. Du lac on ne peut apercevoir Carmine, petit noyau de maisons près de Cannobio, qui, tel un coquet ornement, couronne le contrefort rocheux. Plus bas une éruption de petites maisons blanches a grêlé tout le versant sans toutefois pouvoir accueillir le même nombre de résidents.

I

I/1 – Là où le Tessin redevenant rivière reprend son cours vers le Po. Le mont Rose se révèle dans toute sa majesté, Dieu caché veillant sur le Verbano ne laissant entrevoir que quelques images fugitives.

I/2 – Respiration irrégulière de l'onde: parfois écume joyeuse, elle peut être une menace pour le navigateur imprudent. Sur le fond, Baveno il y a quelques années.

I/3 – L'aube enveloppée de brumes ne retire pas la patine d'or ancien sur la cape royale du golfe Borromée qui a pour broche l'Isola Madre.

I/4-5-6 – Ramification occidentale vers Mergozzo. Un bras du lac s'est trouvé séparé du bassin principal par les gravillons transportés, au cours des siècles, par le Toce, la *Tosa* comme on l'appelle localement (on préfère ici considérer l'aspect féminin des rivières: la *fiümm*, la *Maggia*, la *Tresa*, la *Margorabbia*...). Le Fondotoce s'étend tel un long tissu de prés, fourrés et roseaux. La vue n.4 est prise du mont Faié, ancienne hêtraie comme son nom l'indique. Au centre le cône du Montorfano, masse importante de *miaròlo*, granit blanc fort apprécié avec lequel au XIXe siècle furent exécutées les colonnes de la nouvelle St. Paul hors les murs de Rome.

I/7 – Brumes rosées qui dissimulent l'Isola Madre, annonçant l'orage.

I/8 – Au-dessus du Pizzo d'Omo: les lacs resplendissent comme des plaques de métal brillant.

I/9 – La lumière pourpre du couchant se reflète sur l'onde, posés à fleur d'eau deux joyaux: l'Isola dei Pescatori et l'Isola Bella.

I/10 – Le soir tombant isole des masses de couleurs: le mont Rosso, le profil de Intra et la dernière lueur sur le lac.

I/11 – Depuis la rive orientale, Cannobio se perd dans l'opacité du crépuscule donnant au lac sa dernière opalescence.

I/12 – En plein après-midi les nuages colorent le lac des ombres du soir. Au premier plan, Miazzina qui se fond dans cette ombre: vision qu'aurait aimée le peintre Grubicy de Dragon dont les tableaux dégagent des atmosphères semblables.

I/13-14-15 – Des flocons de nuages, dont le silence est seulement troublé par le bourdonnement de l'avion, laissent apercevoir des pans de paysage; au loin la couronne des Alpes domine l'ensemble; les limites de la neige séparent franchement les blancheurs hivernales des bigarrures colorées.

I/16-17 – Des cimes du Mottarone et du Morissolo des quantités mouvantes de vapeurs semblent indiquer le cours de l'eau vers le Tessin.

I/18-19 – Lorsque le lac disparaît sous un voile délicat, les îles éphémères, la crête du Sasso di Ferro et du Monte Nudo, au-dessus de Laveno, et la saillie isolée du Montorfano affleurent.

I/20-21 – L'embouchure du lac de Arona jusqu'au Tessin; à Sesto Calende, la rivière semble jouir des derniers instants de paix avant d'affronter les devoirs de l'activité lombarde et de distribuer généreusement l'eau au Naviglio et aux canaux d'irrigation.

I/22-23 – A l'autre extrêmité, au nord, le delta de la Maggia réserve un miroir d'eau écarté de Locarno et de Magadino. Sur la première vue Locarno est au fond; au premier plan, les restes des fortifications sur le Morissolo, une partie de la ligne de défense, de l'Ossola à la Valtellina, que le général Cadorna voulait faire construire en 1916-1917, pour arrêter une redoutable invasion allemande par la Suisse.

I/24 – Vue aérienne du bassin de Locarno; sur la rive lombarde, à gauche, les petits villages de Tronzano et Bassano. Au centre le «Bernocolo» «la bosse» du mont Borgna (sens dialectal du nom). A droite le lac Delic, petit lac alpin qui a vu son extension et sa profondeur augmentées par un double barrage artificiel. Le bassin sert de réservoir de compensation; le jour il alimente les turbines d'une énorme centrale hydroélectrique, cachée parmi les rochers, à Ronco Valgrande, entre Maccagno et Tronzano; la nuit l'eau est repompée vers le haut en utilisant l'énergie supplémentaire dont on dispose; le lendemain on recommence l'opération. De cette façon les pointes de consommation sont avantageusement compensées. Au fond la rive du Canton Tessin, de Ronco, au-dessus de Ascona, à Locarno.

I/25-26 – Le lac se perd dans le lointain pour laisser place aux modestes témoignages qui nous rappellent une existence passée où labeur et religion s'alternaient: le tronc creusé qui servait d'abreuvoir à l'alpage Cardada au-dessus de Locarno, la colonne porte-croix sur le parvis de Ste Agathe à Cannobio.

II

II/1 – Isola Bella: de l'avion on aperçoit l'admirable dessin du jardin. Dans une des deux tours qui enserrent l'escalier central, se trouvait la «noria» avec laquelle on remontait l'eau du lac pour les jeux d'eau et l'arrosage des plantes et fleurs.

II/2 – Isola dei Pescatori: le clocher de l'ancien S. Vittore (Xe siècle) à la flèche aiguë domine les maisons enveloppées dans l'ombre enflammée du crépuscule.

II/3 – Une autre vue de l'Isola Bella qui illustre mieux le rapport entre le petit village et le grand palais aux jardins dignes des Espérides. Au fond la côte de Fondotoce à la pointe de la Castagnola de Pallanza.

II/4-5-6 – L'archipel Borromée; en été le lac pullule d'embarcations qui vont et viennent entre Stresa et les îles.

II/7 – L'Isola dei Pescatori dans sa partie orientale; au premier plan la grande arcade enserre le défilé des maisons, autrefois on pouvait y voir les filets étendus en train de sécher.

II/8-9 – Cette fois c'est la partie occidentale de l'Isola dei Pescatori que nous admirons et à l'est, en fond rapproché, le Pedun et la Laurasca. Dans le profil dentelé du Pedun on peut reconnaître, comme ailleurs dans les Alpes, un des nombreux profils de Napoléon.

II/10-11 – L'Isola Bella tout d'abord photographiée depuis la rive avec les anciennes écuries Borromée, puis de la barque; ici c'est l'église de S. Vittore et S. Carlo, oeuvre de Francesco Castelli, que nous reconnaissons et, à droite, l'hôtel del Delfino, rendu célèbre par le roman *Piccolo mondo antico.*

II/12-13 – Isola Bella: détails des jardins. Obélisques et statues s'intègrent dans une belle floraison de lauriers, coupée seulement de deux ifs taillés en cônes. Sur la plus haute balustrade une statue supporte *Humilitas coronata,* emblème des Borromée.

II/14 – La forteresse en ruines de Vitaliano, sur les petites îles de Cannero, «turris in undis edita...» ainsi que le proclame la dédicace. Le toit du donjon central ayant croulé, il est maintenant couronné d'une épaisse végétation. Les deux môles qui, entre les deux îles, enfermaient le petit pont d'attache ont été submergés par le lac. A gauche, la grosse tour, dite «des prisons» regarde aujourd'hui avec bienveillance les baigneurs accostés à la plage rocheuse.

II/15 – L'île de S. Giovanni, ou bien Isolino, appartient aussi aux Borromée; la princesse Vittoria Colonna Caetani et Arturo Toscanini y séjournèrent au siècle dernier.

II/16 – Sur les îles de Brissago se trouve un précieux jardin botanique; au premier plan le village de Ronco au-dessus de Ascona; au fond dominés par le mont Paglione, le rivage du Gambarogno et les villages Guerra et Ranzo.

III

III/1 – La rutilante floraison de rhododendrons (et azalées) est désormais liée à l'image du lac.

III/2 – Stresa: villa Pallavicino. Entre la fontaine et le pavillon, recouvert de rosiers grimpants, s'alternent en combinaisons savantes diverses variétés de fleurs et arbustes (dalhias, bégonias, zinias, sauge *splendens, celosia plumosa, lantana camara*...).

III/3-4 – En mai sur les rives c'est l'épanouissement des azalées, aux couleurs variées, du blanc au rose, au vermeil et même pour une espèce rare le violet (au-dessus: villa Maria, aujourd'hui Branca, à Baveno.

III/5 – Verbania Pallanza: la terrasse néo-classique de la villa San Remigio, face au coeur du lac, évoque les atmosphères guindées d'une noblesse fin de siècle, des Della Valle de Casanova et des Brown qui l'édifièrent.

III/6 – Stresa à nouveau, villa Pallavicino: un tapis de *tagetes* prépare à la pause de la fontaine précédemment appréciée et du pavillon.

III/7 – Stresa, villa Ducale. Près des sombres cèdres du Liban s'ouvre le porche du XIXe de la demeure qui appartint à la duchesse de Gênes et qui aujourd'hui accueille le centre d'études rosminiennes, réunissant ainsi deux présences immatérielles: celle d'une aristocratie sobre et discrète et celle du grand penseur qui vécut et mourut à Stresa.

III/8-9 – Les rochers des montagnes, à l'instar des jardins, cachent des floraisons fascinantes; fidèle à son nom la saxifrage pénètre les anfractuosités rocheuses leur donnant une touche de délicate harmonie.

III/10 – Le jardin botanique Alpinia, près de Gignese, est destiné à la connaissance d'une flore alpine surprenante de par sa variété de formes et de couleurs; celui qui aime la montagne se doit de le visiter afin de récompenser une initiative publique, *rara avis*, qu'il faut louer sans aucune réserve (en plus on y jouit d'une vue exceptionnelle sur le golfe Borromeo, entre Verbania et Stresa, sur une portion de terrain vierge de toute exploitation immobilière).

III/11-12 – Tout jardin a la tentation d'évoquer des présences exotiques: celui de la Villa Taranto y réussit tout particulièrement, avec ses nymphéas et ses exemplaires rares de *victoria cruziana*.

III/13 – L'art attentif des jardins équilibre savamment les accords des couleurs; ici la pourpre des azalées est encadrée et atténuée par les sévères taches sombres des *chamaecyparis*.

III/14-15-16 – Verbania-Pallanza, villa Taranto. Le rideau rouge de la *salvia splendens* prépare aux différentes tonalités de vert de la pelouse et des pins, calycanthes et frênes. La villa aux agréables lignes francisantes se cache avec discrétion dans son parc. Une partie de jardin à l'italienne, dans la corniche générale «anglaise» ou plutôt «écossaise», étant donné la patrie de son créateur, nous conduit à l'entrée.

III/17 – Sur la rive inférieure des îles de Brissago, un mur d' arbres s'élève des eaux pour graduer, tout comme la haie léopardienne, le passage vers des lointains sublimes.

III/18 – Verbania-Pallanza: contemplant le lac, le porche du Kursaal, autrefois villa Branca, puis éphémère casino et maintenant centre de séminaires; dans le parc le buste de A. Toscanini, sculpté par Paul Troubetzkoy, admire l'Isolino.

III/19 – On ne peut comprendre la complexité de la conception du grand parc de la villa Taranto que par avion.

III/20 – Iles de Brissago: dans le jardin botanique confédéral le grand palmier phoenix domine azalées et cerisiers fleurs: parfums des tropiques et des suaves atmosphères japonaises se mélangent en une unité toute verbanaise.

III/21-22-23 – Une faune de prestige fut introduite dans de nombreux parcs: paons, faisans dorés, canards sauvages... Mais depuis un certain temps, les lois de la chasse plus clémentes ont permis le retour des oiseaux sauvages sur les rives; en dehors des mouettes et des risses *(sgaritt)*, les canards et les foulques ne sont pas rares; le cygne est désormais chez lui aussi bien sur les rives sauvages que dans les miroirs des ports.

III/24 – Luino possède la plus belle avenue d'arbres de haut fût du lac. La double rangée de platanes centenaires est attaquée par un champignon mortel, mais elle reste présente pour nous rappeler l'idée géniale d'une promenade au bord du lac, imaginée au XIXe, lorsque Luvino commençait à devenir ville (et pour l'occasion transformait son nom en Luino).

III/25 – Verbania-Pallanza: villa S. Remigio. Les serres de la glycine entourant un échalas de soutien donne vie à un arbuste de désert sidéral.

III/26 – La marqueterie polychrome des cinéraires; ces dernières années l'utilisation de cette fleur s'est développée aussi bien dans les jardins publics que dans les privés, avec des variétés qui autrefois n'étaient connues que par quelques parterres familiers.

IV

IV/1 – Le simulacre de Carlo Borromeo, saint du Verbanais par excellence, veille sur le lac. La grande statue fut construite en lames de cuivre sur une âme de treillis de fer (semblable à celle de la statue de la Liberté américaine). Souhaitée par son cousin le cardinal Federico, c'est Cerano qui en fit le dessin, mais l'idée d'édifier un mont commémoratif au grand archevêque n'eut pas vraiment de suite. Quelques unes des chapelles furent construites, puis détruites voire même abandonnées. A la fin du XVIIe, on commença la statue qui devait terminer l'itinéraire sur le mont, et qui aujourd'hui est un monument isolé à propos duquel les opinions diffèrent, d'une part, ceux qui en admirent la grandeur contenue, d'autre part, ceux qui y voient l'artifice d'un mauvais baroque.

IV/2 – L'église de St. Felino et de St. Gratiniano à Arona transmet le souvenir d'un célèbre monastère qui, fondé avant l'an Mil, détenait le pouvoir civil sur Arona et autres terres du lac. Il fut ensuite le siège d'un collège de Jésuites et c'est de cette époque que date le renversement théâtral de la façade qui domine la montée de l'ancienne place du marché.

IV/3-4 – Arona, collégiale de S. Maria Nascente: lunette en façade avec le beau bas-relief de la *Nativité* (fin du XVe) et détail du polyptyque du même nom, oeuvre célèbre de Gaudenzio Ferrari (1511).

IV/5 – Lesa, église S. Sebastiano (première moitié du XIIe): un des nombreux oratoires romans de la région; galets de torrent et pierres taillées s'unissent en une trame harmonieuse.

IV/6-7 – Belgirate, l'église «vieille» de la Purification de Marie; le clocher atteste les origines romanes du temple; à l'intérieur, la chapelle de la Crucifixion conserve dans sa voûte des fresques de la fin du XVIe dont le thème est la Passion.

IV/8-9 – Baveno possède une des églises baptismales les plus anciennes. Le baptistère octogonal sur la partie romane de l'église semblerait remonter au Ve siècle (ce serait donc l'édifice chrétien le plus ancien du lac). Le porche qui couvre le parvis et souligne la sobre unité de l'ensemble populaire est lui aussi remarquable.

IV/10 – Le Montorfano, probablement autrefois, a été le site d'un château, doté d'une église et d'un baptistère du haut moyen-âge, dont on a retrouvé les restes. On voit ici la tour-lanterne de l'actuelle église S.Giovanni Battista, datant du roman tardif.

IV/11 – Verbania-Pallanza: la Madonna di Campagna conserve encore le clocher roman de l'église primitive. Celui que nous voyons aujourd'hui fut commencé en 1511 et par la suite couronné par la magnifique tour-lanterne, attribuée à Giovanni Beretta.

IV/12-13 – Fresques et sculptures d'époque romane décorent la belle église de S. Remiggio, près de Pallanza, qui conserve dans son abside et sur les parois latérales les témoignages de ses origines, autour du XIe siècle.

IV/14 – Verbania-Pallanza, la Madonna di Campagna est entourée de riches fresques de la deuxième moitié du XVIe dans lesquelles on peut reconnaître les styles de Bernardino Lanino, Boniforte Oldoni et Aurelio Luini.

IV/15 – Verbania-Intra: le beau petit clocher de S. Marta remonte au XVIIe siècle, il témoigne d'une parfaite maîtrise du travail de la dure pierre de nos vallées.

IV/16 – Verbania-Intra: la coupole elliptique de S. Vittore, déjà projetée au XVIIe siècle (de nombreux projets se superposèrents: ceux de F. Cagnola, F. Pessina, G. Zanoia) mais achevée seulement au siècle suivant, domine les toits de Intra et, de loin en fait noter le profil. A côté, mais moins heureux, le clocher du XIXe des Aluvisetti-Camora (1841-1876).

IV/17 – Le cimetière de Vignone, au-dessus de Intra, est basé sur une «rotonde» géniale, consacrée à l'Addolorata, et dont les fresques de l'intérieur, ainsi que le *Chemin de Croix* du porche, furent peintes par Lorenzo Peretti de Vigezzo aux environs de 1813.

IV/18 – Jamais achevé, le «Sacro Monte» de la Trinità, au-dessus de Ghiffa, conserve malgré tout quelques chapelles, une belle église et de vastes arcades destinées à accueillir les pélerins. La vallée tributaire montre bien l'intérêt que les pauses sacrées ont dans les bois des montagnes, se souvenant du culte que l'humanité pré-historique portait aux bois, eaux, roches (S. Bartolomeo in Monte dans le Piaggio de Cannobio en est un autre exemple). Cette zone est aujourd'hui Parc Régional.

IV/19 – Ce splendide autel en bois dans l'église S. Materno à Orasso, dans la vallée de Cannobio, est un extraordinaire éclat d'or parmi les monts.

IV/20 – L'église du XVIe de S. Gottardo à Carmine et le parvis face au lac; le village est un remarquable exemple d'urbanisme montagnard.

IV/21 – L'église S. Ambrogio à Cannobio conserve le souvenir du couvent capucin que S. Carlo voulait créer dans le bourg.

IV/22 – Le sanctuaire de la Pietà à Cannobio, érigé pour commémorer le miracle de la «côte sacrée» (1522), conserve un précieux retable avec la *Crucifixion* de Gaudenzio Ferrari, dont nous reproduisons ici un détail.

IV/23 – L'église de la Madonna di Loreto, aujourd'hui plus connue sous le nom de S. Anna, domine le terrible torrent Cannobino qui, après avoir tourbillonné entre les roches du gouffre étroit, s'apaise en une baie spacieuse, destination des baigneurs et des pêcheurs.

IV/24 – Le centre de Cannobio se trouve autour du clocher (terminé au début du XIIIe) d'une architecture sobre et imposante. Derrière on voit le *Paràsi*, maison du peuple, lieu de justice et des assemblées communales, construit en 1295.

IV/25 – Giovanni Beretta a laissé à Brissago, sa patrie, le témoignage de son art dans la tour-lanterne de la Madonna del Ponte, jumelle de la Madonna di Campagna de Pallanza.

IV/26 – L'église paroissiale de Ascona conserve un retable de son grand peintre, Giovanni Serodine; ici, l'extraordinaire figure de san Carlo, en surplis lumineux, le visage en extase, tourné vers le *Couronnement de la Vierge*, 1633.

IV/27 – Le cloître du Collège Papio, fut projeté par Pellegrino Tibaldi, sur commande de Carlo Borromeo, exécuteur pontifical des volontés testamentaires de Bartolomeo Papio, originaire de Ascona, enrichi dans la Rome du XVIe. Le collège exerça une fonction essentiellement éducative et, au sens le plus large, culturelle.

IV/28 – Important clocher du tard roman de S. Quirico de Minusio.

IV/29 – Muralto: église de S. Vittore, vue de l'abside. L'insigne collégiale romane s'élève sur les ruines d'une précédente basilique paléochrétienne, et celle-ci sur le site d'une villa romaine. Toute la région de Locarno est riche en restes préhistoriques et romains parmi lesquels les magnifiques verres, conservés au château des Visconti.

IV/30-31 – Madonna del Sasso, au-dessus de Locarno, aujourd'hui encore siège d'un couvent capucin, était destinée à être le couronnement d'un «sacro monte», parmi les plus anciens qui aient été projetés mais jamais terminés. L'église conserve une *Deposizione* de Antonio Ciseri, peintre de la deuxième moitié du XIXe, célèbre aussi bien à Rome qu'à Florence, où sa famille se déplaçait depuis des générations, exerçant l'activité mineure d'encadreur.

IV/32 – Fosano de Vira Gambarogno: la Madonna del Latte, au regard étonné, peut servir d'exemple de l'attrait populaire que la fresque eut chez nous, particulièrement entre les XVe et XVIe siècles.

IV/33 – Luino, clocher de l'église S. Pietro *in campanea*, ancienne paroisse du bourg; probablement de 1075, exemplaire du long et difficile travail de la pierre.

IV/34 – Maccagno, église mariale *della Punta*, construite à la fin du XVIe, *ex voto* contre la peste, l'oratoire semble sortir du lac entouré de la sombre matrice de bois (jusqu'au siècle dernier, les rives terrassées étaient pleines de vignes).

IV/35-36 – L'art religieux contemporain est bien peu représenté sur le lac: à l'exception des vitraux que Carlo Rapp a illustrés, pour l'église de Mesenzana: dans le tourbillon des lumières et des couleurs, on peut reconnaître les allusions aux thèmes traditionnels de la Purification de Marie, à qui l'église est consacrée.

IV/37-38-39 – Valtravaglia, lieu écarté, conserve deux précieux témoignages romans: le petit oratoire de S. Giorgio à Sarigo (détail de l'abside) et la grande collégiale de S. Vittore à Bedero, construite vers la moitié du XIIe siècle (vue absidiale). Cette dernière conserve des fresques de qualité (détail du *Martyre de S. Vittore*, du début XVIe).

IV/40 – Germignaga, église de S. Rocco: elle remplaça au XVIIe la vieille église paroissiale (reléguée aujourd'hui à la fonction d'église du cimetière), ajoutant le nom de S. Gian Battista: la façade mouvementée s'encadre théâtralement au début de la rue principale.

IV/41-42 – S. Caterina del Sasso. Le monastère s'éleva au XIIIe siècle et s'agrandit en plusieurs étapes jusqu'au XVIIe). Les parties les plus anciennes se reconnaissent à l'intérieur de l'église actuelle et dans le «conventino» au centre de l'ensemble. On fait remonter sa fondation au bienheureux Alberto Besozzi, qui, en expiation de ses fautes, se retira en cet ermitage. L'histoire du couvent nous apprend que très probablement les premiers frères s'étaient établis sans règle précise, puis vinrent les pères de S. Ambrogio *ad nemus*, et enfin les carmélites.

IV/43 – Leggiuno: église de S. Primo et S. Feliciano. Elle fut fondée par Eremberto, vassal royal, dans la première moitié du IXe siècle. Elle abrite de précieuses reliques en marbre de l'époque romane; sur la photo: une colonne ayant appartenu au temple primitif.

IV/44 – Ceresolo de Laveno: la petite église de S. Defendente, au charmant clocher roman.

IV/45-46 – De nombreuses pages seraient nécessaires pour présenter une vue d'ensemble complète des fresques sacrées; avant de quitter la rive lombarde voici une *Dernière Cène*, oeuvre du début du XVIe, attribuée à Antonio Da Tradate (Maccagno, église de S. Antonio), et un détail curieux du miracle attribué à san Nicola de Bari (la résurrection de trois jeunes gens du tonneau de saumure) à S. Donato de Sesto Calende.

IV/47 – S. Vincenzo, près de Sesto Calende, est une autre charmante petite église.

IV/48 – Le sanctuaire de la Madonna de Riva, à Angera, aurait dû, selon le projet du XVIIe de Gerolamo Quadrio, s'étendre presque jusqu'au port qui se trouve devant; seul le presbytère fut construit et terminé d'une façade moderne médiocre. Au fond la forteresse Borromée.

V

V/1 – Un des cinq bacs en activité entre Laveno et Intra (les autres se nomment: *S. Cristoforo, S. Gottardo, S. Carlo, Sempione*).

V/2 – Le vieux port de Laveno, autrefois plus étendu est doté de grues pour décharger la chaux et le bois des pontons et les transborder sur les trains.

V/3-4-5 – Album de la navigation: le vieux *Piemonte* (modernisé pour les promenades touristiques, n'est plus à pales mais à vapeur); le *Verbania* (grand navire à moteur pour réunions peut aussi être utilisé comme bac); le *Simplon* (bac à double pont, pouvant transporter quatre-vingt dix automobiles, il est le seul à pouvoir transborder).

V/6 – Le charmant petit port de Cannero.

V/7-9 – Les bateaux, pour le transport des passagers, cèdent le pas à des moyens de liaison plus rapides: le catamaran fait concurrence aux hydrofoils qui bouleversèrent la manière de naviguer en réduisant de façon importante le temps des traversées.

V/10-11 – Appontement de la Villa Taranto et point d'abordage de l'Isola dei Pescatori: horizons qui reviennent en mémoire à celui ou à celle qui, en ces lieux, a échangé un sourire ou un baiser.

V/12 – L'ancien pont de Lavertezzo, dans la vallée Maggia, que l'on qualifie à tort de romain, mais dont l'ingénieuse construction tout comme l'intégration dans le milieu sont remarquables.

V/13 – Le pont, entre Luino et Germignaga sur fond d'usines, compose un cadre de perfection abstraite. La science technique, parfois, sait s'intégrer aux images d'ineffable beauté.

V/14 – A Intragna deux conceptions de pont: le premier métallique, servant à la ligne de chemin de fer des Centovalli, (d'où se jettent les amateurs de saut à l'élastique) date de la première moitié du siècle; plus récent, le second en béton est réservé au traffic routier. Au fond de la vallée coule la Melezza; on peut apercevoir l'église de Golino et les cimes enneigées qui séparent les vallées Maggia et Verzasca.

V/15 – Autre pont «romain» (mais en réalité médiéval), appelé autrefois Agostana, sur le ravin de S. Anna, près de Traffiume. De nombreuses victimes des Mazzarditi furent précipitées dans ce gouffre.

V/16 – Le télésiège de Cardada, au-dessus de Locarno; ce moyen mécanique enjambe un sentier à mi-pente, trajet auquel ne renonce pas l'excursionniste patient.

V/17-18 – Les téléphériques vous conduisent rapidement du niveau du lac aux sommets les plus élevés. La télécabine de Laveno au Sasso di Ferro (974 m); celle de Stresa au Mottarone (1491 m). L'ascension offre l'émouvante progression d'un panorama toujours plus vaste.

V/19 – Le pylone de la télécabine Stresa-Mottarone apporte une touche de technologie à la vue panoramique, sans toutefois défiguré le milieu.

V/20 – Le carrefour «trèflé» de la bretelle de l'autoroute à Gravellona Toce, photographié d'un renfoncement de la route militaire sur le versant méridional du Montorfano. Au fond le lac d'Orta.

V/21 – Le pont S. Giovanni a, au fil des siècles, souvent souffert des crues et des inondations. La dernière, en 1911, a emporté deux travées mais épargné la plaque commémorant le comte Teodoro Besozzi (1666).

V/22 – La ligne Locarno-Domodossola (chemin de fer des Centovalli), enjambe, à Ponte Brolla, la grève pierreuse de la Maggia, que l'eau a creusée en méandres harmonieux.

V/23-24-25 – La grande époque des chemins de fer au XIXe siècle a laissé le témoignage d'une heureuse compatibilité entre les exigences du progrès technique et le sens de la forme. Souvenirs naïfs, de la civilisation classique, les petites colonnes en fonte, que l'on trouve à Arona, la plus vieille gare du Verbanais; raffiné le raccord «liberty» entre pilier et poutrelles de la gare désaffectée, du petit train entre Stresa et le Mottarone; tandis que l'espace du hall réservé aux contrôles douaniers à Luino est d'une grande luminosité (précurseur des inventions architectoniques actuelles).

VI

VI/1 – La rive de Castello Valtravaglia était constellée de briqueteries qui tiraient leur matière première de la roche de Travaglia, produisant le mortier qui était, dès le Moyen-Age, exporté pour les châteaux archiépiscopaux, puis pour les constructions de Milan (principalement le Dome) et de Pavie. L'éperon de calcaire blanc porte les traces évidentes d'une érosion humaine centenaire. Sur la rive reboisée s'élèvent encore les tours des briqueteries, actives jusque dans les années '60.

VI/2 – Le lent défilé des pontons de transport a fait place aux courses des bateaux à moteur. On a, de ce fait, assisté au développement des chantiers de constructions navales et des abris pour embarcations: ici nous voyons un chantier de Baveno-Feriolo.

VI/3-4 – La pêche, ressource antique, reprendra dès que les travaux d'épuration seront terminés. Ici nous voyons des pêcheurs des années passées, près de Vitaliana et l'Isola superiore.

VI/5 – Indispensable aux transports de rive à rive, le métier de batelier (ici avec le *burcéll*, barque caractéristique à fond plat) était autrefois florissant.

VI/6 – Un autre pêcheur de l'Isola Superiore.

VI/7 – L'art du maniement de la hache existe encore: ici un chantier à Angera où les barques sont façonnées comme autrefois.

VI/8 – Le métier de tailleur de pierres est traditionnel sur les rives de Baveno et de Suna, où se trouvent les carrières de granites (et où arrivent d'autres marbres pour y être travaillés). La machine n'a pas encore complétement remplacé la sensibilité de la main de l'homme.

VI/9 – Certaines de nos églises conservent, au travers des cycles des mois, les témoignages d'une vie agreste disparue. Ici, le mois de décembre on tue le cochon: fresque d'Antonio de Tradate dans l'église S. Martino à Ronco au-dessus de Ascona.

VI/10 – A Ceresolo de Laveno, ce curieux montage de fresques et colombages rappelle un des derniers bateliers et pêcheurs: évoquant l'époque ou histoire et légendes se transmettaient dans les récits oraux.

VI/11 – Cette photographie ne correspond pas à la réalité actuelle, souvenir d'années passées, elle nous donne un aperçu des manufactures de notre région. Au bord du lac on trouvait la chapellerie Panizza, transformée aujourd'hui en résidence touristique mais qui, jusque dans les années 60, fut synonyme de grande qualité dans le monde du chapeau.

VI/12 – La production floréale en serres (ici une exploitation de Fondotoce) permettra de récupérer de vastes terrains à usage essentiellement agricole.

VI/13 – De nouveaux pontons à moteur sillonnent encore aujourd'hui le Verbanais transportant sable et gravillons, indispensables à la construction, drainés à l'embouchure des rivières ou arrachés aux flancs des collines.

VI/14 – Celui qui a à coeur le respect du paysage regarde les carrières de matériaux inertes avec hostilité; important le commerce avec le Canton Tessin qui, lui, a limité les possibilités d'extraction.

VI/15 – La digue de la Verzasca, près de Locarno, a transformé le libre écoulement des torrents vers le fond de la vallée en une barrière vertigineuse de ciment, qui n'est pas sans attrait.

VI/16 – Le ski nautique est le sport que l'on associe le plus aux eaux du lac.

VI/17 – Les passionnés de kaiak trouvent dans les eaux tourbillonnantes des vallées le défi nécessaire à leur talent.

VI/18 – Mais la voile est de tous les sports celui qui s'associe le mieux à la noblesse du lac: «bientôt la très fraîche voile de mai/reviendra sur les eaux, là où infinie tremble Luino...» (V. Sereni).

VI/19-20-21 – Les diverses formes d'agréments liées au milieu verbanais. Fondotoce: parmi cannaies et bois se déroulent des parcours adaptés à l'équitation, tandis que, sur la rive, le pêcheur du dimanche se repose dans la douce tranquillité. Sur le Mottarone, comme sur les autres montagnes, on note de plus en plus la présence d'excursionnistes sur deux roues.

VI/22 – Les amateurs de para-pente ou de vol en deltaplane trouvent ici réunies les conditions idéales dans les escarpements les plus abrupts autour du lac.

VI/23 – Proues effilées et vigueur tendue de la rame effleurent un tapis turquoise compact.

VI/24-25-26-27-28 – Les amples flancs des montagnes offrent des espaces idéaux pour les terrains de golf, renouvelant ainsi l'heureux équilibre entre les étendues de prairie et les massifs boisés. Ici les terrains de golf de Stresa, l'Alpino (n. 24) et le Borromeo (nn; 25-28), et de Premeno-Pian di Sole (nn. 26-28).

VI/29 – Une procession de crêtes enneigées descend du profil dentelé du Rose jusqu'aux sommets arrondis du Mottarone, immense palestre pour skieurs et a lpinistes.

VII

VII/1 – Petit cadre *ex-voto* consacré à la protectrice universelle du haut lac, la Madonna de Re, par deux montagnardes réchappées d'un éboulement de terrain (peinture de G. Antonio Vanoni, conservé dans l'église de S. Maria di Campagna à Maggia). La femme située à droite porte une hotte; l'autre le *barghèi* (autre forme de hotte) et, au-dessus la *cadra*, récipients divers pour transporter les petits objets, sacs et foin, pierres et mallettes.

VII/2 – Alpage La Foppa, sur le mont Tamaro. L'évolution des systèmes d'élevage a réduit le cheptel bovin des montagnes. S'ensuit la détérioration des pâturages, envahis de genêts, fougères et ronces

VII/3 – Femme de Orasso dans la Valcannobina avec le *barghèi* (ailleurs appelé *resòtt)* et le *sidelìn* del latte (la cruche à lait).

VII/4 – Perspective rustique à Intragna, dans la vallée Intrasca. L'architecture de montagne se distingue par la sobriété des matériaux (pierre, bois et peu d'enduit) et l'essentialité des formes qui rendent encore plus douloureuses les lésions récentes, l'utilisation incongrue de matériaux étrangers, comme de couleurs voyantes (compris le blanc).

VII/5 – Vignone au-dessus de Verbania, (au fond le mont Massone). Les pays à mi-côte s'ornèrent, à la fin du siècle dernier, d'élégantes propriétés entourées de parcs, lieux de villégiature ou bien même de dernière résidence, symbole du succès des émigrés.

VII/6-7 – A l'extrêmité de la vallée Veddasca, sur la rive orientale, à cheval sur la limite, se dressent deux villages au cachet particulier. Les «pyramides de pierres» ne sont plus habitées que par quelques personnes âgées; mais elles sont animées par les amants de la montagne qui y ont élu domicile. Monteviasco est le seul village du département de Varese qui ne peut être atteint en voiture; aujourd'hui un téléphérique le relie à la vallée. Indemini n'a pas divisé les destins de sa vallée, gravitant vers Gambarogno et Lugano, de docièses et de nations différents.

VII/8 – Les gorges de la Maggia, près de Ponte Brolla; l'eau a creusé et arrondi la roche en formes douces qui semblent avoir inspiré les sculptures abstraites de Jean Arp, français installé à Ascona.

VII/9 – Bosco Gurin: dans l'unique village *walser* du Tessin, existe encore la «torba», grenier surhaussé sur des piliers façonnés à forme de champignon pour empêcher aux rongeurs de grimper.

VII/10 – Le long du vieux chemin muletier de Due Cossani à Curiglia, dans la vallée Dumentina, la piété des montagnards a érigé un monument à st. Charles qui fut le premier prélat à visiter les terres les plus lointaines du diocèse. La statue, datant probablement du XVIIe siècle, a été transportée près d'une route carossable.

VII/11 – Près du beau chalet, au coeur des Centovalli (au fond nous pouvons voir la Melezza endiguée), une main délicate y a planté la fleur du lac, le camélia.

VII/12-13 – Palagnedra dans les Centovalli, église de S. Michele: ainsi qu'une floraison éclatante et inattendue les fresques du locarnais Antonio de Tradate (Madonna «di Re» et le Christ entouré des symboles des Evangélistes) nous attirent.

VII/14 – Lozzo dans la Vallée Veddasca. Les toits en lauzes, peu à peu remplacées, malheureusement, par les tuiles, ont un aspect dur et sévère mais offrent de grandes possibilités de modelage dans les raccords mouvants des pierres.

VII/15 – Orassa dans la Valcannobina. Contraste continu typique de la montagne entre la texture des murs en pierre, la décoration des églises du XVIIe, et l'air d'élégance des résidences construites par les émigrés afin de se distinguer des constructions «pauvres» de leur jeunesse.

VII/16 – Depuis plus d'un siècle Premeno est une station touristique raffinée; au cours des année 20 elle fut reliée à Intra par une ligne ferroviaire électrique, sur la voie de laquelle, aujourd'hui, s'étire la route.

Indice dei luoghi

(il rimando è alle didascalie in cui compare il nome di luogo, riferito in genere al comune di appartenenza)

A conclusione del percorso fotografico, "buona crociera" a tutti, chi il Lago vorrà conoscere, chi il Lago viene di tempo in tempo a visitare, come un vecchio amico. L'immagine pubblicitaria della Navigazione evoca il fascino dei vecchi vapori e invita a un sempre gradito viaggio per acqua. (Il manifesto è qui riprodotto con il permesso della Navigazione, via Lodovico Ariosto 21, Milano, tel. 02/4812086-4816230 - Direzione Lago Maggiore, Arona tel. 0322/46651-fax 0322/249530).

NAVIGAZIONE LAGHI
MAGGIORE GARDA COMO ISEO
DA 150 ANNI
SULLA CRESTA DELL'ONDA

C O L O P H O N

L'editore ringrazia quanti consentirono l'accesso ai luoghi qui illustrati. ❡ Le fotografie di Carlo Pessina furono in gran parte appositamente riprese per questa edizione e, come le rimanenti, sono conservate nell'archivio milanese di Lara Pessina. Solo due immagini, destinate a *Verbanus* per le vetrate di Carlo Rapp a Mesenzana, sono di Walter Zerla. ❡ Le traduzioni si devono: per il tedesco a Ettore Brissa e Aloysia Fäser, per l'inglese a Lauren Crow, per il francese a Chantal Girodou. ❡ Predispose le selezioni elettroniche Enzo Bonomi per la Graphicolor di Milano. ❡ Marco Agnelli curò il progetto grafico e la impaginazione mentre le Grafiche Pavoniane di Milano eseguirono la composizione e la stampa. La legatura venne affidata alla Effepi di Busto Garolfo. ❡ L'opera fu ultimata il 4 novembre 1994, giorno di Carlo Borromeo, santo del Verbano, nel quarantesimo anno della attività libraria di Carlo Alberti in Verbania-Intra.

Non bastando 183 tavole per quanto del Verbano si voleva serrare in un libro, nell'impossibilità di dilatare il primo si rinvia il lettore a un secondo volume che avrà il seguente sommario:

I - Vergini rive; II - Rive dell'uomo; III - Piazze e contrade; IV - Magnificenza civile; V - Approdo del mondo; VI - Strade del conoscere; VII - Fantasia di popolo; VIII - Val Grande, parco nazionale.